张颖岚　周剑虹　编著

文化遗产

理论与实践

Cultural Heritage
Theory and Practice

ZHEJIANG UNIVERSITY PRESS
浙江大学出版社
·杭州·

图书在版编目（CIP）数据

文化遗产理论与实践 ／ 张颖岚，周剑虹编著. -- 杭
州 ：浙江大学出版社，2024.10 （2025.9重印）
ISBN 978-7-308-24530-2

Ⅰ．①文… Ⅱ．①张… ②周… Ⅲ．①文化遗产－研
究生－教材 Ⅳ．①G112

中国国家版本馆CIP数据核字(2024)第000870号

文化遗产理论与实践
CULTURAL HERITAGE THEORY AND PRACTICE

张颖岚　周剑虹　编著

策划编辑	丁佳雯
责任编辑	秦　瑕
责任校对	徐　霞
封面设计	雷建军
出版发行	浙江大学出版社
	（杭州市天目山路148号　邮政编码310007）
	（网址：http://www.zjupress.com）
排　　版	杭州林智广告有限公司
印　　刷	杭州捷派印务有限公司
开　　本	787mm×1092mm　1/16
印　　张	18.5
字　　数	361千
版 印 次	2024年10月第1版　2025年9月第2次印刷
书　　号	ISBN 978-7-308-24530-2
定　　价	68.00元

近日，浙江大学张颖岚教授和西北大学周剑虹副教授共同编撰的《文化遗产理论与实践》即将出版。这是一本凝练了国内外文化遗产保护历程与发展理念、汇聚了各类文化遗产实践案例的高校专业教材，我在表示热烈祝贺的同时，也欣然应允为这本书写几句话。

文化遗产是传承人类灿烂文化的重要载体，积淀着各个历史时期的杰出贡献。通过文化遗产，人们能够认识到自己从何处来，了解祖先是如何一步步走到今天，更能洞悉时代潮流和前进方向，明确我们要往何处去。文化遗产的保护传承是历史赋予当代社会的责任，是实现文明延续和可持续发展的必然要求，更是造福子孙后代的千秋功业。保护好传承好文化遗产，不仅符合中华民族发展壮大的自身利益，也符合人类文明进步的发展方向。

党的十八大以来，以习近平同志为核心的党中央对文化遗产保护传承高度重视，文化遗产事业迎来了前所未有的发展机遇。文化遗产被视为社会可持续发展的宝贵战略资源，其蕴含的创新创造基因被不断激活，为以中国式现代化全面推进文化强国建设、民族复兴伟业注入了强大的力量。

与此同时，文化遗产的保护对象在不断拓展，考古大遗址、传统民居、工业遗产、历史村镇和"非遗"民俗等都成为文化遗产的重要组成部分，保护范畴也从强调文化要素的保护，扩展到强调文化要素和自然要素的共同保护。文化遗产的时间轴线不断延伸，空间范围不断延展，从古代文物、近代史迹，向20世纪遗产、当代遗产发展；从单点、单面的文物古迹，向同时包括历史和自然的大型线状、网状的文化景观，以及运河遗产、文化线路等类型拓展。从单一强调物质文化要素、诠释物质历史发展的遗产，向强调物质与精神结合，阐释民族文化、社会记忆与身份认同的遗产发展。

文化遗产的保护理念也出现了许多新的变化。从重视静态遗产保护，到不断吸纳更多的新鲜元素，关注充满生机的活态遗产保护；从以政府为主导的单一保护，向广泛动员全民参与、全社会关心的共同保护发展；从保护资金单一投入向多元投入、共享共赢发展，从"圈起来"的孤立保护，向融入社会、区域发展、和谐共生的可持续发展拓展。文化遗产与社会发展的关系也更加密切，保护好传承好文化遗产正成为传承中华文明根脉、推进中国式现代化高质量发展的重要驱动力。这些新的变化,给予我们重新审视人与自然、人与人、人与文化关系的机会,让我们将遗产放在历史文脉、生态环境保护和社会可持续发展的背景下,探讨文化遗产与自然遗产、遗产保护和人类发展。

文化遗产诉说着中国人至善至美、至诚至纯的朴素情感,也承载着我们对美丽中国、美好生活的寄托。今天,社会公众对文化遗产保护传承的认识在不断深化,公众了解、参与文化遗产保护传承的途径也在不断拓展,文化力量不断反哺城市经济发展和人民日常生活,一个良性的互动生态正在形成。正因为这样,搞好文化遗产保护,就不能将其视为一项专业的、部门的、行业的、系统的工作,而必须将文化遗产保护作为一项全民共同的事业,让文化遗产融入时代,走近公众,关照人们现实生活的需要,也让人们感受到文化遗产的魅力,让人们爱上文化遗产,主动加入到文化遗产保护的行列之中。只有使广大民众都能拥有文化遗产保护的知情权、参与权、监督权和受益权,才能让文化遗产资源"活起来",使文化遗产的价值得到更好的挖掘展示,让文化遗产更"有尊严"。

我长期在文化遗产保护行业工作,在这个过程中,我深刻地感受到,文化遗产的保护不是目的,利用也不是目的,真正的目的是传承,是把祖先创造的灿烂文化完整、真实地传给子孙后代。近几年来,我把更多的时间投入文化遗产的传承传播中,与年轻人一起,穿梭于中国的世界遗产之中,书写年轻人视角的"世遗"故事。青年是国家事业和民族复兴的希望,他们承载着社会主义文化强国新征程的前途与未来,在文化遗产保护传承事业中是最积极、最有生机的力量。

可喜的是,今天的年轻人关注文化遗产的热情蓬勃奔涌、日益高涨,中华优秀传统文化的滋养和浸润,在年轻人成长成才的过程中发挥着越来越显著的作用。我们要自觉担负起新时代新的文化使命,将文化遗产作为涵养当代青年优秀品质的土壤和源泉,让更多的年轻人通过文化遗产爱上中华优秀传统文化,在认知、了解、感悟、热爱的过程中,深刻体会中国特色,更加坚定文化自信,不断增强民族自尊心和自豪感,从而产生绵延的爱国动力,并成为文化遗产坚定的守护者和传承者。文化遗产所蕴含的时代价值也就在保护传承的过程中不断彰显。

这是新时代文化遗产工作者的重大责任和光荣使命,这也是《文化遗产理论与实践》这本书的学术价值和现实意义之所在。我期待更多的读者能够通过阅读这本书了解文化遗产、关心文化遗产,共同保护好传承好文化遗产。

单霁翔

故宫博物院学术委员会主任

中国文物学会专家委员会主任

2024 年 10 月

目　录

CONTENTS

第一章　绪　论 / 1

第一节　文化遗产的概念 / 3

第二节　文化遗产的价值 / 5

第三节　文化遗产的内涵与保护理念 / 10

第四节　文化遗产的管理制度 / 18

第五节　文化遗产的未来 / 33

第六节　本书主要内容 / 35

第二章　考古遗址 / 37

第一节　概念、特点与类型 / 39

第二节　中国考古遗址保护历程 / 42

第三节　价值认知 / 49

第四节　保护原则 / 50

第五节　调查评估 / 53

第六节　保护技术 / 55

第七节　保护管理 / 63

第八节　展示与阐释 / 69

第九节　可持续发展 / 76

第三章　文化景观 / 79

第一节　概念及发展 / 81

第二节　文化景观保护 / 95

第三节　文化景观管理 / 104

第四章　文化线路 / 117

第一节　概念及发展 / 119

第二节　价值和类型 / 126

第三节　遗产遴选 / 134

第四节　保护管理 / 142

第五章　历史村镇 / 153

第一节　概念辨析与保护历程 / 155

第二节　构成要素与价值 / 162

第三节　历史村镇的保护 / 168

第四节　历史村镇的有机更新 / 180

第六章　工业遗产 / 195

第一节　概念和保护历程 / 197

第二节　工业遗产的特征和价值 / 202

第三节　工业遗产的保护 / 208

第四节　工业遗产的适应性再利用 / 213

第七章　农业遗产 / 233

第一节　概念及发展 / 235

第二节　农业遗产的类型和价值 / 244

第三节　农业遗产的保护管理 / 248

第四节　农业遗产的利用 / 253

第八章　革命文物 / 263

第一节　革命文物概念 / 265

第二节　革命文物的类型及价值认知 / 270

第三节　革命文物的保护管理 / 272

第四节　革命文物的保护利用 / 279

后　记 / 287

CHAPTER I

INTRODUCTION
CULTURAL HERITAGE THEORY AND PRACTICE

绪 论

文 化 遗 产 理 论 与 实 践

文化遗产是人类在漫长发展过程中创造并积淀下来的优秀文明成果，凝聚了一个民族、地区、国家、社会的共同记忆。保护文化遗产有助于维护国家统一和民族团结，培育文化自信与文化自觉，增强国家文化软实力，提升国际文化话语权，筑牢本民族屹立于世界文化之林的坚实根基。

　　文化遗产是不可再生的珍贵文化资源，对文化遗产的保护研究与认知阐释，可以促进文化代际间的传承弘扬，不同文化间的交流互鉴、和合共生，推动世界文化的发展繁荣；文化遗产的合理有效利用，可以实现社会效益与经济效益的统一，促进社会的可持续发展。

第一节 文化遗产的概念

"文化遗产"（cultural heritage）的概念，于 1972 年在联合国教科文组织（United Nations Educational，Scientific and Cultural Organziation，UNESCO）颁布的《保护世界文化和自然遗产公约》（Convention Concerning the Protection of the World Cultural and Natural Heritage）中首次正式提出。该《公约》将"文化遗产"定义为在历史、艺术或科学等方面具有突出普遍价值的文物、建筑群、遗址等，并进行了具体的阐释：（1）文物：从历史、艺术或科学角度看，具有突出的普遍价值的建筑物、碑雕和碑画、具有考古性质的成分或结构、铭文、窟洞以及联合体；（2）建筑群：从历史、艺术或科学角度看，在建筑式样、分布均匀或与环境景色结合方面，具有突出的普遍价值的单立或连接的建筑群；（3）遗址：从历史、审美、人种学或人类学角度看，具有突出的普遍价值的人类工程或自然与人联合工程，以及考古地址等。

随着国际社会对"文化遗产"认识的不断深化，2003 年 10 月，联合国教科文组织通过了《保护非物质文化遗产公约》（Convention for the Safeguarding of the Intangible Cultural Heritage），旨在保护以传统服饰、口头表述、节庆礼仪、手工技能、音乐、舞蹈等为代表的非物质文化遗产。

2005 年 12 月，我国印发了《国务院关于加强文化遗产保护的通知》，这是国务院以"文化遗产"为主题词、以保护物质文化遗产和非物质文化遗产为内容的第一个文件，是我国保护文化遗产的纲领性文件，标志着中国文化遗产保护事业进入一个新的发展阶段。

该《通知》中，对"文化遗产"的概念进行了具体诠释，明确文化遗产包括物质文化遗产和非物质文化遗产。

物质文化遗产是具有历史、艺术和科学价值的文物，包括古遗址、古墓葬、古建筑、石窟寺、石刻、壁画、近代现代重要史迹及代表性建筑等不可移动文物，历史上各时代的重要实物、艺术品、文献、手稿、图书资料等可移动文物，以及在建筑式样、分布或与环境景色相结合方面具有突出普遍价值的历史文化名城（街区、村镇）。

非物质文化遗产是指各种以非物质形态存在的与群众生活密切相关、世代相承的传统文化表现形式，包括口头传统、传统表演艺术、民俗活动和礼仪与节庆、有关自然界和宇宙的民间传统知识和实践、传统手工艺技能等，以及与上述传统文化表现形式相关的文化空间。

近年来，在文化遗产保护的理论研究与实践探索中，"文化遗产"的内涵和外延也进一步拓展，出现了诸如文化景观、历史村镇、文化线路、工业遗产等新的文化遗产类型，在可预期的未来，相信还会有更多新类型被纳入文化遗产的研究视野。

本书主要关注物质文化遗产领域的理论研究与实践探索。

第二节　文化遗产的价值

价值总是无形的，因为它们是由当今社会的文化和科学知识决定的。价值是由特征要素传递的，这些特征要素可以是物理特征、社会文化的组构、意义和实践，以及（或）自然过程。① 价值认定是文化遗产保护工作的基础。

文化遗产价值的研究是一个循序渐进的过程。在 20 世纪早期，奥地利学者阿洛伊斯·李格尔（Alois Riegl）将文化遗产价值分为两类，即纪念性价值（岁月价值、历史价值和有目的性的纪念价值）和当代价值（使用价值和新生价值），并明确提出了纪念性价值和当代价值的区别。当代价值中的新生价值指艺术价值，即现代人对古代艺术品的鉴赏，是当代人对于艺术的认知，而非古代原生的认知，因此是新生价值。

1931 年，《关于历史性纪念物修复的雅典宪章》（The Athens Charter for the Restoration of Historic Monuments，即《雅典宪章》）提出应保护纪念物的艺术、历史和科学价值（interest）。《关于发生武装冲突时保护文化财产的公约》（Convention of the Protection of Cultural Property in the Event of Armed Conflict，即《海牙公约》）提到，文化财产是对每一民族具有重大意义的、可移动或不可移动的财产，它们具有历史、艺术、考古、建筑和科学研究等价值。随着保护实践活动的开展，对于历史价值的认定和保护逐渐成为主流，1964 年公布的《国际古迹保护与修复宪章》（International Charter for the Conservation and Restoration of Monuments and Sites，即《威尼斯宪章》）认为，纪念物的价值最重要的不是艺术和审美价值，而是它见证了人类历史的发展，承载了历史信息，具有无可替代的真实性，历史价值是遗产的核心价值，它反映了重视历史和客观现实的价值观。1972 年通过的《保护世界文化和自然遗产公约》统一了对文化遗产的认知，提出遗产具有历史、艺术、科学、审美和人类学或人种学

---

① ICOMOS & IUCN. Connecting Practice: A Commentary on Nature–Culture Keywords[EB/OL].(2022–01–10)[2024–08–25]. https://openarchive.icomos.org/id/eprint/2555/.

价值。1979 年，国际古迹遗址理事会（International Council on Monuments and Sites, ICOMOS）澳大利亚国家委员会发布的《巴拉宪章：场所文化重要性宪章》（The Burra Charter：The Australia ICOMOS Charter for Places of Cultural Significance，即《巴拉宪章》）提出文化遗产具有社会价值和精神价值。

　　中国对文化遗产价值的研究随着时间演进而逐步深化。1930 年，国民政府颁布的《古物保存法》第一条提出，"本法所称古物，指与考古学、历史学、古生物学及其他文化有关之一切古物而言"[①]。虽然没有明确提出古物的价值，但提出了评定文物的视角。1945 年，梁思成先生在其编撰的《战区文物保存委员会文物目录》凡例中提到，"建筑物之重要性，无论在历史或艺术方面，皆以星数表示之。最重要者四星，最不重要者无星。但无星之建筑仍为重要建筑物，否则不列本目录之内"[②]，强调古物应从历史和艺术两个方面评判其重要性。1947 年，中国共产党通过并公布的《中国土地法大纲》第九条（丙）明确规定，"名胜古迹，应妥为保护。被接收的有历史价值或学术价值的特殊图书、古物、美术品等，应开具清单，呈交各地高级政府处理"。在此之后公布的各类规定、训令中都沿用了这种说法。1949 年，《关于文物古迹征集管理问题的规定》提出了文物价值的概念："古代文物为我民族文化遗产，其中不少具有历史学术或艺术价值"[③]。1949 年出版的《全国重要建筑文物简目》提出，"伟丽的文物建筑和完美的城市体型……是人民血汗的结晶、民族艺术的大手笔，历史价值特别珍贵"。该书在 1950 年重新印发时，郑振铎先生再次强调"原书以标圈之多寡定建筑的历史价值"[④]。1950 年 5 月，中央政府政务院发布了两项政务院令，宣布实施《禁止珍贵文物图书出口暂行办法》和《古文化遗址及古墓葬之调查发掘暂行办法》，这两个文件明确提出要保护有关革命的、历史的、文化的和艺术的珍贵文物。1961 年公布的《文物保护管理暂行条例》第一条明确提出"在中华人民共和国国境内，一切具有历史、艺术、科学价值的文物，都由国家保护，不得破坏和擅自运往国外"，确立了我国对文物价值认知的角度，也就是当下常说的文物"三大价值"。

　　随着文化遗产内涵及外延的拓展，以及其在社会发展过程中作用的提升，人们也逐渐认识到其社会、文化和经济价值。对于文化遗产价值的认知应该系统全面，这样才能全面梳理遗产的各构成要素，真实完整地保护传承遗产，实现遗产的可持续发展。

① 李晓东 . 民国文物法规史评 [M]. 北京：文物出版社，2013:110.

② 梁思成 . 梁思成全集·第四卷 [M]. 北京：中国建筑工业出版社，2001:230.

③ 崔金亮 . 新中国成立前夕华北地区有关文物保护古迹文件选编 [J]. 档案天地，1999(S1): 10-13.

④ 林洙 . 梁思成与《全国重要建筑文物简目》[J]. 建筑史论文集，2000(1):7-17.

一、历史价值

历史价值是文化遗产作为历史见证的价值。在文化遗产价值研究的早期，学者们关注其作为"纪念物"（memorial property/monument）的价值，即过去遗留下的物品和建筑物所具有的实用性和纪念性。比如埃及的石室坟墓和金字塔是对法老的纪念，它们见证了对法老的崇拜；雅典卫城在战争之后处于断壁残垣的状态而不予以重建，则是要把它当作"野蛮人不敬行为的见证"，是对某段历史的实物见证。纪念物常被视为政权象征、国家意象的符号，从而具有特殊纪念价值。如古罗马的凯旋门等，是国家身份的象征和历史的见证，是历史价值的一部分。

二、科学价值

科学价值是指文物古迹作为人类的创造性和科学技术成果本身或创造过程的实物见证价值，是从技术发展的角度或者从人们征服或改造自然能力的角度，去分析文化遗产对过去和当代人的贡献。如自然遗产地提供了支撑生物多样性研究的实物证据，地质现象成为研究地球演变的"活化石"，动植物化石为研究区域环境变化提供了资料，自然遗产地、地质现象和动植物化石就有了科学价值。对于文化遗产而言，水利遗产、农业遗产、工程类遗产和其他能见证建造时技术科学发展水平的遗物，为了解古人征服自然、改造自然提供了重要的实证，是科学价值的体现。例如四川都江堰水利枢纽工程，自建成后一直发挥着分水调节、灌溉农田的作用。

三、艺术价值

艺术价值是指文化遗产对于人类艺术创作、审美趣味、特定时代典型风格的实物见证的价值，反映了文化遗产对艺术的贡献和作用。艺术价值体现了不同社群和文明所具有的独特审美传统，如18世纪英格兰对于"废墟"概念的理解，是从英格兰"画意风格"和"庄严崇高"的价值等美学理论发展而来的，"废墟不仅是一堆断壁残垣，更重要的是感受和意境，同一废墟在不同的人看来，意义完全不同"。人们对美的认知不同，美对每个人的意义不同，感悟和激发的灵感也有所不同，而这种启迪作用正是文化遗产艺术价值的体现。

四、社会价值

20世纪90年代以后，除了历史价值、艺术价值、科学价值和审美价值外，《巴拉宪章》提出了社会价值和精神价值。社会价值包含记忆、情感、教育等内容，是指文化遗产在知识的记录和传播、文化精神传承、社会凝聚力产生等方面所具有的社会效益和价值。社会价值与"当代价值"之间还有一定的差异，它更多地体现在文化遗产对当代人的作用和影响。社会价值彰显的是文化遗产对当代社会发展的影响，遗产的保护利用带动了区域社会可持续发展，促进了乡村振兴和城市复兴，成为城市的名片，提高了公众对城市身份的认同，塑造了城市新的形象。

五、文化价值

文化价值是对文化多样性具有影响或者见证的价值，可以从三个方面评价：一是文物古迹体现了民族文化、地区文化、宗教文化的多样性及其所具有的价值；二是文物古迹的自然、景观等要素因被赋予了文化内涵而所具有的价值，例如泰山封禅这项活动，赋予了泰山一定的文化内涵，使其具有了文化价值；三是与文物古迹相关的非物质文化遗产所具有的价值，这些非物质文化遗产彰显了国家和民族长期以来形成的共同的意识形态、生活习俗和民族精神。文化价值强调遗产对各个时期文化的影响，既包括对形成时期，也包括对当代的影响，具有一定的时序性。

六、经济价值

文化遗产的经济价值是指遗产作为资源被投入文化生产中所获得的经济回报。文化遗产的经济价值可以是直接开发利用的价值，例如作为旅游目的地所带来的门票收入；也可以是间接的，即文化遗产作为发展极带动周边产业发展，提升区域收入。例如，《中国文化遗产事业发展报告（2008）》就文化遗产事业对国民经济的贡献进行了分析，其中间接贡献包括带动旅游业（吃、住、行、游、购、娱）、建筑业等产业的连带作用。通过测算，文物系统对国民经济的贡献值是同期财政投入的 8.1 倍，即财政投入文物系统 1 元钱，给国民经济带来的产出为 8.1 元。[①]

除了以上所列出的各项价值，《保护世界文化和自然遗产公约》还明确提出，世界遗产的根本特征是"突出普遍价值"（outstanding universal value），这是关于世界遗产价值评估的专业表述。其中的"突出"，即文化遗产价值的独特和稀有；"普遍"强调的是共性，可以理解为绝大多数人认可的价值或观点。因此，《实施〈世界遗产公约〉操作指南》（2021 年版）强调，"突出普遍价值"是指罕见的、超越了国家界限的、对全人类的现在和未来均具有普遍的、重要意义的文化和（或）自然价值。因

---

① 刘世锦，林家彬，苏杨. 中国文化遗产事业发展报告 (2008)[M]. 北京：社会科学文献出版社，2008:33.

此，该项遗产的永久性保护对整个国际社会都具有至高的重要性，并列出了十条评估标准，其中标准（Ⅰ）—（Ⅵ）主要适用于文化遗产，标准（Ⅶ）—（Ⅹ）主要适用于自然遗产。

第三节　文化遗产的内涵与保护理念

随着文化遗产研究的深入，其内涵与外延不断发生变化，从单体扩大到单体及其环境（settings），由历史建筑群到历史街区再到村、镇、城市，从有形遗产（tangible heritage）到无形遗产（intangible heritage）等。文化遗产内涵的演变，使文化遗产保护的理念和方法随之变化，多学科理论与方法也被应用到文化遗产的相关领域。

一、文化遗产的内涵演变

1. 20 世纪 30 年代以前

中国古人很早就有保护历史遗产的意识与传统，如商周青铜器上的铭文"子子孙孙永宝用"就是希望妥善保存、永续沿用。北宋发端并延续至明清的金石学，对大量古代留存下来的遗物及铭刻进行了著录和考证，为中国现代考古学的诞生奠定了重要基础。

近代保护文化遗产的实践源于欧洲，其特征是"以物为本"，注重对历史建筑、遗址、纪念物等物质遗产的保存保护。它的兴起有其哲学基础、社会背景和学术背景。17 世纪，法国哲学家笛卡儿（René Descartes）提出了二元论，认为物质与精神是绝对不同的，对物质需要进行准确、客观的研究，以抓住事物的真相。在这种观念的影响下，追求客观的科学观念影响了近现代遗产保护。[①]

2. 20 世纪 30 年代至 60 年代

历 史 古 迹 建 筑 师 及 技 师 国 际 会 议（International Congress of Architects and Technicians of Historic Monuments）分别于 1931 年和 1964 年颁布了《雅典宪章》与

---

① Byrne D.Counterheritage:Critical perspectives on heritage conservation in Asia[M]. London: Routledge, 2014.

《威尼斯宪章》，先后提出"历史纪念物"（historical monuments）"纪念物与遗址"（monuments and sites）的概念。《威尼斯宪章》将文化遗产内涵从历史纪念物扩大到纪念物与遗址，将反映特定的文明、独特的发展阶段、重要的历史事件的城市或者乡村等纳入纪念物与遗址的范畴。

3. 20 世纪 70—80 年代

20 世纪 70 年代开始，除强调纪念物与遗址以外，历史城镇、地区和城市整体也被纳入了遗产的范畴。国际古迹遗址理事会相继提出历史性小城镇（smaller historic towns）、历史园林（historic gardens）、历史城镇与城区（historic towns and urban areas）等概念。1982 年《历史园林佛罗伦萨宪章》（Historic Gardens, The Florence Charter）指出，历史园林应包括单体建筑、园艺植被与构造，以及能够表征历史艺术价值的周边环境。1987 年，《保护历史城镇与城区宪章》（Charter for the Conservation of Historic Towns and Urban Areas，即《华盛顿宪章》）将历史城镇和城区定义为不同规模、大小、类别的人造或自然的城市、城镇居住区。可见，20 世纪 70 年代至 80 年代的文化遗产已不再局限于纪念物和遗址，历史城镇、城区以及周边环境也被纳入保护范畴。

4. 20 世纪 90 年代至今

20 世纪 90 年代至今，强调文化多样性保护，并倡导尊重和鼓励多种价值的共存。2001 年，联合国教科文组织通过的《世界文化多样性宣言》（Universal Declaration on Cultural Diversity）强调，文化多样性是人类共同的遗产，各种形式的文化遗产都应当作为人类的经历和期望的见证得到保护、开发利用和代代相传。2005 年，国际古迹遗址理事会的研究报告《世界遗产名录：填补空白——未来行动计划》（The World Heritage List: Filling the Gaps—An Action Plan for the Future）指出，《世界遗产名录》中文化遗产多，自然遗产少，纪念物、遗址类遗产多，历史城镇、乡土建筑、文化景观、工业遗产等遗产类型少，应当增加数量较少的遗产类型，实现世界遗产名录的公平、均衡发展。

除了物质文化遗产外，非物质文化遗产也逐渐受到关注。1994 年的《奈良真实性文件》（The Nara Document on Authenticity）提到，应注意到文化多样性对于真实性的影响，部分非物质要素也应成为认定遗产真实性的标准，例如传统修复工艺等。此后的《西安宣言》《北京文件》《乡土建筑遗产宪章》（Charter on the Built Vernacular Heritage）等文件都提到了非物质要素对于遗产保护的影响（表1.1）。《西安宣言》提到，"周边环境"（settings）不仅包括古建筑、古遗址和历史区域等有形的物质环境，也包括文化传统、精神实践和理念等无形的文化环境。《北京文件》则进一步提出，文化遗产不仅要保护物质遗存，也要尊重传统知识体系、口头传统与技艺、精神与情感等非物质要素的延续。《乡土建筑遗产宪章》指出，遗产保护需兼顾建筑实体形态与传统文化价值。

回顾国际遗产保护的相关文件，从《威尼斯宪章》对历史建筑、纪念物的保护，到《华盛顿宪章》对历史城镇及城区的整体保护，再到《西安宣言》对历史环境的阐释，可以看出，传统的遗产保护观念停留在对空间范围的扩张。20世纪末至21世纪初，遗产保护观念逐渐从"空间层面"拓展到"时间层面"。1992年世界遗产委员会提出的"文化景观"概念，强调了"人"与"客观景观"在历史、现在与未来的互动，并从这个角度定义了超越"自然遗产"和"文化遗产"的遗产类别[①]。此后，工业遗产、农业遗产、遗产运河、文化线路等概念的提出，进一步丰富了文化遗产的类型和内涵。表1.1为不同时期公布的文化遗产相关的国际文件。

表1.1 相关国际文件

序号	公布年份	名称	通过组织	遗产内涵
1	1931	《关于历史性纪念物修复的雅典宪章》（The Athens Charter for the Restoration of Historic Monuments，即《雅典宪章》）	第一届历史古迹建筑师及技师国际会议	历史纪念物，建筑物，考古发掘遗址
2	1954	《关于发生武装冲突时保护文化财产的公约》（Convention of the Protection of Cultural Property in the Event of Armed Conflict，即《海牙公约》）	联合国教科文组织	提出了文化财产的概念
3	1962	《关于保护景观和遗址的风貌与特性的建议》（Recommendation Concerning the Safeguarding of the Beauty and Character of Landscapes and Sites）	联合国教科文组织	景观和遗址，自然保护区和公园
4	1964	《国际古迹保护与修复宪章》（International Charter for the Conservation and Restoration of Monuments and Sites，Venice Charter，即《威尼斯宪章》）	第二届历史古迹建筑师及技师国际会议	历史纪念物及其环境

---

① 曹永茂，李和平.历史城镇保护中的历时性与共时性——"城市历史景观"的启示与思考 [J]. 城市发展研究,2019,26(10):13-20.

序号	公布年份	名称	通过组织	遗产内涵
5	1968	《关于保护受到公共或私人工程危害的文化财产的建议》（Recommendation Concerning the Preservation of Cultural Property Endangered by Public or Private works）	联合国教科文组织	不可移动文物（immovables property）和可移动文物（movable property）
6	1972	《保护世界文化和自然遗产公约》（Convention Concerning the Protection of the World Cultural and Natural Heri-tage）	联合国教科文组织	纪念物、建筑群和遗址
7	1976	《关于历史地区的保护及其当代作用的建议》（Recommendation Concerning the Safe-guarding and Contemporary Role of Historic Areas，即《内罗毕建议》）	联合国教科文组织	历史地区
8	1981	《历史园林佛罗伦萨宪章》（Historic Gardens, the Florence Charter）	国际古迹遗址理事会	历史园林
9	1987	《保护历史城镇与城区宪章》（Charter for the Conservation of Historic Towns and Urban Areas）	国际古迹遗址理事会	历史城镇和历史城区
10	1990	《考古遗产保护与管理宪章》（Charter for the Protection and Management of the Archaeological Heritage）	国际古迹遗址理事会	考古遗产
11	1994	《奈良真实性文件》（The Nara Document on Authenticity）	国际古迹遗址理事会	强调文化多样性和遗产多样性
12	1996	《保护和管理水下文化遗产国际宪章》（Charter on the Protection and Management of the Underwater Cultural Heritage）	国际古迹遗址理事会	水下文化遗产
13	1999	《乡土建筑遗产宪章》（Charter on the Built Vernacular Heritage）	国际古迹遗址理事会	乡土建筑
14	2001	《联合国保护水下文化遗产公约》（UNESCO Convention on the Protection of the Underwater Cultural Heritage）	联合国教科文组织	水下文化遗产
15	2003	《保护非物质文化遗产公约》（the Convention for the Safeguarding of Intangible Cultural Heritage）	联合国教科文组织	非物质文化遗产

续表

序号	公布年份	名称	通过组织	遗产内涵
16	2005	《西安宣言——保护历史建筑、古遗址和历史地区的环境》（Xi'an Declaration on the Conservation of the Setting of Heritage Structures, Sites and Areas, 简称《西安宣言》）	国际古迹遗址理事会	遗产环境
17	2008	《ICOMOS 文化线路宪章》（The ICOMOS Charter on Cultural Routes）	国际古迹遗址理事会	文化线路
18	2011	《国际古迹遗址理事会—国际工业遗产保护委员会联合准则：工业遗产、构筑物、区域和景观的保护》，简称《都柏林准则》[Joint ICOMOS-TICCIH Principles for the Conservation of Industrial Heritage Sites, Structures, Areas and Landscapes(Dublin Principles)]	国际古迹遗址理事会 国际工业遗产保护委员会	工业遗产
19	2017	《关于乡村景观遗产的准则》（ICOMOS-IFLA Principles Concerning Rural Landscapes as Heritage）	国际古迹遗址理事会	乡村景观遗产
20	2021	《军事城防类遗产导则》（ICOMOS Guidelines on Fortification and Military Heritage）	国际古迹遗址理事会	军事城防类遗产

二、文化遗产的保护理念

1. 风格式修复与反修复

18 世纪，欧洲的文物保护理念与哲学、美学、史学思想结合，逐渐形成了科学的保护体系。到了 19 世纪，受到浪漫主义思潮的影响，以维奥莱·勒·杜克（Viollet-le-Duc）为代表的法国学派提出"风格式修复"保护理念，主张将文物恢复至原有风格，以"恢复建筑昔日荣耀"为修复的目标。他主持的修复工程存在着较强的"主观性"，为了实现建筑的风格统一而对建筑构件进行替换、改动。

英国学者约翰·罗斯金（John Ruskin）作为"反修复"理念的倡导者，认为"修复是最糟糕的方式"，他强调历史痕迹就是文物最具价值的特征之一，修复工作必须保持文物的历史真实性，不能破坏"历史的记忆"这一盏灯。该理念对文物保护理念的发展有着深远的影响。

在法国派和英国派修复理念的基础之上，意大利学派的修复理念应运而生。1893年，卡米洛·博伊托（Camillo Boito）在他的著作《建筑修复·第一话》中介绍了"文献性修复"（restauro filologico / philological restoration）学说。到 19 世纪末，该理念成为欧洲流行的修复和保护原则。

2.基于物质的保护

基于物质的保护方法或权威化遗产话语（authorized heritage discourse）[1]是指仅关注保护遗产的物质或物质的构成要素的方法，其理论基石是《威尼斯宪章》，核心是在对遗产单体及其环境的辨识基础上，以谨慎科学的方法保护修复文物，维护物质载体的真实性和完整性，确立了文物建筑保护与修复的最小干预原则、可识别原则和真实性、完整性等重要原则。

物质保护的核心是专家驱动的方法，历史、艺术和考古专家通过对物质内在价值的认知，确定保护对象，并由保护专家设计保护措施，以延续其"生命"。该保护方法的核心是物质的存续，是专家学者针对影响物质存续的因素所开展的活动或项目。在整个过程中，只有专家参与了保护的决策，因此，也被称为权威遗产话语。

基于物质的保护措施有修缮修复和预防性保护两类。保护有狭义和广义之分，狭义保护即保存（preservation），特指免于破坏或衰败的措施。广义的保护（conservation）包括间接保护（indirect conservation）、保存（preservation）、加固（consolidation）、修复（restoration）、复制（reproduction）、重建（reconstruction）、迁建（relocation）与适应性再利用（adaptive reuse）等不同的保护措施和行动。[2]预防性保护的核心在于预测，提前规划、设计保护措施，减少外部因素对遗址的损坏。

3.基于价值的保护

随着文化遗产内涵与外延的扩充，遗产保护的对象不仅是物质实体，还包括与价值相关的非物质文化遗产。因物质遗产保存、保护的理念方法在一定程度上并不适用于所有遗产类型，便催生了新的保护理念和方法。

基于价值的保护侧重于各利益相关者组成的社会所赋予文化遗产的价值，其很大程度上源于《巴拉宪章》（1999 年）中的理念。盖蒂保护研究所（Getty Conservation Insititute）通过一系列的项目丰富了该保护方法，并使其成为当下最流行的保护方法。基于价值的保护不仅仅是保存遗产本身，更要保护利益相关者赋予其的价值，以期让

---

① Laurajane S. Use of Heritage[M]. London:Routledge, 2006:29-34.

② 张帆 . 近代历史建筑保护修复技术与评价研究 [D]. 天津 : 天津大学 , 2010.

所有的利益相关者都参与到保护的过程中，避免因价值冲突而产生威胁遗产安全的事件。这一保护方法的核心是对利益相关者的界定。准确的界定可以明确利益相关者对于遗产价值的认知，可通过协商解决因价值冲突而在保护过程中出现的困境，从而实现遗产价值的传承和发展。其保护对象不仅是物质实体，与价值相关的非物质文化遗产也包含其中。

2011 年，联合国教科文组织对自《威尼斯宪章》颁布以来有关历史性城镇景观保护的宪章文件等进行了回顾，结合了地理学、建筑学和规划学等学科中关于城市自然、人文景观研究成果。《关于历史性城镇景观的建议书》（Recommendation on the Historic Urban Landscape）提出了"历史性城镇景观"（historic urban landscape, HUL）的概念，即"城市历史景观是文化和自然价值及属性经过历史层层积淀而产生的城市区域，其超越了'历史中心'或'整体'的概念，包括更广泛的城市背景及地理环境。"对于历史性城镇景观的保护，要打破古城本体、历史城区、保护区的界限，超越对建筑、遗址的保护，将城市的自然肌理、生物多样性和历史文脉融入保护中，在发展中继承城市文化和自然基因。历史性城镇景观保护方法旨在建立一个基于价值保护的可持续发展框架，以全面、综合的方式识别、评估、保护和管理历史遗产。

4.活态遗产的保护方法

有别于传统遗产的概念，活态遗产的概念受到了文化人类学中"活历史"的启发，主要是指"今日还发挥功能的物质遗产或传统"。活态遗产被定义为"由历史上不同的作者创造并仍在使用的遗址、传统以及实践，或者有核心社区居住在其中或附近的遗产地"[1]，是"保持原有功能的遗产"，突出了社区对于遗产价值认知与阐释的重要性。活态遗产的保护推动了功能延续遗产保护理念的形成、保护方法的建构。活态遗产是"在特定的空间与时间中，对精神与物质需要的表现，这种表现持续影响着社区居民的生活"。活态遗产的保护要实现"地方生命维度"和"地方日常生活"的保护目标，维持遗产的价值，实现遗产的整体性保护和社区的可持续发展。

活态遗产保护的核心是延续性（continuity），包括四方面的内容，即遗产原始功能的延续性、与遗产相关联社区的延续性、由社区管理遗产的延续性和遗产空间中物质与非物质文化遗产演进过程的延续性。需要强调的是，在活态遗产保护中，所涉及社区的地位并不是平等的，其中有一个核心社区（core community），相关社区的延续性指核心社区的延续。

---

[1] Poulios I. The Past in the Present: A Living Heritage Approach-Meteora,Greece[M]. London: Ubiquity Press Ltd, 2014: 25-27.

　　活态遗产保护关注遗产的当代价值和社会价值，提倡不仅要保存物质要素，维持其功能的发挥，还要保护精神、情感等内在的非物质要素。与传统的"修复式"保护相比，活态遗产保护更能展现保护的"生活维度"，体现遗产价值的当代作用。

第四节　文化遗产的管理制度

一、中国

中国作为一个有着5000多年悠久历史的文明古国，在发展嬗递的进程中，多民族文化交流融合、兼收并蓄，创造了绵延不断的华夏文明，积淀了丰富的文化遗产。早在清光绪年间，清政府就颁布了《保存古迹推广办法章程》（1909年）和《城镇乡地方自治章程》（1908年）。前者包括调查事项与保存事项两个方面，对古迹保护做了具体的规定，后者则将"保存古迹"作为本城镇乡的一项善举。两个《章程》均以特殊政治环境为基础，针对古迹保存中存在的问题，提出了相应对策。不过，这些由清政府颁布的律令在当时并未得到各省督抚的重视与切实执行。

辛亥革命后，开明人士积极探索保护文化遗产的途径。1922年，北京大学设立考古学研究室，后设立考古学会，成为中国历史上最早的从事文化遗产保护事业的学术研究机构。1926年，朱启钤、梁思成等人成立了中国营造学社，开始对我国古建筑实施实地调查、测绘和保护，为我国古建筑研究积累了大量的一手资料。

1930年和1933年，中华民国政府相继颁布了《古物保存法》和《古物保存法施行细则》。《古物保存法》是中华民国政府颁布的第一个有关文物保护的专项法规，它将中央古物保管委员会确定为古物的认定保管机构，提出教育部、内政部和中央古物保管委员会对文物保护具有监管之职，首次明确"埋藏于地下及由地下暴露地面之古物概归国有"，确立了地下、地上文物的国家所有权属性。虽然国民政府推行了一系列的文化遗产保护措施，但因内忧外患，这些制度法规未能有效执行，文化遗产保护与管理状况不容乐观。

1.法律体系

1949年中华人民共和国成立后，除了设置各级文物管理机构外，还陆续发布了与文化遗产保护相关的法令。至 1954 年底，中央人民政府相继颁发了 10 余项保护文物的命令、办法、指示和通知，以切实加强文物保护工作。

1956 年，国务院发布了《关于在农业生产建设中保护文物的通知》，明确提出要在文物普查的基础上，择其重要者建立"文物保护单位"进行保护，同时开始了第一次全国范围内的不可移动文物普查。1961 年国务院颁布了《文物保护管理暂行条例》和《国务院关于进一步加强文物保护和管理工作的指示》，明确规定了文物的范畴、保护方式以及各级政府的保护职责。同年，在第一次不可移动文物普查结果的基础上，公布了第一批全国重点文物保护单位名录，共 180 处，汉长安城、莫高窟、故宫、中共一大会址等均被列入名录。1963 年《文物保护单位保护管理暂行办法》《革命纪念建筑、历史纪念建筑、古建筑、石窟寺修缮暂行管理办法》，1964 年《古遗址、古墓葬调查、发掘暂行管理办法》等法规制度相继发布，初步形成了以条例为基础的中国文物法规体系。

1966 年"文革"开始，中国文化遗产保护事业发展受到了影响，直到 70 年代中期才逐渐恢复。1974 年，国务院颁发的《关于加强文物保护工作的通知》指出，出土文物是祖国珍贵的文化遗产，是人民的财富，应予以保护；同时，再次强调地下埋藏的一切文物，都属于国家所有，任何地方、单位、个人都不能据为己有。

1980 年，国务院发布《关于加强历史文物保护工作的通知》，总结了我国文物事业取得的成绩和面临的问题，再次对我国境内文物所有权进行了确权，并要求各级政府的文物收藏管理机构应承担保护任务，确保文物安全。1982 年 11 月颁布的《中华人民共和国文物保护法》是我国第一部关于文物保护的专门法律，在明确文物类别的基础上，明确了文物保护单位制度和文物分级制度是文化遗产保护的基本制度，标志着我国文物保护法律体系的进一步完善。

随着我国经济社会快速发展，城市化进程也逐步加快，城市建设与文化遗产保护的矛盾日益凸显。1982 年，国务院批转国家基本建设委员会、国家文物事业管理局、国家城市建设总局《关于保护我国历史文化名城的请示》，正式提出历史文化名城的概念，指出保护历史文化名城对建设社会主义精神文明、扩大国际影响等都具有重要意义，并批准公布北京、西安、杭州等 24 个城市为首批国家历史文化名城。1983 年城乡建设环境保护部下发了《关于加强历史文化名城规划工作的通知》，并随文印发了《关于加强历史文化名城规划工作的几点意见》，要求各地参照执行。1984 年颁布的《城市规划条例》，明确提出"城市规划应当切实保护文物古迹，保持与发扬民族风格和地方特色"。

1985 年，我国正式加入了《保护世界文化和自然遗产公约》，向国际社会做出了共同保护人类文化遗产的庄严承诺。1987 年，我国首批 6 处遗产被列入《世界遗产名录》。

1986 年，国务院批转的城乡建设环境保护部、文化部《关于请公布第二批国家历史文化名城名单的报告》的通知提出，对一些文物古迹比较集中，或能较完整地体现某一历史时期的传统风貌和民族地方特色的街区、建筑群、小镇、村寨等，可根据其历史、科学、艺术价值，核定公布为"历史文化保护区"。2002 年，"历史文化保护区"被"历史文化街区"这一概念替代。1989 年公布的《中华人民共和国城市规划法》明确规定了在编制城市规划时，应将历史文化遗产、城市传统风貌和地方特色等因素纳入考虑范围。

20 世纪 90 年代以来，中国经济呈现快速增长态势，城市化进程加剧，旧城改造提升快速展开。1992 年，国家文物局发布施行了《中华人民共和国文物保护法实施细则》，对文物、古建筑等历史文化遗产保护工作的实践予以指导。1997 年，建设部转发《黄山市屯溪老街历史文化保护区保护管理暂行办法》，明确了历史文化保护区的特征、保护原则与方法，并指出要形成"单体文物—历史文化保护区—历史文化名城"的完整保护体系。

进入 21 世纪后，中国文化遗产保护事业迈上了新台阶。2002 年，全国人民代表大会常务委员会修订了《中华人民共和国文物保护法》，确立了"保护为主、抢救第一、合理利用、加强管理"的十六字文物工作方针。2005 年，《国务院关于加强文化遗产保护的通知》发布，明确提出物质文化遗产和非物质文化遗产的内涵和保护原则，并设立中国"文化遗产日"。

近年来，国家积极推动文化遗产保护法律法规的建设。全国人民代表大会常务委员会在 2017 年修订了《中华人民共和国文物保护法》，国务院也于同年公布了新修订的《中华人民共和国文物保护法实施条例》。国家建设部、国家质量监督检验检疫总局于 2005 年颁布了《历史文化名城保护规划规范》，为编制历史文化名城的保护规划制定了国家标准。2008 年国务院通过了《历史文化名城名镇名村保护条例》，确立了对历史文化名城名镇名村整体保护的原则，并制定了严格的撤销退出机制。

2022 年召开的全国文物工作会议提出新时代文物工作 22 字方针，即"保护第一、加强管理、挖掘价值、有效利用、让文物活起来"，进一步突出了文物工作的重要社会价值是基于新发展理念提出的更高要求，为做好新形势下的文物工作指明了方向，对推动中国文化遗产事业高质量发展具有重要的指导意义。

随着法律法规及相关行政配套管理规章的不断完善，中国的文化遗产保护事业走出了一条符合中国国情的文物保护利用之路，并取得了历史性的新成就。

2. 管理体制

我国文化遗产事业的管理是以行政管理为主，以公有制和分级属地管理为主要方式。《中华人民共和国文物保护法》（以下简称《文物保护法》）第五条规定，"中华人民共和国境内地下、内水和领海中遗存的一切文物，属于国家所有"，明确规定了文化遗产的所有权为国家所有，国家通过政府或政府派出机构（事业单位）进行文化遗产的管理运营，这决定了管理体制的国家属性和公共属性。

文物保护单位制度是我国不可移动文物保护的基本制度，依据价值高低分为三个保护级别，即全国重点文物保护单位、省级文物保护单位和县（市）级文物保护单位。

不同类型的文化遗产单位划归不同职能部门管理，但在行政上均隶属各级地方政府，体现了"条块结合、以块为主的管理格局"。纵向多层级管理，指上级部门通过业务指导的方式对下级机构进行管理，各职能部门从中央到地方形成完整的垂直序列和"条"状分级管理格局；横向多部门管理，指文化遗产资源由隶属于某级政府的文物、文化、建设、旅游、宗教等不同部门按各自职能分别负责管理，形成横向的"块"状分布的管理结构。两者共同形成纵横交织的管理体制。

3. 运营体制

文化遗产作为国家所有的公共资源，其运营管理模式被大致分为政府（包括其职能部门或派出机构）运营管理模式和企业运营管理模式，以政府运营管理为主。在政府运营管理模式下，文化遗产的所有权与运营权集中于政府部门，由各级政府指定单位对文化遗产进行运营和管理，资金支出和收入都由政府统筹。这一模式有利于对文化遗产本体和价值的保护，但并不能很好地适应市场多样化、个性化的需求，同时政府部门身兼"运动员"与"裁判"的职位，难免会有监督管理不力的情况出现。企业运营管理模式，即遗产所有权与运营权分离的企业运营管理模式，所有权归国家所有，运营权委托给企业。企业运营管理模式分两种，一种是由政府组建国有控股企业，属于"一套班子，两种制度"，实质上仍由政府运营决策，如黄山、峨眉山等遗产地；另一种是委托私营企业运营，西递、宏村、凤凰古城等遗产地就采取了这种运营模式。[①]但在经济利益驱动下，私营企业可能因追求利益最大化而忽视对遗产的保护，对遗产价值造成负面影响。因此，在委托私营企业运营时，应加强行政监管，减少因企业的逐利行为对文化遗产所造成的负面影响与破坏。

---

① 厉建梅. 文化遗产的价值属性与经营管理模式探讨 [J]. 学术交流 ,2016(11):132-137.

二、法国

1. 分类体系

法国的文化遗产分为物质文化遗产和非物质文化遗产两类。物质文化遗产主要有纪念建筑（monument historique）、遗产地（sites）、文物建筑周边环境（les abords des monuments historiques）、保护区（secteur sauvegardé），建筑、城市和景观遗产保护区（La zone de protection du patrimoine architectural urbain et paysager, ZPPAUP）以及《遗产法典》（Code du Patrimoine）中所指的档案、视听资料、博物馆馆藏珍宝等。非物质文化遗产则主要依据《保护非物质文化遗产公约》定义进行分类。

2. 保护法规

1887 年，法国制定了世界上第一部近现代意义上的文化遗产法——《历史古迹法》，于 1913 年修订，成为文物建筑保护的主要依据，提出要根据文物建筑的历史、艺术价值进行不同程度的保护。此后，多部对文化遗产予以保护的法律法规陆续出台。2004 年《遗产法典》的颁布实施，标志着较为完备的文化遗产保护法律体系的形成。

1930 年，法国颁布了《景观地保护法》，对有关自然景观以及具有艺术、历史、科学、传奇和画境价值的自然景观地加以保护。最初景观地仅限定瀑布、泉水、岩石、树林等自然物，之后被扩大到由人类创造的田园景观以及城市中的特色景观，如埃菲尔铁塔所在的战神广场。[①]

1943 年，法国政府通过了《文物建筑周边环境法》，确定了文物建筑周边环境的定义与范围。不同于文物建筑与景观地的评定要求，文物建筑周边环境以文物建筑为中心，形成半径 500 米的保护区域。[②]

1962 年颁布的《马尔罗法令》提出了保护区的概念，不仅要保护具有重要历史与艺术价值的单体建筑，也要保护与城市历史文化价值和美学价值紧密联系的历史街区，在保护历史文化遗产的同时，保留城市魅力，改善人民生活和工作的环境。

3. 保护体制

法国大革命和工业革命时期，修复与反修复的论战持续了一个多世纪，让人们意识到保护国家遗产的迫切性。1790 年，法国国民议会决定成立历史委员会（La Commission des Historique）并发布律令，要求"尽可能地评估并保护国家财产下的纪念物、教堂、宗教建筑"。1794 年，历史委员会与艺术委员会合并，成立新的艺术委

---

① 邵甬. 法国国家建成遗产保护教育与实践体系及对我国的启迪 [J]. 中国科学院院刊,2017,32(7):735-748.

② 彭峰. 法国文化遗产法的历史与现实：兼论对中国的借鉴意义 [J]. 中国政法大学学报,2016(1):5-12.

员会，负责法国艺术遗产的普查管理。

法国的遗产管理体制有明显的集权化特征，在法国的中央政府中，文化部（Ministère de la Culture）下属的"遗产总局"（Direction Générale des Patrimoines）负责法国的文化遗产保护。其主要职能为负责全国文物普查、研究、保护、维护，以及宣传建筑、城市、遗产和法国丰富的艺术；关注建筑师创作活动，促进实施相关法规；关注遗产保护状况，促进保持传统技艺，参与组织有关建筑和遗产的教育、培训和研究。

法国除建立了强大的中央遗产保护机构外，还在地方派驻了省级建筑与遗产局负责地方遗产的保护，大区文化事务厅负责机构的协调管理工作。省级建筑与遗产局负责国家（负责保证公共利益）和地方城市（1983年《地方分权法》颁布之后改为所属区域的城市规划）之间的对话，协调城市规划和制定遗产保护的政策。

省级建筑与遗产局会同国家相关部门、地方政府共同研究遗产地的价值、保护管理的规定。同时，省级建筑与遗产局负责对建设、拆除、土地划分、城市规划、电力线设置、树木砍伐、招牌广告设置等项目进行审批。根据保护程序和工程类型，意见可分为强制性意见和非强制性意见，颁发许可证的职能部门（市长或省长）必须遵从强制性意见。否则，大区区长征求大区遗产和景观地委员会意见后做出裁决，可以取消已颁发的许可。非强制性意见则是参照执行的。此外，文化部可以提出意见，取代地方颁证机构做出的决定。

法国将遗产管理的要求"嵌入"城市规划管理体系，即在城市规划管理的"建设许可制度"和"拆除许可制度"中前置遗产保护部门的意见，确保在城市建设过程中兼顾遗产保护和项目建设。

4.保护机构

法国的文物保护观念深入人心。民间有6000多个基金会组织负责古迹修缮保护，最重要的是遗产基金会（Fondation du Patrimoine）。1996年，法国的遗产基金会建立，作为公益机构，其宗旨为保护法国境内未受国家保护的乡村遗产，包括房屋、教堂、桥梁、农场、工业遗产、可移动遗产以及自然遗产。它协助公有遗产获得财政支持，协助私有遗产享有免税政策，并提高社会保护遗产的意识。从机构性质上看，遗产基金会介于公立和私立之间，它既不是一家从事古迹维修的私营建筑公司，也不是政府部门的一部分。在法律层面，为私营机构，但其同样具有浓厚的国家机构特征，其性质可认为是"公共服务的私营化机构"[1]。

---

[1] 燕海鸣，刘爱河.国外文化遗产组织经验与启示[C]// 中国文物保护基金会，光明日报社.社会力量参与文物保护论坛文集，2016: 182-200.

三、英国

1.分类体系

英国遗产的类别分为在册古迹、登录建筑、保护区、注册历史公园与园林。

（1）在册古迹

在册古迹（scheduled ancient monument）指被纳入英国文化、媒体和体育部（Department for Culture，Media and Sport）编制的古迹登记名册之中，具有历史、建筑或者考古价值的地点、构筑物及建筑物。一切会对在册古迹造成影响的工程必须获得政府相关部门的施工许可后才可进行。[①]

（2）登录建筑

登录建筑（listed building）指那些具有特殊建筑艺术价值或历史价值，其特征和面貌值得保存的建筑物。大部分登录建筑是房屋，此外还包括桥梁、纪念碑、雕塑、战争纪念相关物和里程碑等建筑。登录建筑主要依据建筑的建成年代和建筑蕴含的历史、艺术、文化等价值标准进行选择。从时间上看，建成超过30年的建筑就具备申请的资格，按照建成年代分为三类，即1700年以前建成的建筑、1700—1840年建成的建筑和1840—1945年建成的建筑。1945年以后建成的建筑要经过严格的筛选才有可能被列入登录名单。从价值维度上看，在建筑、美学、考古层面具有典型意义的建筑物被评定为Ⅰ级建筑（gradeⅠ，buildings of exceptional interest），在20世纪建造的具有文化历史价值的"特别重要"的建筑物是Ⅱ级*建筑（gradeⅡ*，buildings of more than special interest），具有特别意义的建筑是Ⅱ级建筑（gradeⅡ，buildings of special interest）。[②]除Ⅱ级建筑由地方政府负责外，其余两类建筑皆由国家统筹管理。

（3）保护区

保护区（conservation area）指政府选定登录的、具有特殊建筑艺术价值和历史意义的区域，登录建筑往往包含在内，通过相应的规划控制，对具有重要价值的建筑物及其周边环境的历史风貌进行维护。

（4）注册历史公园与园林

20世纪80年代，英国提出了"注册历史公园与园林"（the registered historic parks and gardens）这一保护类型。与登录建筑和古迹需由国务大臣签署方能生效不同，它的评定、签署均由英格兰遗产委员会（English Heritage）负责，评定标准以特殊历史品质，即稀少和年代悠久为重要尺度，超过30年的历史园林都具有历史价值。根据

---

① 刘爱河.英国文化遗产保护成功经验借鉴与启示[J].中国文物科学研究，2012(1):91-94.

② 魏寒宾，边兰春.文化遗产的保护与可持续发展——以英、日、韩三国文化遗产登录制度为例[J].科技导报，2019，37(8):40-48.

园林遗产地重要性、设计师影响力、与重大历史事件或人物相关度等，将历史公园与园林划分为Ⅰ、Ⅱ*、Ⅱ三个保护等级。

英国通过国家授权的国家信托（The National Trust）和英格兰遗产委员会两大机构负责历史公园的保护。其中"注册历史公园与园林"中Ⅰ、Ⅱ*类由英格兰遗产委员会直接管理，Ⅱ类交给地方当局政府和"英国历史公园"管理，规划审批委托给地方当局和友好团体"英国历史公园"。文化、媒体和体育部负责认定签署注册历史公园与园林中的古迹、登录建筑，而英格兰遗产委员会负责注册历史公园与园林的认定签署。

2.保护法规

19世纪初期，英国的保护修复工作多为私人承办，国家未建立专门组织负责历史古迹的管理，古迹保护的法律制度建设也尚未提上日程。19世纪中叶，英国政府开始关注遗址古迹的保护工作，并于1865年颁布了《古代纪念物和遗址保护法案》（Conservation of Ancient Monuments and Remains）。1882年，《古迹保护法》（The Ancient Monuments Protection Act）颁布，首次通过法律手段对英国杰出历史古迹进行保护，首批登录68处古迹。1909年颁布的《住宅和城市规划诸法》（The Housing，Town Planning，Etc. Act），旨在解决城市发展引发的环境问题和控制住宅无序建设导致的城市布局混乱现象。1932年修订的《城乡规划法》（Town and Country Planning Act）中增加了遗产保护的内容，提出对非登录古迹、建筑的保护令。1947年版的《城乡规划法》正式提出历史建筑分级登录的概念，即"历史建筑登录制度"（Listed Building Conservation System），除法定名录的Ⅰ、Ⅱ级之外，还提出了补充名录，并详细说明了登记后的管理措施。1953年，英国政府颁布《历史建筑与古迹法》（Historic Buildings and Ancient Monuments Act），详细规定了对登录建筑的资金资助。

3.保护机构

在英国的遗产保护中，保护机构做出了卓越贡献。从管理机构看，英国有官方组织，如英格兰遗产委员会、地方政府等；英国建筑遗产保护管理机构也在不断发生变化，1970年由环境部负责，1992年由国家遗产局接管，1997年由文化、媒体和体育部负责管理。中央政府对政策法规的制定拥有决策权，部门大臣决定登录建筑遗产的标准、范围、类型和价值特征，同时部门大臣还有对重点登录建筑的"登录建筑许可"（Listed Building Consent，LBC）审批及拨付修复资金的权力。大量的登录保护建筑也属于《城乡规划法》的保护范畴，地方级规划部门负责登录制度的具体执行与实施，对登录建筑改造过程进行管理并监督法律的执行，决定登录建筑是否能够获得LBC和政府财政的补贴。

此外，民间团体在保护中也发挥了重要的作用。这些民间组织包括古物咨询委员会（Antiquarian Commission）、国家信托（The National Trust）、市民信托（Civic Trust）、国家遗产纪念基金（National Heritage Memorial Fund）等。

国家信托全名为国家名胜古迹信托（National Trust for Places of Historic Interest or Natural Beauty），成立于 1895 年，致力于保护环境和文物古迹，其活动范围包括英格兰、威尔士和北爱尔兰。苏格兰当地有独立的苏格兰国民信托（National Trust for Scotland），故没有参与此信托组织。国家信托是英国最大的私有土地所有者之一，拥有超过 500 座历史古迹、城堡、公园和花园，赋予土地不可分割的独特法定权力，防止在没有特殊议会程序的情况下违反信托的意愿出售或抵押土地。目前，国家信托是欧洲最大的文物和自然保护机构之一。①

国家信托通过捐赠、会员费、运营、遗产和税收等方式获取资金，并优先得到彩票基金的支持，其职责是保护并促进遗产区的可持续发展。在公益性、社会信任度和遵守《慈善法》的基础上，类似国家信托的非政府组织向慈善团体、地方规划部门以及个人提供保护资金，代政府部门管理历史古迹和建筑遗产，并定期向政府汇报。自 2011 年起，国家信托的服务范围进一步扩大至城市及乡村中的工业遗产，吸引了更多城市居民参与工业遗产的修复和再利用项目。随着公信力的不断提高，国家信托已成为目前英国最大的遗产保护民间组织。

市民信托也被称作"公民基金会""民间资源保护财团""历史保存托管组织"等，创立于 1957 年，秉持"保护有历史和艺术性价值的建筑，保护田园景观，反对粗陋设计，刺激公益事业的发展和提高市民意识"的信念，与当地政府保持着良好的合作关系，利用地方力量挖掘建筑遗产的社区价值和商业价值，有着欧洲最为完善的遗产保护评奖体系。市民的信托关系是建立在财产被指定用于某种特定目的，并由所有者通过信托协议委托给受理人管理的过程中。市民信托承担着城镇中心区整治、建筑遗产保护修复与增值、闲置地块再利用等工作任务，如保护切斯特古城免遭毁坏、阻止高速公路横穿卡文特公园、反对在城镇道路两侧增建广告设施等。市民信托组织还拥有大约 33 万人的志愿者团队和近 1000 个基层组织，主要负责促进城镇社区规划、保护、更新等方面的实际项目，并在解决交通问题、提高公共场所空间质量、修复历史建筑、监督地方规划及工程项目、汇集专业技术知识和资源等方面做出突出贡献。②

---

① 闫艺. 英国"如画 (picturesque)"风景园林理论及遗产保护研究 [D]. 西安：西安建筑科技大学,2020.

② 郎亮，王媛媛. 英国建筑遗产保护政策研究及启示 [J]. 建筑与文化,2017(5):65-66.

四、意大利

1.分类体系

在意大利语的语境中，文化遗产价值包括自然、历史、艺术、人类学等各方面的价值，但更强调文化价值，强调文化遗产促进社会共同进步的重要作用。《文化与景观遗产法典》（The Codice dei Beni Culturali e del Paesaggio，2004）是意大利文化遗产保护法律体系中的核心，通过列举的方式，对文化遗产进行了分类（表1.2）。

表1.2 意大利文化遗产分类[①]

	文化财产	风景财产
可移动财产	各种展览馆、画廊、博物馆等的收藏； 超过 40 年的档案和文献孤本； 100 年以上的图书馆藏书，手抄本、照片、影像，以及特别重要的私人收藏； 超过 75 年的交通工具； 古地图、重要的标牌、标志、装饰物、匾额、影片、碟片、雕刻等	
不可移动财产	艺术家工作室； 具有历史或艺术价值的城市户外空间，如道路、广场、街道； 具有历史感或反映乡村经济传统的乡村建筑； 具有人类学意义或历史价值的矿区； 建成 50 年以上，且建筑师辞世，具有特殊艺术价值的当代建筑精品等； 具有历史或艺术价值的别墅、花园和园林	不可移动文物赖以生存的环境； 自然美景或具有地质学独特性（火山、湿地、冰峰、特定海岸线等）的非移动物； 特别重要的遗址、考古区； 在文化财产中未列举，非常优美的别墅、花园和园林； 具有美学和传统价值的不可移动物复合区（相当于保护区）； 易于公众接近和享受的视觉景观和眺望景观； 大学实验林和公共团体所拥有的农田、村落等
文化场所	文化财产中进一步强调的是博物馆、图书馆、档案馆、考古公园（地区）、保护区，它们均为文化场所。凡是国家拥有的文化场所均具有公共服务的属性，其他所有人也拥有对外开放文化场所的义务	

2.保护管理

意大利政府下属的文化部（Ministero Della Cultura）[②]负责全国遗产的保护管理，

---

① 朱晓明.意大利中央政府层面文化遗产保护的体制分析 [J].世界建筑,2009(6):114-117.

② 2021 年，意大利政府将"文化遗产、活动和旅游部"(Ministero dei beni e delle attività culturali e del turismo) 更名为"文化部"，并新设立了"旅游部"。

主要负责认定文化遗产的价值，并制定与修复、利用相关的保护政策和技术体系。[①]

地方层面上，根据文化遗产类型，在各地设置文化遗产管理监督署。如佛罗伦萨历史艺术遗产局、庞贝历史文化遗产局，还在米兰、都灵、那不勒斯等博物馆较多的城市设置博物馆管理局。政府对遗产进行定级评估，并根据文物的保护级别制定保护措施。

日常运作主要依赖从事遗产保护修复、研究和培训活动的非政府组织。非政府组织由考古学家、历史学家、建筑师和档案管理员等高级技术人员组成，依托专业技术人员对文化遗产的社会、经济文化价值进行判定，对文化遗产保护与开发的项目进行评估。

意大利在保护和管理文物古迹方面摸索出高度社会化的"意大利模式"，即政府负责保护，私人或企业多方参与管理和运营的模式。在这个模式中，地方政府是当地文化遗产管理的主要责任人，负责当地文化遗产的登录、保护事宜，民间社团组织是当地政府的专业咨询机构。

五、美国

1.分类体系

美国的《国家历史保护法案》（National Historic Preservation Act，NHPA）将保护对象归纳为五大类[②]：

建筑物类（buildings）：为人类活动提供庇护功能的结构，如房子、仓库、教堂、旅馆，或其他相似的结构。

构筑物类（structures）：包括所有除建筑物类之外的人类建造的结构，如桥梁、铁路以及高速公路等。

遗址类（sites）：重要历史事件或史前活动的发生地，或曾是某建筑物或是构筑物的所在地（无论该建筑物或构筑物是否还存在或是已经损毁）。该场所具有的重要历史学或考古学意义不会随人造结构的消失而受影响。

保护区类（districts）：在地理上可以被限定的城市或农村的一定范围，其中包含中心区、联系区，或是被某历史事件关联在一起的一系列场所、建筑物、构筑物、物品的集合体，或在美学上具有一定价值的一系列场所、建筑物、构筑物、物品的组合。

① 王景慧. 论历史文化遗产保护的层次 [J]. 规划师，2002(6):9-13.
② 苏夏. 美国历史遗产保护相关概念辨析 [J]. 建筑与文化，2014(10):115-117.

物品类（objects）：可移动并与某些特定的环境或场所布置相关联的"物质性实体"。

2.保护法规

1906 年颁布的美国《古物法案》（The Antiquities Act）规定，美国总统有权在美国境内根据保护需要划定严格保护区域；"禁止未经许可对联邦土地范围内任何历史遗迹、纪念建筑与文物的挖掘、破坏与买卖"；并赋予总统将历史性地标、历史性构筑物，以及其他具有历史和科学意义的对象指定为国家纪念物的权力。这些条款适用于联邦土地范围内的所有对象，但不包括私人财产。《古物法案》推动了联邦政府的文物保护体系建设，代表美国国家层面保护遗产的努力。

1935 年，美国《历史遗址与建筑法》（The Historic Sites and, Building and Antiquities）发布，要求各联邦机构在执行政策时必须充分考虑对古迹等文化遗产的保护问题。在这部法律的影响下，从 20 世纪 30 年代开始，美国开始了全国范围内古迹遗产的普查并建立了文物古迹数据库。

1966 年 10 月 15 日，美国国会通过了《国家历史保护法案》（The National Historic Preservation Act），责成联邦政府以国家名义认定和保护其所有土地上的文化遗产，并设立了美国国家历史遗迹登录制度（The National Register of Historic Places），推动国有及私有土地上各种文化遗产（包括建筑物、历史街区、文物、遗址及相关构造物等）的注册、保护及开发。该法还规定，文化遗产可以通过联邦机构负责人、内政部长、国家历史保护办公室或州政府申报，被认定的文化遗产可根据其重要程度分为地方级、州级及国家级。[①] 此外，还创立了经济援助项目（Grants in Aid）计划，为各州提供用于调查、规划和保护文物古迹的资金。

1979 年颁布的《考古资源保护法》（The Archaeological Resources Protection Act），提出了在考古遗址范围内的禁止活动，并提供了有效的执法手段，规定了对违法者的相关处罚措施。

3.保护机构

1916 年，美国国家公园管理局（National Park Service）成立，旨在管理受保护的公园和古迹，以防止非法发掘和其他形式的破坏。1933 年，美国政府将国家战争部和国家林业局管理下华盛顿特区的国家古迹遗址、国家公墓和国家战场归并到国家公园体系统一管理。[②] 这次改变真正将历史和自然场所统一归并至国家公园体系之下，"历

---

① 顾军，苑利. 美国文化及自然遗产保护的历史与经验 [J]. 西北民族研究 ,2005(3):167-176.

② Lee R F.Family Tree of the National Park System:A chart with accompanying text designed to illustrate the growth of the National Park System 1872-1972[EB/OL]. [2024-09-03]. https://www.nps.gov/parkhistory/online_books/lee2/index.htm.

史保护成为国家公园管理局的主要职责"[1]。美国考古遗址均通过登录的方式被指定为国家遗址，由国家公园管理局负责管理，从而建立了以国家公园对考古遗址进行保护的基本制度。

大部分遗址由美国国家公园管理局管理，少部分遗址由国家、地方和私营部门共同管理。国家公园管理局将全国划分为若干大区，分别管理数百处国家公园。每个国家公园都有独立单位实施管理，管理人员由总局直接任命、统一调配。[2]

美国《国家历史保护法案》还要求重新整合文化遗产保护队伍，在各州设立国家历史保护办公室（State Historic Preservation Office），根据联邦政府的要求，制定本州文物保护预算及保护规划，为史迹评估及史迹登记注册提供咨询，督促保护工作实施等。

美国的大多数遗址多依靠非营利组织来资助和运营，民间社团和非营利组织成为美国文化遗产保护的重要机构。美国的国家历史保护信托（The National Trust for Historic Preservation）是慈善性质的、具有教育职能的非营利性机构。该机构旨在通过民间组织对历史古迹进行保护，致力于为热爱历史遗产的公众提供教育等服务[3]，为支持区域性及地方性的历史遗产保护活动，还设立了区域性的办事处。其资金来源为联邦政府和民间捐赠。

六、日本

1.分类体系

"文化遗产"在日语的对应词是"文化财"，含有"文化财产""文化财富"之意，主要指在国家漫长历史中产生和孕育、并被传承守护至今的、全体国民珍贵的文化财产。[4]《文化财保护法》（2018 年修订本）规定，日本文化财主要分为有形文化财、无形文化财、民俗文化财、纪念物、传统建造物群、文化财保存技术、埋藏文化财、文化景观等类别，它们共同构成了日本文化财的分类体系（表1.3）。

① Mackintosh B.The National Parks:Shaping the System[EB/OL]. [2024-09-03]. https://www.nps.gov/parkhistory/online_books/shaping/index.htm.

② 高洁. 基于文化视角的中西文化遗产管理比较研究 [D]. 济南：山东大学 , 2021.

③ 汪丽君 , 舒平 , 侯薇 . 冲突、多样性与公众参与——美国建筑历史遗产保护历程研究 [J]. 建筑学报 , 2011(5):43-47.

④ 周星 , 周超 . 日本文化遗产的分类体系及其保护制度 [J]. 文化遗产 ,2007(1):121-139.

表1.3　日本文化遗产分类

类型	范围
有形文化财	在日本历史上具有较高艺术和历史价值的建筑物、绘画、雕刻、工艺制品、书法、典籍、古代文书等有形的文化成果（包括与这些成为一体、构成其价值的土地和其他物件），以及考古资料和其他具有较高学术价值的历史资料
无形文化财	在日本历史和艺术上具有较高价值的传统戏剧（演剧）、音乐、艺能、乐舞、工艺技术等无形的文化成果
民俗文化财	包括有形民俗文化财和无形民俗文化财两类。无形民俗文化财指有关衣食住行、生计职业、信仰、年岁时节等方面的风俗习惯、民俗艺能、民俗技术等。有形民俗文化财是与上述无形民俗文化财有关的衣物、器皿、房屋、民间生活用具等设施
纪念物	包括在历史和学术方面具有较高价值的遗迹，如贝冢、古墓、都城旧址、城堡、宫殿、旧宅等；在艺术及观赏方面具有较高美学价值的名胜地，如庭院、桥梁等人文景观和溪谷、海滨、山岳等自然景观；以及在学术研究上具有较高科学价值的天然纪念物，如日本特有的动物（包括生息地、繁衍地及传播地）、植物（包括生长地）以及地质矿物（包括促生独特自然现象的土地）
传统建筑物群	和周围环境融为一体，并形成历史自然风貌的传统建筑物的集合，具有较高的历史、科学和文化价值
文化财保存技术	保存和维修文化遗产所必需的传统技术和技能
埋藏文化财	埋藏在地下的文化遗产
文化景观	对理解日本国民的生活或生计等方面具有不可或缺的重要性，由某一地域中人们生活或生计产业及根植于该地域风土人情所形成的人文景观，如梯田、水渠等

2.法律制度

日本很早就开始通过法律手段保护文化遗产，其保护理念和方式走在世界前列。1871 年颁布了保护工艺美术品的《古器旧物保存法》(『古器旧物保存方』)，1897 年颁布了《古社寺保存法》，开创了"特别建造物及国宝"的认定制度。[1]1919 年颁布的《古迹名胜天然纪念物保护法》(『史蹟名勝天然紀念物保存法』)，要求标识出首批受官方认可的历史性纪念地、风景区和自然遗迹。[2]1950 年颁布了《文化财保护法》

---

[1] 周星,周超.日本文化遗产的分类体系及其保护制度 [J].文化遗产,2007(1):121-139.

[2] 坪井清足,张革新.日本考古遗迹的保护 [J].北方文物,1996(4):103-105.

（『文化財保護法』），该法是日本关于遗产保护最重要的一部法典，其目的是规范文化遗产各相关主体的权利和义务。依托类型多样的法律法规，日本政府通过指定、选定、登录等方式确定了完备的文化财保护基本程序。①

3. 遗址保护

日本的《文化财保护法》确立"文化财保护委员会"（日本文化厅的前身）作为执行机关来保护考古遗址。1950 年，日本组织了第一次全国范围内的考古遗址资源普查，确定了 10 万个遗迹，20 世纪 70 年代又开展了第二次普查。此外，日本的都道府县和大多数直辖市都制定了相应的遗产法规制度，并指定了具有重要意义的县级和市级文化财产。

1954 年，日本对《文化财保护法》进行修订，将考古发掘活动分为两类，一类是带有明确学术目的的发掘，另一类是抢救性发掘；并规定，在已知考古遗址上进行调查性发掘或开发工作，应事先通知文化厅长官。专员收到通知后，可以指示开发商采取必要的现场保护措施。若拟议的开发工作被认为会破坏遗址，则实施"救援挖掘"，在破坏前对其进行"记录保存"。除非确定其所有者，否则从救援挖掘中取回的物品必须交给警方，评估出土物是否属于文化财。

日本的考古遗址保护也经历了几个发展阶段。最初，对考古遗址实行严格的保护，不允许改变其外观；20 世纪 50 年代，日本的经济建设导致全国范围内大批考古遗址被破坏，因此设立了抢救性发掘资助制度；从 60 年代中期开始，伴随着日本经济的快速增长和随之而来的大量考古发掘工作，日本的文化财管理体制进一步完善，规定抢救性发掘的费用需由开发商承担，日本政府也开始采用历史公园等形式进行考古遗址的保护与利用。②

---

① 周星，周超. 日本文化遗产的分类体系及其保护制度 [J]. 文化遗产 ,2007(1):121-139.
② 坪井清足，张革新. 日本考古遗迹的保护 [J]. 北方文物 ,1996(4):103-105.

第五节　文化遗产的未来

我国是世界文明古国，也是文化遗产大国，拥有源远流长的中华文化，保存了浩如烟海、博大瑰丽的文化遗产。这些文化遗产深刻反映了我国各个历史时期思想、文化、科学、经济、社会、军事等方面的真实面貌，凝结着先人的杰出智慧。对这些文化遗产的有效保护与活化利用，有利于传承弘扬优秀传统文化、坚定民族文化自信、推动文明交流互鉴。

党的十八大以来，习近平总书记高度重视文化遗产保护事业，多次前往文化遗产资源丰富的地区考察调研，并就文化遗产的保护传承弘扬发表了一系列重要论述。党的十九大报告中将"加强文物保护利用和文化遗产保护传承"[1]列为坚定文化自信的一个重要部分；党的二十大报告进一步强调指出，要"加大文物和文化遗产保护力度，加强城乡建设中历史文化保护传承"[2]。2022年召开的全国文物工作会议，进一步确立了"保护第一、加强管理、挖掘价值、有效利用、让文物活起来"的新时代文物工作方针，集中体现了习近平总书记关于文物工作重要论述精神。

当前，我国已基本形成了符合中国国情的文化遗产工作体系，属地管理、分级负责的管理模式渐趋成熟；建成了相对完善的文化遗产保护法律法规和政策体系；保护思路和理念逐步清晰，积累了文化遗产保护利用的中国经验；文化遗产保护社会参与的氛围日益浓厚，社会关注度极大提高，民众文化遗产保护意识和自觉性明显增强，文化遗产事业得到了迅猛发展。但还应当认识到，在取得上述成绩的同时，文化遗产工作还存在一些有待进一步提升之处，要推动文化遗产的合理利用和传承发展，筑牢中华民族的文化根基，为实现中华民族伟大复兴中国梦提供精神力量和文化支撑，还需要不断努力。

---

① 《党的十九大报告辅导读本》编写组 . 党的十九大报告辅导读本 [M]. 北京：人民出版社 ,2017:53.
② 《党的二十大报告辅导读本》编写组 . 党的二十大报告辅导读本 [M]. 北京：人民出版社 ,2022:41.

一方面，要贯彻新时代文化遗产保护利用新理念，统筹考虑保护与利用的关系，坚持"保护第一、加强管理、挖掘价值、有效利用、让文物活起来"的新时代文物工作方针，结合创新、协调、绿色、开放、共享的新发展理念，推动新时代文物保护利用理念方法、体制机制、模式路径的创新，为文化遗产发展提供强大动力；推动文化遗产保护与利用的协同发展，推动文化遗产事业与新型城镇化、乡村振兴、农业现代化、信息化等国家战略方针的协同发展，推动以文化遗产为核心或重要支撑的一、二、三产业协同发展；以绿色发展为根本要求，重视文化遗产保护利用在改善生态环境、发展生态产业、建设美丽中国中的重要作用；积极推动各行各业、社会群体参与文化遗产实践，使人民群众在参与文化遗产保护上"各尽其能"，构筑一个开放创新、互助互惠、兼收并蓄的文化遗产保护利用开放体系；推动文化遗产保护利用成果惠及人民群众，使人民群众在共享文化遗产保护利用成果上"各得其利"。

另一方面，要切实提高文化遗产研究、保护、利用的水平和能力，提供良好的政治、文化、社会保障。加强组织领导，完善工作机制，充分发挥政府和社会两方面的作用，推动形成有利于文化遗产保护利用和传承发展的工作格局。加强文化遗产保护利用和传承发展相关扶持政策的制定与实施，加大财政支持力度，完善投入机制，提升财政资金使用效益。着力推动中华优秀传统文化创造性转化、创新性发展，进一步解放思想、深化改革，为发展中国特色文化遗产事业提供强大动力，加强对文化遗产的研究阐释，围绕文化遗产，讲述中国故事，探索构建常态化、专业化、全媒体的文化遗产传播体系，以跨界融合模式为文化遗产资源转化搭建广阔平台。积极发挥人民群众在文化遗产事业中的主体作用，尊重人民主体地位，调动社会群体积极性、主动性、创造性，创新宣传普及方式，提高全民保护意识，着力构建文化遗产可持续发展的良好生态，广泛利用各类媒体、公共机构宣传文化遗产保护理念，通过组织"文化和自然遗产日""博物馆日"等活动，凝聚起全社会保护文化遗产的广泛共识。

在全球化进程日渐加快的今天，不同国家和地区、民族的文化在相互接触、碰撞、交流中交织成一幅绚丽多彩的多元文明画卷。这些不同的文化土壤孕育出了各具特色的文化遗产，它们共同反映了人类文明在漫长历史中的演进过程，蕴含着人类发展进步所依赖的精神理念和价值追求，体现了人类文明的多样性。未来，全球文化遗产事业的发展将朝着促进多元文明平等交流互鉴、推进遗产可持续发展、构建人类命运共同体的目标不断前进，以文化遗产保护推进人类文明的不断进步。

第六节　本书主要内容

习近平总书记强调指出，"一个国家、一个民族的强盛，总是以文化兴盛为支撑的，中华民族伟大复兴需要以中华文化发展繁荣为条件"[①]；"要让更多文物和文化遗产活起来，营造传承中华文明的浓厚社会氛围"[②]；"要积极推进文物保护利用和文化遗产保护传承，挖掘文物和文化遗产的多重价值，传播更多承载中华文化、中国精神的价值符号和文化产品"[③]。

我国的文化遗产具有丰富的历史信息和文化内涵，是华夏五千年灿烂文明的物质载体，是中华民族发展最具代表性的综合物证。在保护传承的基础上，挖掘文化遗产的潜能，激发创新创造活力，发挥其促进社会发展的积极作用，对"以中国式现代化全面推进中华民族伟大复兴"[④]具有重要的价值与意义。

随着我国文化遗产事业的迅速发展，文化遗产的保护传承利用成为近年来学术界的研究热点。诸多学界大家提出了许多前瞻性的真知灼见和卓有见地的见解，国内一些高校也在文化遗产教学体系、人才培养等方面先行先试，并取得了一定的成果，文化遗产的保护管理行业、机构对专门人才的需求也愈加旺盛。基于此，我们编写了《文化遗产理论与实践》一书，以期为我国文化遗产事业的发展尽一份微薄之力。

本书主要关注物质文化遗产领域的理论研究与实践探索。全书共分为绪论、考古遗址、文化景观、文化线路、历史村镇、工业遗产、农业遗产、革命文物等八章。在绪论中对文化遗产的概念、价值、国内外研究探索、未来展望等进行了介绍。依据遗产类型多样化、遗产新理念，结合中国国情，在之后的内容中选择了七

---

① 人民日报社评论部 . "四个全面"学习读本 [M]. 北京：人民出版社 ,2015:80.

②③ 习近平主持中共中央政治局第三十九次集体学习并发表重要讲话 [EB/OL]. (2022-05-28)[2024-09-10]. https://www.gov.cn/xinwen/2022-05/28/content_5692807.htm.

④ 《党的二十大报告辅导读本》编写组 . 党的二十大报告辅导读本 [M]. 北京：人民出版社 ,2022:20.

种文化遗产类型，从遗产概念、国内外研究探索、案例分析、经验启示等方面进行介绍，并配有相应的图片、表格，以帮助读者更好理解不同类型文化遗产的特点，拓宽读者视野。

期望本书能够为文化遗产保护事业的人才培养提供智力支持，以助力文化遗产焕发新的活力，融入经济社会发展，促进文化遗产保护利用与社会协调发展、和谐共生。

CHAPTER II

ARCHAEOLOGICAL SITES
CULTURAL HERITAGE THEORY AND PRACTICE

第二章

考古遗址

文 化 遗 产 理 论 与 实 践

考古遗址是文化遗产的重要组成部分，承载着丰富的历史信息和文化内涵，是人类智慧的结晶、历史进步的标志和文明的见证，具有历史、艺术、科学等内在价值以及社会、教育、经济等衍生价值。

考古遗址的保护是弘扬、传承其价值的重要前提与基础；考古遗址的展示、阐释是让文物活起来的重要方式；考古遗址的有效利用是实现考古事业可持续发展的可行路径。考古遗址的保护利用，要始终坚持以人民为中心，兼顾当前利益与长远利益、局部利益与全局利益，以实现"文物保护好、经济发展好、环境改善好、人民生活好"。

第一节 概念、特点与类型

考古遗址承载着丰富的历史信息和文化内涵，是国家的核心资源、民族文化的物化见证，对其进行保护有利于唤醒民族历史记忆、增强民族文化自信。厘清考古遗址的概念、阐明相近概念的差异、溯源考古遗址的保护发展历程，是形成科学的考古遗址保护理念、开展系统的考古遗址保护研究和深化考古遗址保护实践的基础。

一、概念

1956 年，联合国教科文组织在印度新德里通过了《关于适用于考古发掘的国际原则的建议》(Recommendation on International Principles Applicable to Archaeological Excavations)，该《建议》明确提出考古遗址是指"最广义上具有考古意义的任何纪念物和可移动或不可移动的实物"。

1969 年，欧洲委员会（Council of Europe）通过了《保护考古遗产的欧洲公约》(European Convention on the Protection of the Archaeological Heritage)。该《公约》指出："所有因发掘或可被看作科学信息来源的遗存、实物、遗迹均应被视为考古物。"

1990 年，国际古迹遗址理事会国际考古遗产管理科学委员会（ICOMOS International Scientific Committee on Archaeological Heritage Management，ICOMOS-ICAHM）通过了《考古遗产保护与管理宪章》(Charter for the Protection and Management of the Archaeological Heritage)。该《宪章》指出，"'考古遗产'是通过考古方式来提供主要信息的一种物质遗产。它包含人类存在的所有痕迹，由所有证明有人类活动的地方、被废弃的建筑物以及所有类别的遗迹（包括地下与水下遗址）组成，还包括与它们相关的所有可移动文物"。

2017 年，第十九届国际古迹遗址理事会全体大会通过了《公共考古遗址管理的塞拉莱指南》（Salalah Guidelines for the Management of Public Archaeological Sites）。该《指南》指出，考古遗址还包括对人类历史进行研究时所需的实物证据。

"考古遗址"概念的形成经历了不断发展的过程。现有定义为，考古遗址是指经过考古发掘，能够提供科学、真实信息的各类实物遗存和场所，以及出土的可移动文物。

二、特点

考古遗址的价值内涵赋予了其以下特点：

一是不可再生性。考古遗址是古代人类生产生活遗留下来的物质实证，是特定人群在特定空间内活动的产物，是不可再生的资源。遗址一旦被损毁，其全部物质信息、文化信息以及历史印痕等就将被损毁。"不可再生性"赋予了考古遗址"唯一性"与"独特性"等特征。

二是不可替代性。考古遗址是特定时空和社会环境凝聚及相互作用的产物。社会人文环境和自然环境会影响人们的生产生活习惯，因此，遗留至今的遗址不能被相同时空的同类遗址替代，更不能被一个现代复制品替代。

三是脆弱性。考古遗址本体容易受到各类因素影响，具有脆弱性。中国的大多数考古遗址为土遗址，露天保存，容易受到风、水和动植物等自然因素的影响，发生各种病害，威胁考古遗址本体安全。与此同时，考古遗址占据的土地资源是城市和产业发展必不可少的稀缺资源，当代人对于土地资源的开发会对考古遗址本体和环境造成负面影响，甚至是毁灭性的破坏。

四是整体性。考古遗址通常是自然与文化作用、物质与非物质共生的产物，尤其是规模宏大、价值重大、影响深远的中国大遗址。考古遗址的保护既涉及文化、自然资源、城市建设等行业和部门，又涉及政府、专家学者及社会公众等诸多利益相关方，其保护往往是文保、人口、土地、拆迁、环境、产业等相关方协调的结果，是集体工作的成果，极具整体性。

五是信息的专业性。考古遗址蕴含大量真实的信息，借由科学发掘和科技手段才可以部分恢复古代社会生活的面貌，达到补史、证史的目的，只有通过专业人员发现、解释和阐释才能再现合理的"故事"，传播考古遗址价值。

三、类型

依据不同标准，考古遗址有不同的分类。

根据遗址所在区位，考古遗址可分为 4 种类型：①城镇型：位于城镇建成区；②城郊型：位于城乡接合部；③乡村型：位于乡村地区；④荒野型：位于无人居住的荒野。

按照遗址的时间序列，考古遗址可分为：①史前遗迹：主要包括旧石器时代、新石器时代以及远古时代的人类遗址与遗迹；②历史遗迹：主要包括各历史时期的城址、宫殿、庙宇、城镇设施等考古遗迹。

按遗址的功能类型，考古遗址可分为：①早期人类遗址：旧石器遗址、新石器遗址；②古代城市遗址：城市、街坊、基础设施等；③古代建筑遗址：宫殿、寺庙、衙署、居住遗迹等；④古墓葬：陵墓、坟冢、墓区等；⑤产业遗址：工业、农业、工程等相关遗址。

按遗址的材质类型，考古遗址可分为：①土质，如宫殿基址、城墙等；②砖瓦质，如秦汉时期的砖瓦质建筑、给排水构件等；③木质，因木质材料易腐易朽，较少保存至今，但在特殊的自然环境中，仍有少量木质遗存存在，比如新疆小河墓地发现的木质房屋、陕西咸阳发现的沙河桥遗址等；④石质，石质材料一般作为建筑基础出现在宫殿建筑等遗址中，但也有以石材为城的，如石峁遗址；⑤陶瓷质，主要是窑厂烧制的。此外，考古遗址还有土木混合遗址、土石混筑遗址、木石混砌遗址等类型。

第二节　中国考古遗址保护历程

　　1921 年，河南省渑池县仰韶村遗址的发掘，标志着中国考古学的诞生。1926 年，李济主持山西省夏县西阴村遗址发掘，是中国人自己主持的首次田野考古发掘，标志着中国现代考古学的建立，也奠定了李济"中国现代考古学之父"的地位。1928 年，国立中央研究院历史语言研究所（下文简称"史语所"）任命李济为现场主持，开始对安阳小屯村进行发掘，此后十年共进行了 15 次考古发掘，发现了殷商遗迹和很多珍贵文物。在第三次发掘时，因出土文物的归属问题，史语所与河南省政府进行了交涉，提出要抵制挖宝观念的影响，保护文化遗产和有价值的历史遗迹，进而促成了 1930 年《古物保存法》的颁布。

　　《古物保存法》明确规定古物保存单位"除私有者外，应由中央古物保管委员会责成保存处所保存""采掘古物应由中央或地方政府直辖之学术机关为之"。1932 年，国立中央研究院与河南省政府协商后共同制定了《国立中央研究院河南省政府合组河南古迹研究会办法》，提出国立中央研究院负责技术指导，由河南省政府负责保管文物，并要求考古出土文物定期在中央和地方进行展出，河南展出的地点在开封铁塔附近，兴建展厅将已发掘的甲骨文全部陈列于内，这是我国考古遗址保护展示的雏形。1937 年"七七事变"后，抗日战争全面爆发，全国考古工作被迫中断，对于考古遗址的保护工作也停滞不前。

　　1949 年，中华人民共和国成立后，随着考古工作的开展以及对考古遗址价值认知的深入，我国的考古遗址保护逐渐走上正轨，并取得了丰硕成果。我国考古遗址的保护历程大致可以划分为三个阶段。

一、遗址博物馆（1949—1991年）

1950 年 5 月，中央人民政府发布政务院令规定了古迹、珍贵文物及稀有生物保护办法，发布了《古文化遗址及古墓葬之调查发掘暂行办法》，对古文化遗址及古墓葬发掘活动提出了"原状保护"的要求，并指出"凡发掘所得古物，有不能移动或暂时不易移动者，中央人民政府文化部得委托当地人民政府加以保护管理"，首次提出了考古遗址的属地管理原则。

新中国首任文物局局长郑振铎先生率先提出了"地区"概念，提出保护考古遗址应保护整个"地区"。在郑振铎先生的推动下，1953 年 10 月，中央人民政府政务院发布《关于在基本建设工程中保护历史及革命文物的指示》，明确提出："各部门如在重要古遗址地区，如西安、咸阳、洛阳、龙门、安阳、云岗等地区进行基本建设，必须会同中央文化部与中国科学院研究保护、保存或清理的办法。中央文化部认为必须在这些地区的指定地点避免进行基本建设工程时，可会商有关部门呈报政务院批准。"

20 世纪 50 年代，我国确立了"重点保护、重点发掘，既对文物保护有利，又对基本建设有利"的方针（简称为"两重两利"方针），指导和配合农业生产建设以及大规模的基本建设活动。1956 年 4 月，国务院发布《关于在农业生产建设中保护文物的通知》，指出："地方各级人民委员会必须在既不影响生产建设、又使文物得到保护的原则下，采取紧急措施，大力宣传，在农业生产建设中开展群众性的文物保护工作。"

1961 年 3 月 4 日，国务院公布了首个文物保护法规——《文物保护管理暂行条例》，具有历史、艺术、科学价值的古文化遗址、古墓葬等被列为保护对象。1961 年，国务院公布了第一批全国重点文物保护单位，经过考古发掘的仰韶村遗址、周口店遗址、半坡遗址、城子崖遗址、殷墟等遗址被公布为保护单位，实施重点保护。

中华人民共和国成立后，我国的考古工作开始逐步复苏，各地开始探讨史前遗址、古代都城、帝王陵墓的遗址保护展示工作。1949 年周口店遗址恢复发掘后，贾兰坡先生和同事们在一间小房间举办了临时展览。1951 年，竺可桢先生前往参观时首次提出建设陈列馆的想法。1953 年 9 月 21 日，"中国猿人陈列馆"正式开放，这是中国遗址博物馆的萌芽。1955 年，在半坡遗址发掘期间，现场举办了面向公众的考古成果展，展览活动持续近一个月，参观人数累计达 10 万余人次，社会反响空前。基于此，1958 年在半坡遗址发掘原址上兴建了西安半坡博物馆，它是中国第一座真正意义上的考古遗址博物馆，也是世界上最早的考古遗址博物馆之一，它的建成具有划时代的里程碑意义。[1]受周口店遗址博物馆和西安半坡博物馆的影响，定陵博物馆（1959年）、昭陵博物馆（1978年）等遗址博物馆相继成立，遗址博物馆成为考古遗址展示的重要方法。考古遗址博物馆既突破了脱离遗存环境单独展示出土文物的缺陷，又克服了考古发掘现场展示的临时性等问题，成为博物馆的一种特殊类型，也是考古遗址利用的重要方式。

1966—1978年，中国考古和博物馆事业整体停滞不前，遗址博物馆研究也陷入停滞状态，直至20世纪80年代中叶，遗址博物馆研究才陆续展开。1979年，秦始皇兵马俑博物馆采取边发掘边展出的方式，将一号俑坑正式对外开放，成为我国考古遗址博物馆发展历程的重要转折点。1986年建成的郑州大河村遗址文物陈列室、沈阳新乐遗址博物馆以及1988年建成的西汉南越王墓博物馆，标志着我国遗址博物馆建设进入了新的时期，出现了一批极具特色的遗址博物馆。

中华人民共和国成立后，大型都城遗址在考古发掘后面临着保护的难题。1958年，时任国家文物局局长的王冶秋在"全国文物、博物馆工作会议"上提出，"大遗址的保护，我们以燕下都为试验田"，"大遗址"一词在文物领域开始出现。1963年和1964年，文化部和国务院相继召开会议讨论大型古遗址保护工作，1964年召开的"大型古遗址保护工作座谈会"，总结了燕下都的保护经验，强调大遗址"四有"的重要性，同时探讨了大遗址保护与农业生产的关系、大遗址保护与考古发掘的关系等核心问题，以提高对大遗址保护的认识，更好地贯彻"两重两利"方针，做好大遗址保护管理工作。[2]1983年召开的"大型遗址保护座谈会"，主要探讨解决基本建设与古城址保护之间的矛盾，提出不能以牺牲大遗址为代价进行基本建设的建议，大遗址保护理念的雏形基本形成。

这一阶段，"考古遗址公园"概念萌发。《西安市1953—1972年城市总体规划》提出遗址"绿地化"的设想，在保护考古遗址的同时增加城市绿地面积，并在兴庆宫公园进行了初步尝试。1981年，北京市人大常务委员会部分委员提出建议"迅速采取措施，开辟圆明园遗址公园"的提议；1985年6月，圆明园遗址公园正式开放，成为我国最早由政府主导、通过统筹规划、以文物保护为核心、以科研成果为基础的"遗址公园"。受圆明园模式的启发，殷墟、元大都等考古遗址也对"遗址＋公园"模式进行了尝试。

中华人民共和国成立后，我国社会经济进入全面恢复阶段，考古遗址的保护工作也从无到有，这一阶段确定了"恢复原状、保护现状"的保护原则，提出了"两重两

---

① 杨颖，高蒙河．中国公众考古展示的实践历程 [J]．南方文物，2021(2):228-233.

② 李晓东．1964年"大型古遗址保护工作座谈会"述略 [J]．中国文物科学研究，2011(4):21-23.

利""古为今用"的文物保护方针，具有极强的时代特征，考古遗址博物馆的出现和发展成为该阶段突出特点。1985 年，中国加入《保护世界文化和自然遗产公约》成为缔约国，我国的文化遗产保护利用工作开始吸纳并借鉴国际遗产保护理念，考古遗址的保护开始走向国际。

二、大遗址保护（1992—2005年）

这一阶段，结合本国国情和国际文化遗产保护理念，中国的考古遗址保护稳步发展，形成了独具中国特色的大遗址保护理念。

1992 年，国务院在西安召开全国文物工作会议，明确提出了"保护为主、抢救第一"的文物工作方针；1995 年，全国文物工作会议进一步提出了"有效保护、合理利用、加强管理"的原则，形成文物工作完整的方针和原则；1997 年，国务院发布《关于加强和改善文物工作的通知》，明确提出国家保护为主并动员全社会参与的文物保护体制，要求各地方、各有关部门应把文物保护纳入当地经济和社会发展计划、纳入城乡建设规划、纳入财政预算、纳入体制改革、纳入各级领导责任制（简称"五纳入"）。

在 1995 年召开的全国文物工作会议上，国家文物局会同有关部门制定了《大遗址保护工程计划方案》，并报国务院审批执行，由此推动了全国大遗址保护工作的展开。[1]1999 年，国家文物局报送的《关于拟将我国大遗址保护展示体系建设规划列为"十五"计划专项的请示》《全国大遗址保护展示体系建设规划基本思路》，不仅对"大遗址"进行定义[2]，还对大遗址保护的意义、面临的问题，保护展示体系规划的指导思想、基本原则、规划目标和主要任务，以及保护展示体系框架、重点项目和政策保障措施等做了具体阐述。

2005 年，在财政部、国家发展和改革委员会等多部门支持下，中央财政开始设立大遗址保护专项经费，国家文物局启动了《"十一五"期间大遗址保护总体规划》和100 处国家重点大遗址规划纲要的编制工作，大遗址整体保护成为该阶段考古遗址保护的主要形式。同年，国际古迹遗址理事会第 15 届大会通过了《西安宣言》，指出，理解、记录、展示周边环境对定义和认定古建筑、古遗址和历史区域十分重要，是保留其文化重要性和独特性的关键，并多次强调整体保护的重要性。大遗址作为本体和环境结合的典型，是整体保护的范例。

---

① 浙江省文物考古研究所.纪念浙江省文物考古研究所建所二十周年论文集 [M]. 杭州 : 西泠印社 , 1999:202.

② 大遗址"主要包括反映中国古代历史各个发展阶段，涉及政治、宗教、军事、科技、工业、农业、建筑、交通、水利等方面的历史文化信息，具有规模宏大、价值重大、影响深远的大型聚落、城址、宫室、陵寝墓葬等遗址、遗址群及文化景观"。

同时，"以价值为基础，保护规划为手段"的保护范式逐步走向制度化和规范化。1998 年，我国开始了大遗址保护规划编制工作。《明显陵总体规划》（1998 年）、《湖南澧县城头山古文化遗址总体保护规划》（1999—2000 年）、《辽宁凌源牛河梁红山文化遗址群总体规划》（2000 年）等是我国编制的第一批大遗址保护规划。2004 年，国家文物局出台《全国重点文物保护单位保护规划编制审批办法》，对保护规划的内容、图纸要求和审批程序都予以规定，保护规划作为大遗址保护的法定文件，成为大遗址保护管理工作的重要组成部分。

这一阶段，考古遗址保护理念及保护工作日渐科学化：一是明确提出"大遗址"概念，并通过编制大遗址保护总体规划，探讨遗址本体及其与周边环境的关系等，促进科学保护体系的构建；二是从聚焦物质层面拓展至对非物质层面的关注，推动整体保护理念的形成；三是在遗址博物馆稳步发展的基础上，根据我国国情和考古遗址保护现状，将遗址保护与区域发展结合，探索大遗址整体保护范式，为我国考古遗址的保护发展提供新思路。

三、考古遗址公园（2006年至今）

2009 年 6 月，国家文物局和杭州市人民政府共同举办了"大遗址保护良渚论坛"，论坛围绕"大遗址保护与考古遗址公园建设"的主题展开讨论，提出"让大遗址如公园般美丽"的愿景，"大遗址保护良渚论坛"形成了《关于建设国家考古遗址公园的良渚共识》。同年，国家文物局公布《国家考古遗址公园管理办法（试行）》《国家考古遗址公园评定细则》，明确提出国家考古遗址公园的定义、评定办法、管理机构职责及相应奖惩制度，标志着我国的考古遗址保护进入了新阶段。

2010 年，国家文物局公布了第一批国家考古遗址公园名单（12 处）和立项名单（23 处）。同年，国家考古遗址公园联盟成立，并发布了《国家考古遗址公园联盟宣言》。2013 年，《关于加强大遗址考古工作的指导意见》《大遗址考古工作要求》《大遗址保护"十二五"专项规划》等文件相继印发。同年 12 月，第二批国家考古遗址公园名单（12 处）和立项名单（31 处）公布。2014 年，《国家考古遗址公园运行评估导则（试行）》印发，国家考古遗址公园进入评定评估双轨管理阶段，并对 2011—2013 年度公园的运行情况进行了首次专项评估，国家考古遗址公园的管理体系框架逐渐完善。

2016 年 4 月，习近平总书记在全国文物工作会议上作出重要指示，强调"切实加大文物保护力度，推进文物合理适度利用，使文物保护成果更多惠及人民群众"[①]；"努

---

① 中共中央文献研究室 . 习近平关于社会主义文化建设论述摘编 [M]. 北京：中央文献出版社 ,2017:190.

力走出一条符合国情的文物保护利用之路"①。同年，国务院发布《关于进一步加强文物工作的指导意见》，国家文物局印发《关于促进文物合理利用的若干意见》等文件，标志着我国文物保护利用工作进入深化改革时期。同年，《大遗址保护"十三五"专项规划》颁布实施，将建设遗址公园提升为重点任务，并明确提出"出台国家考古遗址公园建设和运行管理指导性文件，加强国家考古遗址公园运行评估与监管，新建成10～15处国家考古遗址公园"。2017年，国家文物局启动第三批国家考古遗址公园评定；9月，《国家考古遗址公园创建及运行管理指南（试行）》发布实施；12月，第三批12家国家考古遗址公园和32家立项名单公布。

2018年，中共中央办公厅、国务院办公厅印发《关于加强文物保护利用改革的若干意见》，提出新时代文物保护利用工作的新要求。2019年，在国家考古遗址公园创建10周年之际，浙江良渚和广西合浦联合承办首次"国家考古遗址公园文化艺术周"，以"共谋、共创、共赢、共享"为主题，体现了考古遗址公园的文化服务意愿和能力，国家考古遗址公园由行业管理向文化品牌塑造、文化生态营建方向发展。

2021年，我国全面建成小康社会后，国家综合实力迈上了新台阶，文物工作的重点和难点也随之发生变化。2022年9月，全国文物工作会议在北京召开，会议在总结我国文物保护事业取得成就的基础上，提出了"保护第一、加强管理、发掘价值、有效利用、让文物活起来"的新时代文物工作22字方针，进一步突出了文物工作的重要社会价值，为做好新形势下的文物工作指明了方向。

这一阶段，国家文物局相继公布了"十一五""十二五""十三五""十四五"大遗址保护专项规划，建立了国家大遗址保护项目库。项目库中的大遗址也增加至150处，初步形成了以"六片、四线、一圈"②为核心、以项目库为支撑的国家大遗址保护格局。③

从体系建构角度来看，这一阶段提出了"十一五"到"十四五"的大遗址保护专项规划，国家层面做到规划先行、重点突出、思路明晰、方法准确，我国考古遗址保护规划体系正式建立。在保护展示方面，这一阶段提出了"整体保护"的理念，即将遗址保护放到经济社会宏观环境下进行统筹考虑，也逐渐将考古遗址公园作为考古遗址保护的重要方式。保护方式呈现多样化特点。

正如单霁翔先生所述："大遗址保护的思路和方法已取得明显进步，已从被动的抢救性保护到主动的规划性保护；从补丁式的局部保护到着眼于遗址规模和格局的全

①　中共中央文献研究室．习近平关于社会主义文化建设论述摘编[M]．北京：中央文献出版社，2017:190.

②　"六片"为西安、洛阳、荆州、成都、曲阜、郑州片区，"四线"为长城、丝绸之路、大运河、茶马古道，"一圈"指陆疆、海疆围合而成的圈。

③　吴卫红．理论 方法 定位：土遗址保护与遗址公园建设的理性三问[J]．东南文化，2020(3):23-29.

面保护；从单纯的本体保护到涵盖遗址背景环境的综合性保护；从画地为牢的封闭式保护到引领参观的开放式保护；从专一的文物保护工程到推动城市发展、改善民生的文化工程；大遗址保护从仅靠文物工作者孤军奋战的行业行为，晋升为得到广泛理解和参与的社会文化公益事业。"①

① 单霁翔．单霁翔文博文集（中）[M]．北京：文物出版社,2013:1293.

第三节　价值认知

考古遗址多具有历史层积复杂、遗产构成多元、存续状态较差、同区域发展关系紧密等特点，其价值认知需综合统筹考虑。同时，考古遗址的遗产价值也并非一成不变，还需要通过不断的发掘研究给予验证、补充甚至更新，这才是遗产保护利用的本体基础，是遗产监测的动态依据，是遗产共享传播的核心内容。[①]

考古遗址的价值主要包括历史、艺术、科学等内在价值以及文化、经济、社会等衍生价值。就内在价值而言，考古遗址是兼具遗迹、遗物于一体的特殊空间，其本身蕴含着深厚的历史价值、艺术价值及科学价值。同时，因考古遗址同周边环境及区域发展关系紧密，还具有其他类型文化遗产不可比拟的文化价值、经济价值、社会价值等衍生价值。一些学者认为考古遗址既具有文化价值，也有经济价值，二者密不可分。从开发利用的角度看，经济价值依附于文化价值；从文化遗产最初的产生根源上看，经济价值是其他一切价值的基础，文化价值及其他派生的政治、历史、宗教、艺术等价值都将服务于它的经济价值。因此，要重视考古遗址的经济价值，并将考古遗址管理部门作为生产力部门来看待和支持。[②] 人们对文化的需求越高，考古遗址作为地方旅游的发力点越强，可带动区域现代旅游业的可持续发展，为各地经济增长做出一定贡献。[③]

考古遗址是人类智慧的结晶和历史进步的标志之一，是人类在劳动实践中创造的。随着实践的发展，人类对考古遗址价值的认识也在不断深化，衡量和评价考古遗址价值的标尺也随着社会的进步而不断变化，它的价值是无可替代的、客观的、本身所固有的，需要通过科学研究去不断认识。

① 陈同滨,李敏,高星,等.笔谈：突出普遍价值命题下的中国考古学话语建构 [J].中国文化遗产,2022(6):4-17.

② 孙刚.文化遗产价值论 [J].中国文化遗产,2009(1):8-11.

③ 孟宪民.梦想辉煌：建设我们的大遗址保护展示体系和园区——关于我国大遗址保护思路的探讨 [J].东南文化,2001(1):6-15.

第四节　保护原则

考古遗址保护以国际文化遗产保护规则为指引，以国内法律法规为原则，利用科学技术手段对遗址进行全面规划、综合治理、技术防护和内涵展示，制止和预防人为与自然因素对文物的破坏和损害，并准确传递遗址信息，使考古遗址得到长期保存和永续利用。① 根据国际宪章和国内法律法规的相关要求，考古遗址保护应遵循不改变原状、真实性、完整性、最低限度干预等原则。

一、不改变原状原则

原状并不是建筑物或构筑物初始建成的状态，而是各历史时期所展现的状态，包括历史上经过修缮、改建、重建后遗留的状态，能够体现重要历史因素的残毁状态，实施保护项目之前的状态，局部发生坍塌、掩埋、变形、错位、但仍保留原构件和原有结构形制，经过修整后恢复的状态。考古遗址本体是其价值载体，不改变原状是指保护考古遗址在历史进程中形成的价值及体现价值的物质载体，包括发掘后、未实施保护项目或保护项目实施之后，本体和环境两个方面的现存状态。

二、真实性原则

"真实性"（authenticity）最早出现于《威尼斯宪章》（1964 年），在《实施〈世界遗产公约〉操作指南》（Operational Guidelines for the Implementation of the World Heritage Convention, 1972）和《奈良真实性文件》（The Nara Document on Authenticity, 1994）中得到进一步详细解释，对文化遗产的所有形式与历史时期加以保护是遗产价

---

① 裴胜兴. 基于遗址保护理念的遗址博物馆建筑整体性设计研究 [D]. 广州：华南理工大学 ,2015.

值的根本。我们了解价值的能力部分取决于这些价值的信息来源是否真实可靠。真实性的信息源包括形式与设计、材料与物质、用途与功能、传统与技术、位置与环境、精神与感觉，以及其他内部和外部的要素。同时《奈良真实性文件》承认文化的多样性，承认遗产价值和信息真实性的多样性，认为保护行为不仅要关注物质实体的真实性，更要关注非物质遗产对于真实性的影响。

2007 年 5 月，中国国家文物局、国际文物保护与修复研究中心（ICCROM）、国际古迹遗址理事会和联合国教科文组织世界遗产中心联合举办了"东亚地区文物建筑保护理念与实践国际研讨会"（International Symposium on the Concepts and Practices of Conservation and Restoration of Historic Buildings in East Asia），会议通过了《北京文件——关于东亚地区文物建筑保护与修复》，再次强调了文化多样性对于真实性的影响，并提出了中国对于遗产真实性的定义、规定和保护实践。

对于考古遗址的真实性，不仅要聚焦其设计建造的初始情况、使用过程中的历史信息，还要关注废弃后的功能转变与价值转化，以及能够反映这些文化特征及文化传统的非物质要素。只有准确收集了考古遗址的真实性信息，才能有效诠释考古遗址的价值。

三、完整性原则

《实施〈世界遗产公约〉操作指南》以完整性（integrity）来衡量自然和文化遗产及其特征的整体性和无缺憾性。完整性评价从以下三个方面入手：所有表现其突出、普遍价值的必要因素；足够大的面积，确保能完整地代表体现遗产价值的特点和过程；受到发展的负面影响和（或）缺乏维护。一般而言，其物理构造和（或）重要特征都必须保存完好，劣化过程的影响得到有效控制，展现遗产价值的绝大部分必要要素也需包括在内。

就考古遗址的完整性而言，应根据考古遗址的性质和布局、遗迹与遗物、地理与环境、精神与文化等，将能够体现其价值的遗迹（无论是否发掘）、遗存和区域社会都纳入保护对象进行整体保护，以完整、全面地展现遗产价值。

四、最低限度干预原则

考古遗址保护利用的前提是保障文物古迹安全。日新月异的科学技术为考古遗址保护提供了诸多新方法新路径，但在使用新技术新材料的时候，或多或少地会对遗址本体造成一定影响。考虑到考古遗址的不可再生性和脆弱性，在新技术运用前必须经过缜密的前期实验，证明方法和材料对遗址无害，且确实能解决病害和问题后方可使用。增补和加固部分应当可以辨识，并记入档案，确保考古遗址保护的可逆性和可识别性。为了减少对考古遗址的干预，可采取预防性保护措施。

第五节　调查评估

《中国文物古迹保护准则》（2015 版）提出，"保护是指为保存文物古迹及其环境和其他相关要素进行的全部活动。保护的目的是通过技术和管理措施真实、完整地保存其历史信息及其价值""文物古迹保护和管理工作程序分为六步，依次是调查、评估、确定文物保护单位等级、制订文物保护规划、实施文物保护规划、定期检查文物保护规划及其实施情况"。考古遗址的保护管理工作亦是如此，其中调查评估工作作为价值认知和判断的基础，是重中之重。

一、调查

调查是考古遗址保护的基础工作，包括普查、复查和重点调查。对考古遗址而言，考古工作者已对遗址进行考古勘探，初步确定了遗址的分布范围和基本情况。在对考古遗址进行保护时，除已公布的考古发掘成果外，应对遗址分布、保存状况、环境破坏因素和社会发展状况进行调查，力求做到全面、细致、科学，并尽可能收集与考古遗址保护管理相关的各种资料、文件，为制订保护策略打下坚实基础。调查获取的资料应包括以下三方面内容。

①遗址本体信息及相关信息，例如遗址本体考古调查发掘现状、已发掘遗址保护现状；与考古遗址相关的重要历史事件和重大自然灾害的遗迹。

②环境资料，包括自然环境、人文环境及环境变迁历史；人口、区域社会经济发展基本情况；非物质遗产及民俗风俗等。

③其他相关资料，例如遗址所在地各项规划资料（《国土空间规划》《城市总体规划》《交通基础设施规划》《土地利用规划》等）。

二、评估

评估是在调查的基础上，对所收集资料进行梳理评价的过程，是分析考古遗址保护存在问题的重要环节，是考古遗址保护工作的核心。评估包括对价值、保存状态、管理条件和威胁因素的评价。

在"以价值为基础"的保护体系中，价值评估是其他评估工作的基础。通过价值评估，确定考古遗址的历史、科学、艺术等固有价值，厘清保护范围、保护对象和保护层次，进而明晰遗址对当代人类及社会发展的影响。同时，还应关注对考古遗址破坏因素和病害的评估，以有效保护文物安全，实现科学保护。

1.破坏因素评估

考古遗址多为土遗址，环境易造成本体损坏。影响遗址本体安全的因素分为自然因素和人为因素。自然因素包括风、水（地下水和雨水）、光、动植物侵害和地质灾害等；人为因素则包括生产、生活活动等，比如农业耕作、基础设施建设、盖房扩建、污水排放、旅游活动等。一般而言，两种因素都或多或少对遗址本体及其环境造成影响，但有主次之分，地处人烟稀少或无人区域的考古遗址以自然破坏因素为主，而处于城市、城郊和农村区域的考古遗址，人为因素是其主要破坏因素。

2.病害评估

考古遗址的本体材料多为土、砖和石。土砖类材料极易因自然环境或人为破坏等，造成表面或内部物理状态或化学组分的改变，从而导致价值减损、功能损伤，威胁本体安全，发生"病害"。考古遗址的病害主要有四类：①变形：倒塌、空鼓[1]、坍塌、倾斜、沉降；②剥蚀：掏蚀、风蚀[2]、雨蚀、冲沟、孔洞；③裂隙[3]；④酥碱：粉末状脱落、龟裂起甲等。

除此之外，对于已建立管理机构或在展示利用中的考古遗址，还应对其管理和展示利用现状进行评价。

三、确定保护等级

文物保护单位制度是我国文化遗产保护的基础制度，其核心是基于价值的评估定级制度，并实施分级管理。考古遗址多被不同级别的文物保护单位公布。经过考古发掘后，其价值可能发生变化，我们需根据变化，重新进行价值评估，确定保护级别。

---

[1] 空鼓即温湿度、含水率变化，以及盐分反复的溶解—结晶导致的物体表面减薄、表层鼓起、分离成空腔，但未完全剥落的现象。

[2] 风蚀即一定速度的空气流作用于地表物体，吹扬或搬运表层松散颗粒，继而摩擦侵蚀地表物体，使其发生结构破坏和质量损失的现象。风蚀病害具有明显的形态特征（如蘑菇状）和区域分布特点。

[3] 裂隙即土坯、砖或石质砌块之间的胶结材料缺失。

第六节　保护技术

考古遗址在发掘后基本处于稳定状态，但周边环境的变化会对遗址本体造成一定的损害，需要实施直接或间接的技术性保护措施予以干预，以延缓或终止病害对遗址本体的侵害，改善考古遗址的保存状况，确保遗址本体安全。技术性保护措施通过保护工程对考古遗址进行直接或间接干预，包括保养维护、加固、修缮、保护性设施建设、迁移以及监测等。

一、防护措施

1. 覆土回填保护

覆土回填保护是指考古单位在完成遗址发掘，科学提取相关资料后，覆土填埋遗迹的一种保护措施，绝大多数已发掘的考古遗址都采取这种方式。覆土回填保护使考古遗址处于相对稳定的环境中，减少自然因素和人为因素对于本体的侵扰，待技术或其他条件成熟后，可采取其他措施予以保护展示。

覆土回填保护的第一步是对考古遗址进行科学细致的勘察。勘察工作收集的信息是设计回填方案的基础，需详细记录并评估回填前遗址现状，即遗址材料、制作工艺和布局、环境数据（包括大气、土壤和地下水相关信息）、主要病害等信息。收集的信息应整理存档，以备后期查阅。

第二步是进行预保护工作。为防止遗迹发掘面和覆盖物混淆，可采用隔离砂层、隔离纸层或其他较软的介质进行有效隔离。对带有壁画和精美艺术构件的遗迹进行回填前，还应进行污染物清理、生物灭杀与抗生物处理；若发现壁画或构件已出现裂隙、剥落等病害，应先对其进行加固支撑，对易腐朽风化的材料进行防风化处理等，确保安全后再进行回填。

第三步是覆土回填。先在遗址表面覆盖干燥、无污染的细沙、纸或其他较软介质，形成隔离层；隔离层上覆土回填，一般覆土厚度要求在50厘米以上，根据遗址现状可适当加厚，回填土应为纯净土或沙土，颗粒小而均匀，分层自然压实。

第四步是设置防水层。覆土回填后需在其表面设置灰土垫层或其他防水层，回填高度宜高于遗址周边现有地坪高度，并设置一定的坡度避免雨水灌注，必要时设置排水沟，确保排水通畅。回填区域内可建立相关标识，便于二次考古清理及其后期展示。

对已发掘并有计划要进行展示的考古遗址，为防止冻融、雨水冲刷、植物生长等对其造成损伤，也可以采用覆土回填的方式进行临时性的保护，通常在夯土基址上加夯土层和防水层，以阻止雨水直接到达遗址表层。例如，在唐大明宫含元殿的修复过程中，工作人员首先在原遗址表面铺设一层细沙，使原始夯土和新夯土能够明显区分，再在其上铺盖厚度不少于50厘米的与原夯土成分、工艺相同的夯块，根据情况加灰土防水层覆盖。部分遗址会在夯土层上加筑青砖挡土墙防护，避免墙体倒塌。[①]

2.保护性设施

保护性设施指通过附加防护设施消除自然或人为因素，以保障文物和人员安全的预防性措施，可避免或减少对遗址直接干预而造成的破坏。保护性设施包括在遗址上修建隔离围栏和搭建保护棚罩等。

修建隔离围栏指采用坚固耐用材料对地面现存遗迹及夯土建筑台基进行维护，多为防止动物和人类活动而设置的屏障。围栏材料可根据遗址的实际情况选择，多采用钢护栏和木护栏。

保护棚有临时性和永久性两种。在考古发掘过程中，时常在遗址上用钢或玻璃钢等材料进行覆罩，搭建"临时性保护棚"，也被称为"考古大棚"，以保护遗址和考古工作者不受或少受外界环境的影响（图2.1、图2.2）。同时，有些考古遗址在展示时也采用保护棚的形式，以减少永久性建筑对遗址本体及环境的损害（图2.3）。永久性保护棚多为遗址展示厅或遗址博物馆，一般为混凝土建筑，如秦始皇帝陵博物院的兵马俑陪葬坑1、2、3号展示大厅即为永久性保护棚。

国内大部分考古遗址博物馆采用的是半封闭式保护展示，少部分遗址采用全封闭式的保护展示方式，如陕西汉景帝阳陵博物院的外葬坑用高透明玻璃将发掘遗址整体封闭起来，将观众和遗址分置于两个不同的空间，既确保了公众的参观效果，又有利于遗址保护环境的控制，取得了较好的效果。针对小型考古遗址，国内通常利用玻璃、亚克力板等透明材质，对考古遗址进行保护覆罩，澳门大三巴教堂建筑基础的局

---

① 侯卫东，王伟，许艳.含元殿、麟德殿遗址保护工程记[J].中国文化遗产,2009(4):94-103.

部、广州北京路的"千年古道"遗址都采用了这种保护方式。[①]

图 2.1　汉文帝霸陵保护大棚外部图（曹龙　摄）

图 2.2　汉文帝霸陵保护大棚内部图（曹龙　摄）

---

① 裴胜兴.基于遗址保护理念的遗址博物馆建筑整体性设计研究 [D].广州：华南理工大学,2015.

图 2.3　良渚遗址保护大棚图 [1]

二、加固保护

加固是针对防护无法解决病害的、直接作用于考古遗址本体的、消除蜕变或损坏的措施，包括化学加固（如灌浆、勾缝等）、物理加固（如支撑、补强等）及其他可恢复其安全性的措施。

1. 化学加固

（1）喷涂加固

喷涂加固是指通过喷渗等方式加固遗址表面，提升遗址本体强度、抗风化能力的措施。表面加固材料应具有渗透性好、无色或与遗址颜色相近、可再处理性、耐候性、无毒或低毒等特点。通常情况下，不同加固材料可以混合使用，以发挥各自优点，提高加固效果。在对遗址实施加固前，应对遗址进行预处理或清洗，例如，在对考古遗址中的砖石类遗迹进行化学加固前，需采用物理和化学的方法进行清洗，除去砖石表面污渍和微生物，清洗方式包括污渍清洗、表面除盐等。

（2）灌浆加固

灌浆加固一般用于存在结构破坏风险的裂隙。对于无结构风险的裂隙，可以采取物理填充的方法，直接用与原结构相似的材料进行填充。对于存在结构破坏风险的裂隙，可以在结构加固后进行灌浆式填充，一般将具有流动性和胶凝性的浆液或化学溶液以适当的压力灌入孔隙和裂缝中，使浆液和原来疏松的裂隙土体胶接在一起，形成结构致密、强度大、化学稳定性好的结合体，以填充裂隙、加固结构。

---

① 图片引自新华社官网 (http://m.news.cn/2022-11/05/1129103748_16676279287901n.jpg)。

当裂隙较大时，通常运用锚杆灌浆技术，通过不同类型、材质的锚杆加固开裂土体。例如，山西太原北齐徐显秀墓，在发掘后墓道两侧台地土体发生变形，出现程度不同的裂隙，严重威胁墓道及壁画的安全。通过调查评估后，决定采用开孔、植入锚杆、进行灌浆等方式，增加墙体的强度和稳定性。

（3）涂抹牺牲层

涂抹牺牲层是指通过夯筑或泥敷的方法，将具有抗雨蚀、抗冻融、耐候性好且具有一定强度和延展性的保护材料涂覆于遗址表面，起到遗址表面加固的作用。牺牲层材料一般为改性黏土，包括加入固化剂的黏土、添加植物纤维的黏土、改变土体级配的黏土等。牺牲层往往对遗址外貌干预过大，选用时应经过充分论证，既要满足保护需求，又要尽量减少对遗址风貌的影响。

2.物理加固

补砌是最重要的一种物理加固方式，对于存在较严重缺损并伴有结构失稳风险的部位，应先通过砌筑、补砌等方式填充、加固掏蚀凹进部位，确保遗址本体安全。补砌材料一般选取原材料或相似材料，以原工艺对材料进行加工和补砌。补砌材料主要包括夯土、土坯、土块等。补砌后应与原遗址有所差别，容易被辨识。例如，罗马斗兽场（Colosseo）历经地震、战争劫掠、居民搬卸建筑材料等破坏，损毁严重。在修复具有倾塌威胁的外环东端时，在其东端内侧建造了一段砖砌的扶壁（图 2.4），成为斗兽场墙体的支撑，有效增加了东端墙体的稳定性。

图 2.4　罗马斗兽场添加的补砌扶壁 [1]

---

① 王峥嵘 . 武当山回龙观遗址保护与展示利用研究 [D]. 武汉 : 华中科技大学 ,2021.

原材料补砌适用于大面积的修复。对于砖室墓，应使用原材料、原工艺对拆除区域进行砌补复原，例如对墓室中残缺、歪闪的砖砌体进行拆除、补砌，可起到支顶和稳定墓室、墓道的作用。除补砌外，还可通过支护（原材质或其他材质）进行支撑，以确保考古遗址的安全。大型墓葬的考古发掘过程中也开始使用支护设施，以确保遗址本体及其考古工作人员的安全（图 2.5）。

3. 植被封护

在土遗址表面或顶部种植植物可有效改善小区域气候环境、提高土体本身的抗水冲刷能力，达到保护的目的。植被封护的效果与植物种类和种植方法选择有关。例如，在对统万城的保护中，为增加遗址顶部耐风雨侵蚀的能

图 2.5　汉文帝霸陵发掘现场支护设施
（曹龙　摄）

力，文保人员对不满足植被生长的城墙顶部先进行夯土覆盖保护，以使其适合植被生长（图 2.6），而后在覆土上植草进行顶部保护，从而增强了遗址的耐候性。

图 2.6　统万城遗址顶部的植被封护 [①]

三、遗址监测

日常主要对影响考古遗址保存环境和遗址本体现状的因素进行监测，包括对遗址

[①] 樊东，黄光琦，杨海龙. 预防性保护理念下的土遗址保护——以统万城遗址为例 [J]. 中国文化遗产，2020(3):54-57.

本体、稳定性病害、保存环境及微生物病害等自然因素，以及遗址区范围内人为活动的监测。

1. 监测内容

（1）环境监测

考古遗址的环境监测以对大气环境、周边水体或土壤质地的监测为主。大气环境监测包括温湿度、降雨量、蒸发量及酸沉降[①]等。

（2）稳定性病害监测

考古遗址由于自身结构、外力扰动通常会出现沉降、歪闪及局部位移变形现象，对遗址的长期稳定性构成威胁。稳定性病害监测既包括对遗址整体造成威胁的地基沉降观测和倾斜观测，也包括发掘过程中由于水分挥发导致局部开裂及其空鼓变形的监测。

（3）微生物病害监测

考古遗址在发掘过程中和发掘完成后，其保存环境发生变化，特别是在富氧和光照条件下，保护大棚等辅助措施产生温室效应增加水汽凝聚，使考古遗址表面普遍出现生物霉变现象，对遗址保护、展示均造成影响。近年来，考古遗址的微生物病害侵蚀监测逐步受到关注，应及时发现微生物病害并进行处理，以减少对遗址的破坏。

2. 监测方式

对人类活动的监测主要通过布设摄像头形成监控网络，结合日常巡逻，实现人防、机防的全天候监控。用无人机对考古遗址区进行巡查也成为一种新的监测方式，可有效及时地了解遗址区内人类活动，确保遗址安全。

对自然环境的监测主要通过架设监测仪或监测基站进行。例如大气保存环境的监测主要通过架设小型微环境监测基站，完成对温湿度、风速风向、降雨量、表面蒸发量、紫外线、光照等大气环境参数的持续在线监测及数据传输；对有害气体、大气污染、沉降等，则采取便携设备或样品采集系统（如气体降尘采集器、酸雨自动采集器等）采集样品，并对其进行实验室检测分析；水体检测则主要包括地下水位及其水体理化指标的分析检测。

3. 监测案例

2013年，杭州良渚遗址管理区管理委员会按照世界遗产评估要求，开始筹建良渚古城遗址遗产实时监测管理系统，包括设立专门机构、建立监测预警系统等。2018年，遗产监测系统和遗产档案建设完成，机构工作人员到位，良渚古城遗址遗产监测和档

---

① 酸沉降是指通过雨、雾、冰雹等方式将大气中的酸性物质迁移到地面的过程。

案管理工作正式开启。杭州良渚古城遗址世界遗产监测管理中心（杭州良渚遗址保护管理中心）制定了《良渚古城遗址遗产监测预警处置办法》，完善监测管理制度、明晰监测预警管理机制和处置流程，促进遗产监测和保护管理工作的顶层统筹协调。

　　基于监测预警系统，监测中心通过日常巡查、监测云数据采集、无人机数据采集、在线基础数据填报、外部数据接入、前端设备维护、系统数据审核、预警处置跟踪、系统及预警 24 小时值机等方式，在良渚古城遗址保护范围内进行实时监控。2019 年，监测中心建立了日常巡查、形态格局、本体病害、自然环境、考古发掘、建设控制、保护工程 7 大类监测指标体系，24 小时持续不间断地采集数据，全年收集遗址本体保护数据 8200 余条，影响因素数据 698000 余条[①]，为良渚古城遗址的保护决策和方案制订提供了坚实支撑。

---

① 　郭青岭 . 世界遗产视角下良渚古城遗址系统化监测的实践和思考 [J]. 自然与文化遗产研究 ,2020,5(3):47-58.

第七节　保护管理

考古遗址的保护管理是在特定的制度环境和社会环境下，管理者为实现遗产有效保护、价值阐释传播和让遗产活起来等目标，而采取的一系列计划、组织、领导、协调和控制等相关措施。

一、保护管理对象及内容

随着考古遗址内涵的扩大，遗产保护管理不再是对遗址本体的孤立保护，而是将其放置在开发活动、社会变迁或社区活动等社会环境中进行统筹考虑，运用管理学的思维和方法，理顺遗址与自然人文环境、社会经济发展以及城市发展间的关系，从而实现考古遗址与社会发展的和谐共生，使其成为促进经济社会发展、改善人民生活、美化城乡环境的有力推手。

考古遗址的管理对象不仅包括考古发现的实物遗址，还包括遗产地与社会所产生的各类关系。考古遗址保护管理的内容涵盖制度立法、空间规划、区域经济、公众参与等多个方面，从单个遗址到学科整体、从制度安排到流程控制、从风险研判到预防研究、从资源配置到具体实施、从日常维护到专项工程，是涉及多个职能部门的公共性事务和实践性课题。考古遗址的管理内容、重点、模式因环境、等级不同而有所差别，同一考古遗址的不同保护阶段，其管理内容、保护重点和发展模式也有所不同。因此，考古遗址的保护管理是一个动态发展过程，没有永恒不变或"放之四海皆准"的模式。

二、考古遗址管理体制

考古遗址管理体制是指国家为实现对考古遗址资源的有效管理而设置的一套管理机构，这些管理机构的职能及其内部各个环节之间责权利的划分，为适应管理需要而建立的制度和管理方法。[①]考古遗址的管理体制包括两部分：一是资源管理的组织机构体系，即由考古遗址管理各层级职能部门构成的管理体系，包括纵向和横向的管理体系；二是考古遗址管理的运行方式，即管理机构的运行模式，包括谁管理、怎么管、管什么。当前，中国的考古遗址主要为"分级属地管理"。

1.管理机构

我国的考古遗址管理机构可分为四类：文物管理所或管理处、考古遗址博物馆、考古遗址管理委员会和大遗址保护特区。

遗址尚未进行发掘或尚未成为文化旅游目的地时，一般由地方政府指定专人或机构负责管理，指定的专人或来自文物行政主管部门，或是其他考古遗址管理单位、考古所、地区博物馆的工作人员；指定机构或是考古研究机构或为博物馆。例如，河南二里头遗址曾一度由中国社科院考古队代管，辽宁牛河梁遗址曾由朝阳市文物管理办公室代管，湖北石家河遗址曾由天门市博物馆代管等。

（1）文物管理所

文物管理所是我国最早设立的基层遗址管理机构，其主要职责是负责考古遗址的日常维护和管理工作。这类机构多为全额事业单位，主要依靠当地政府财政拨款和保护工程专项资金，执法权限由上级文物行政主管部门委托或不具有执法权，多数只负责考古遗址保护范围内的各项工作。

由于文物管理所行政级别低、管辖范围小、职能单一、执法权有限，往往需要通过逐级汇报审批，获得批复后才能实施相应措施，不能及时有效制止危害遗址安全的活动因素，管理效果较差。在遗址对外开放后，多更名为遗址博物馆或遗址管理处，职能功能也随之扩大。

（2）考古遗址博物馆

考古遗址博物馆是指"为就地保存考古遗存而建立的博物馆"，遗址博物馆具有原址保护和提供公共文化服务两大职能。遗址博物馆的职能部门设置与博物馆相似，通常设有"三部一室"即保管部（保护部）、宣传教育部、陈列部和办公室，有些考古遗址博物馆还设置了考古部，规模较大的还设置研究室。遗址博物馆管理内容相对复杂。例如位于陕西省兴平市的汉武帝茂陵，于1956年建立了茂陵文管所，1979年改名为茂陵博物馆并正式开放。茂陵博物馆属事业单位，隶属于兴平市文化和旅游局，为馆长负责制的金字塔型管理机构，内设行政办公室、督查办公室、财务科、宣传教育部、陈列保管部、对外联络部、工程管理部、帝陵管理部、监控管理中心、生活管理中心等17个职能部门。

---

① 吴荔 . 基于价值取向的陕西省大遗址资源管理体制研究 [D]. 西安 : 西北大学 , 2008.

（3）考古遗址管理委员会

考古遗址管理委员会从职能上分为综合管理委员会和专门管理委员会。综合管理委员会是政府派出机构，相当于一级地方政府，例如汉长安城遗址保护特区管委会。有些管委会实行企业化管理，资金自筹。考古遗址专门管理委员会一般为全额拨款事业单位，专门负责遗址群的管理工作。

管委会是协调和负责本地区文物保护管理工作的一种有效组织形式。管委会主任多由地方政府领导担任，副主任多由文物行政主管部门领导担任，由政府有关部门如文化、文物、公安、城建、农林、工商、外贸、财政、旅游、宗教等部门的负责人和专家学者担任委员。管委会负责协调文物保护工作中相关部门之间的工作，研究、处理文物保护中的重大问题、政策建议及咨询等。

管委会代表一种新型的遗址管理体制，与传统的文物管理所和遗址博物馆相比，其职能更多元更复杂。从设置条件来看，管委会主要管理在城市或城镇区域且意义重大的考古遗址，管理内容除传统的遗址管理、本体保护等外，还要兼顾遗址的展示阐释、活化利用及与所在区域的协调发展。

（4）大遗址保护特区

西安、洛阳等大遗址集中分布区，因考古遗址面积巨大而归属于不同的行政区和街道办事处，出现了条块分割、各自为政、难以形成合力的窘境。在考古遗址集中分布区域内有大量的村落，居民的生产生活不可避免地会对遗址造成负面影响。为妥善解决考古遗址区的内部管理、外部协调、区域发展、民生改善等多方面的复杂问题，单霁翔、王建新等先生提出了建设大遗址保护特区的建议。通过调整大型考古遗址原有的行政区划，成立了大遗址保护特区管委会。管委会负责大遗址保护特区范围内的文化遗产保护与城市规划、经济发展、社会管理等协调工作，对大遗址保护特区实施统一管理。

大遗址保护特区享有国家级文物保护政策、特殊的土地规划政策及财政税收政策，便于增强大遗址管理机构的综合协调能力，统筹各种资源，推进大遗址的保护利用与管理运营。大遗址保护特区管委会类似地方一级政府，负责区域各项工作，并通过协调遗址区以外的城市发展空间，分流区域内的人口和产业，但其考核内容不是GDP增长速度，而是区域内的文化遗产的保护成效。

2.运营模式

应依据保护工作的理念和目标选择同考古遗址特性相适应的管理运营模式。赵荣等先生提出陕西大遗址保护工作的新理念，即"四个结合"和"五个模式"。"四个结合"是指大遗址保护与当地经济社会发展相结合、与当地群众生活水平提高相结合、与当地城乡基本建设相结合、与当地环境改善相结合。① 《中国文化遗产事业发展报告（2012 年）》中提出了"四好"，即"文物保护好、经济发展好、环境改善好、人民生活好"。② 无论是"四个结合"还是"四好"，都清晰地诠释了考古遗址保护的宗旨和目标：要充分解决好遗址保护与周边环境的关系，实现和谐共生。

考古遗址管理运营是指运营主体通过各种形式的运营与分配资源，实现考古遗址管理的目标。近年来，一些大型考古遗址，如浙江杭州良渚古城遗址、陕西西安唐大明宫遗址、湖北荆州楚纪南城遗址等在管理运营方面都取得了较好的成果，在国家考古遗址公园的运营评估中也位列前茅。其原因是这些考古遗址在管理运营的过程中，除了保护遗址外，还关注遗址保护与周边区域发展的协调平衡，使考古遗址成为区域发展的驱动力，实现了遗址保护的预期目标。目前，考古遗址的管理模式主要包括"国家公园模式""市民公园模式""退耕还林模式""民营资本投资模式""集团运作模式"等。

（1）国家公园模式

国家公园模式是指由国家投入资金用于考古遗址的维护与管理工作，让遗址管理单位能够专心做好遗产保护工作，主要适用于城市近郊区考古遗址保护项目，以秦始皇陵国家考古遗址公园为代表。秦始皇陵国家考古遗址公园的建设紧密结合西安市临潼区经济社会发展总体规划和新农村建设，将遗址外城 2.13 平方公里以内的土地全部征用，用于遗址保护，拆迁安置遗址区 26 家企事业单位和 1007 户群众；对遗址区实施了环境整治和绿化工程，绿化面积达到 90% 以上；进行了全面的考古勘探，进一步摸清了陵园地下文物埋藏情况；对遗址采取了有效的保护措施，建立了完善的参观导览系统。遗址区外专门征用了 900 多亩土地，用来建设移民安置区。遗址区内建设了高标准的道路、水电等基础设施，配套建设了教育、医疗、卫生等服务设施，大大改善了当地农村的生态环境和人居环境，提高了搬迁群众和企事业单位的生产生活条件。国家公园模式有效缓解了考古遗址保护资金不足、缺乏投资吸引力的困境，在确保遗址有效保护和发挥社会服务功能的前提下，通过后期的运营逐年收回投资。

（2）市民公园模式

市民公园模式是指政府作为主体投资方，投入大量资金用于考古遗址保护项目和周边环境的优化美化，向公众免费开放。公园里的绿化布局、造型、景点等都与考古遗迹的保护结合，在城市里营造宜居的生态环境，将文化与生活融合。居住者在享受城市的繁华与便利之时，又可欣赏沧桑的考古遗址与优美的自然环境。

---

① 赵荣 . 陕西省大遗址保护新理念的探索与实践 [J]. 考古与文物 ,2009(2):3-7.

② 刘世锦,林家彬,苏杨 . 文化遗产蓝皮书:中国文化遗产事业发展报告 (2012)[M]. 北京:社会科学文献出版社 ,2012:4-6.

市民公园模式以隋唐长安城曲江池遗址为代表。曲江池遗址公园坐落在西安市东南，恢复曲江池水域约 680 亩，与周边景区形成 2500 亩的城市生态景观带，是集文物保护、生态园林、山水景观、休闲旅游为一体的开放式文化公园。[①]这使大遗址成为城市中美丽的地方、市民喜欢的城市公园、颇具品位的文化空间，是西安城市现代化和文化遗产保护和谐共生的成功案例。

（3）退耕还林模式

退耕还林模式是指在不影响地下埋藏文物安全的前提下，利用国家退耕还林的各项优惠政策，使用国家退耕还林的生活补助经费保障遗址区群众的基本生活。同时，积极引导遗址区内群众退耕还林，调整农业生产结构，在遗址区内发展高效经济林木和花卉产业，既绿化美化了遗址区的整体环境，又减少了居民农业生产对遗址的破坏，提高了群众生活水平。园林绿地、城市森林与考古遗址保护相结合是退耕还林模式的主要特征，主要适合位于郊外的考古遗址。

位于西安市东南的汉宣帝刘询杜陵遗址，曾不断遭受破坏，周边环境也不断恶化。2001 年开始，当地政府以遗址环境保护、生态景观建设为手段，以多元主体参与为保障，逐渐建成了千亩示范生态园、千亩银杏林、千亩柿子林等，初步实现了杜陵遗址的有效保护、合理利用和区域经济社会的协调可持续发展。

（4）民营资本投资模式

民营资本投资模式是指通过引导和扶持让民营企业参与到考古遗址保护项目中，并借由遗址周边区域的商业开发获得投资回报。隋唐长安城西市遗址是盛唐长安城文化交流的重要物证，这处遗址在 20 世纪五六十年代曾进行过两次普探和发掘，但由于当时并无重大发现且保护力量有限等原因，未进行有效的保护与展示利用。2006 年6 月，大唐西市公司出资 2.5 亿元对经考古揭示的部分西市考古遗址进行现场保护，并在原址建设了大唐西市博物馆。2017 年 1 月，大唐西市博物馆成为全国首家获评国家一级博物馆的非国有博物馆。

（5）集团运作模式

集团运作模式是指政府主动引入大型投资集团参与到考古遗址的保护项目中。在有效保护遗址本体的前提下，赋予投资集团对遗址周边区域的土地开发权，以弥补其对考古遗址保护的资金投入。

唐大明宫是唐朝唐高宗之后的政治中枢。随着西安城市的发展，大明宫遗址周边形成了大面积的城市棚户区，群众生活质量低、治安差，遗址保护面临严重威胁。2007 年，由当地政府和投资集团共同成立了西安曲江大明宫投资（集团）公司进行考

---

① 袁超群，张博. 曲江池遗址公园等三大项目昨日奠基 [N]. 西安日报 ,2007-07-09(1).

古遗址的整体保护，保护改造项目总占地 19.16 平方公里，其中核心区 3.5 平方公里全部用于遗址保护展示，并将遗址保护与城市建设结合起来，在考古遗址区外重新建设移民安置区，改善了遗址区群众的生活条件和周边城市环境。

3.保护规划

保护规划是实施文物保护工作的法律依据，是各级人民政府指导、管理文物保护单位的基本手段。

2004 年，国家文物局发布的《全国重点文物保护单位保护规划编制审批办法》明确规定了文物保护规划的地位和效力，同时公布了《全国重点文物保护单位保护规划编制要求》，规范了保护规划的内容、形式。2016 年，《大遗址保护规划规范》公布，该《规范》对已列入国家文物局大遗址项目库的全国重点文物保护单位再次提出了编制保护规划的要求，若考古遗址既是全国重点文物保护单位又是大遗址，则按该《规范》要求进行编制。2018 年，《全国重点文物保护单位保护规划编制要求（修订稿草案）》提出，编制保护规划"应以文物的价值研究和要素辨认为前提，明确规划的时空范围"，从而确定了以"价值为基础"的保护规划编制思路，同时对规划内容、原则进行规定。遗址保护规划可根据任务目标、复杂程度和编制条件分为总体规划和专项规划。总体规划是按照文物保护单位完整范围编制的整体规划；专项规划是在确定总体规划的前提下，针对专项措施和（或）工程项目的详细规划。

《全国重点文物保护单位保护规划编制要求（修订稿草案）》提出保护规划一般由规划文本、规划图纸和附件（含规划说明、专项评估、基础资料汇编等）组成。

规划文本内容一般应包括各类专项评估、规划原则与目标、保护区划与措施、若干专项规划、分期与估算等五部分基本内容；规模特大、情况复杂的文物保护单位规划文本还应包括土地利用协调、居民社会调控、生态环境保护等相关内容。体例包括总则、文物概况、价值评估、保护对象、现状评估、规划目标、原则与对策，保护区划与管理规定、保护措施、环境规划、管理规划、利用规划、研究规划、规划衔接、规划分期、经费估算和附则等 16 个部分。规划文本明确提出保护规划应与现有规划衔接，实现多规合一的要求。

保护区划的划定是保护规划中的核心内容。保护区划一般可分为保护范围和建设控制地带，建设控制地带之外可设置视觉景观控制地带和（或）环境控制区。在考古调查、勘探工作尚未全面展开的情况下，编制保护规划应当分析文物分布的密集区、可能密集分布区和可能分布区，以此确定文物保护单位的分布范围、重点保护对象和不同的区划等级或类别。此外，在保护范围之外，有待考古确认的边界可划为文物埋藏区，并纳入建设控制地带或环境控制区的范围。

第八节　展示与阐释

考古遗址是文化遗产的重要组成部分，是人们获得精神凝聚力和民族认同感的源泉。考古遗产价值的展示与阐释，是保护管理好考古遗址的重要目标，是实现考古事业可持续发展、让文物活起来的重要途径。考古遗址的展示与阐释，立足于对考古遗址的价值认知，构建以遗产价值为导向的展示阐释体系和文化传播空间，让公众看得懂、听得懂，与公众形成有效的交流互动，以高质量地阐释和展示考古遗址的价值。

一、基本原则

2008 年，国际古迹遗址理事会第 16 届大会通过的《文化遗产阐释与展示宪章》（Charter on the Interpretation and Presentation of Cultural Heritage Sites）中的展示是指，在文化遗产地通过安排阐释信息、直接接触，以及各种展示设施等有计划地传播阐释内容。2015 年修订的《中国文物古迹保护准则》提出，展示是对遗址特征、价值及相关的历史、文化、社会、事件、任务关系及其背景的解释，是对文物古迹和相关研究成果的表述。展示的目的是让观众能够完整、准确地认识遗址价值，尊重、传承优秀的历史文化传统，自觉参与文物古迹的保护。

1.不改变遗址原状

保护是考古遗址展示的前提条件，应在遗址本体安全不受影响的条件下进行展示，展示的措施不能改变考古遗址的面貌。

2.真实性和完整性

真实性和完整性贯穿考古遗址保护展示的整个过程。真实性要求保护必须以遗址考古和科学研究为依据，保证考古遗址本身的材料、工艺、设计、环境及其所反映的历史、文化、社会等相关信息的真实性，任何展示设施都不得损害考古遗址的真实性；对考古遗址进行展示时，应保证考古遗址与历史环境关系的完整性，不仅包含实体意义上的本体与环境，还应结合广泛的文脉背景，包括社会、文化、传统、历史以及自然等发展脉络，展示蕴含其中的丰富价值，从而增强公众对考古遗址的整体认识。

3.可逆性

考古遗址展示以保障本体安全为前提，尽量减少对遗址的干预，以延续遗址的保存寿命。展示所用的设施设备如直接放置于遗址本体，应具有可逆性，保证遗址本体不受损伤，必要时可恢复到遗址出土状态。

4.学术性

遗址展示必须以遗址价值为基础，是各类学术研究成果的转化性展现。展示信息应客观准确，不应加入主观臆测，防止误导公众。考古遗址展示的各类设施、景观应与遗址价值中所包含的遗址环境状态相协调，避免因未充分挖掘遗址价值而采取与遗址信息不相符的展示方式。

5.以人为本

遗址展示的目的是让公众能够清晰准确地认识价值，提升保护意识。公众是服务对象，展示应从"以人为本"的角度出发，诠释的信息、知识应遵循通俗易懂的原则，避免精英主义设计思路，提高展示信息传递的效果。

二、展示方式

考古遗址展示方式大致可分为本体展示和周边环境展示，本体展示包括原状展示、场馆展示、标识展示、虚拟展示和复原展示等。

1.本体展示

（1）原状展示

原状展示是指保持遗址的原始形态和位置，通过遗迹和展示辅助设施呈现遗址的信息和价值。露天原状展示可让观众对遗址有更为直观和整体的认识，是考古遗址最常使用的一种展示方式，如安阳殷墟遗址、西汉长安城遗址、良渚古城遗址等考古遗址的大部分遗迹都采用这种方式。

（2）场馆展示

场馆展示可分为两种。一种是在原址上搭设大棚或场馆，如半坡遗址保护大厅，汉景帝阳陵丛葬坑，秦始皇帝陵兵马俑一、二、三号坑等；另一种是异地建设博物馆进行展示，如良渚博物院等。同时，场馆展示的设计形式有两种，一种是按当代建筑形式进行建造，另一种是复原考古遗址上部结构建造的场馆，如唐大明宫丹凤门遗址展示厅（图2.7）、隋唐洛阳定鼎门遗址展示厅等都是对考古遗址上部结构的复原。

图 2.7　丹凤门遗址展示厅立面图[①]

（3）标识展示

标识展示是指对考古遗址采取覆土回填的保护方式后，根据发掘形态，对其范围、边界、高度等发掘时的信息，利用绿植、砂石等进行示意展示。标识展示多用于展示遗址布局或格局等。对已探明的部分建筑遗址，如果暂时不能发掘，采用低矮的绿篱植被进行标识保护，可以有效展示和再现遗址的形制与规模。这样，既较好地反映了遗址的文化内涵，又保护了地下的文化遗存。例如，在西汉杜陵遗址保护中，帝后陵封土、城垣遗址、陵庙遗址和陪葬坑、陪葬墓等遗址上多用灌木、草本植物或砂石进行标识，从颜色、肌理与周围绿化来区别，对已经发掘过的地方进行深度标识。

工作人员曾运用植被复原展示唐大明宫宣政殿和紫宸殿遗址（图2.8）。在两座宫殿遗址上做夯土隔离层，种植树木，通过剪枝呈现宫殿的形象，以轻钢与原木勾勒出

---

① 图片引自大明宫国家遗址公园官网 (https://www.dmgpark.com/product/129.html)。

宫殿的边角轮廓，意在用残缺不全的结构展现建筑屋顶和内部结构及其经历岁月后残缺的美感。但在实际操作中，树木根须对遗址本体安全造成了威胁，专家对这一展示方式的争议较大，故宣政殿遗址的展示结构被拆除。

图2.8 紫宸殿展示构想
左上：鸟瞰图；右上：侧面图；左下：树池示意图；右下：夜景图[①]

（4）复原展示

复原展示会影响遗址的真实性，因此，考古遗址较少使用复原展示。但只要本着科学严谨的态度，展示遗址的真实状况，就易于让公众理解。在将建筑基址清理完毕后，若考古遗址形制清晰，可在遗址上实施覆土保护，采用与原有建筑相似的建筑材料，按遗址的原有建筑方法和式样，在该遗址基址上进行复原。这一方式最早在日本的奈良平城宫（图2.9）中实施，对已挖掘并清理完毕的遗址区，先给其覆盖一米以上厚度的土层，再在其上原状修复遗址的基址。该方法对可读性差、历史信息不足的史前遗址，具有一定的价值（图2.10，图2.11）。

---

① 郭谦. 大明宫文化遗产保护中的艺术创新——以《时间中的宫殿》为例 [J]. 文博学刊 ,2020(3):107.

图 2.9　奈良平城宫第一次大极殿复原（周剑虹　摄）

图 2.10　日本吉野里历史公园考古遗址复原展示 [1]

---

[1]　图片来自吉野里历史公园官网（https://www.yoshinogari.jp/.）。

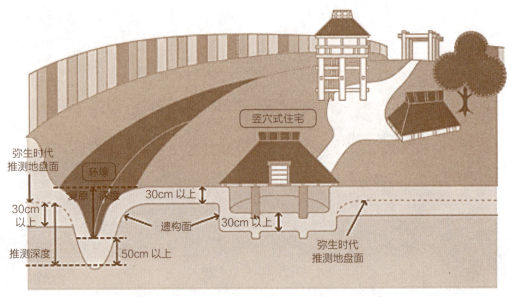

图 2.11　日本吉野里历史公园考古遗址复原示意图[①]

（5）虚拟展示

虚拟展示是指利用现代信息技术，将图像、声音、动画、虚拟现实、交互式操作等展示手段结合起来，运用在考古遗址展示中，形成一个生动的展示平台，弥补传统展示媒介的缺陷，让大众可以更加立体深入地了解遗产所传递的信息。例如，成都金沙遗址博物馆的 4D 电影，以三维的立体电影和周围环境进行模拟，组成四维空间，产生 12 种座椅特效和环境特效，讲述贯穿古蜀时期的美丽神话故事，令观众如同身临其境，强化了观众对神奇金沙的认识。

2.周边环境展示

"周边环境"的概念于 2005 年在西安召开的国际古迹遗址理事会第 15 届大会上正式提出，强调了遗址本体与原生环境间不可分割的关系。考古遗址的周边环境包括自然环境风貌及非物质文化遗产，如人类活动、传统民风、社会习俗等。

（1）自然环境风貌展示

考古遗址的自然风貌展示，包含遗产地自然地貌、山形水势、周边绿化和历史环境修复展示等。良渚国家考古遗址公园对遗址区周边山形水势、自然环境风貌的整体保护与展示，就是一个非常典型的范例。

（2）非物质文化遗产展示

考古遗址中非物质文化遗产的展示方式主要分为科普专题展览展示、模拟场景复

---

① 图片来自吉野里历史公园官网（https://www.yoshinogari.jp/.）。

原展示、戏剧性展示、公众参与展示等多种展示方式。

科普专题展览是指借助展览形式，综合运用图片资料、文字、模型和VR、AR等技术手段展示遗址信息，以系统性传播考古信息。

模拟场景复原展示是指依据考古工作成果和文献资料，将与遗址相关时期的社会生活方式及生活场景进行模拟复原。

戏剧性展示是将考古发掘收获与研究成果等信息，以戏剧、话剧、沉浸式实景演出等更为直观的表演方式传递给公众。

公众参与展示是通过设计诸如活动场景体验、工艺制作体验、考古挖掘体验等活动，激发公众参与的兴趣，增强其对考古遗址信息的理解。

第九节　可持续发展

考古遗址的保护利用对社会可持续协调发展意义深远。考古遗址的保护利用要始终坚持以人民为中心，兼顾当前利益与长远利益、局部利益与全局利益。考古遗址可以借力城市建设与发展规划的总体部署，有机融入宏观经济发展、产业结构调整、农业综合开发及基础设施建设，以实现"文物保护好、经济发展好、环境改善好、人民生活好"。

一、考古遗址与社区发展融合

1.在地社区

考古遗址的在地社区是指聚居于考古遗址所在区域，在物理空间上与遗址存在紧密互动关系的聚居生活群体。考古遗址的在地社区可能早已存在，也可能是近现代由于某些原因聚集在一起的。

2.共生关系

考古遗址范围内的社区受遗址文化辐射的影响，与遗址之间形成复杂的共生关系和利益联系。从考古遗址保护利用的角度看，利用及协调发展程度较高的考古遗址具有深厚的历史文化资源、良好的居住景观环境、较多的发展机会，能够创造出更多的社会效益与经济效益，成为一座城市、一个区域的社会发展增长极。当地居民在遗址保护中的积极参与，会促进考古遗址与在地社区形成良好的共生关系。

3.参与方式

社区参与（community engagement）是遗产保护的重要范式。1987年通过的《保护历史城镇与城区宪章》，就鼓励当地居民、社区等积极参与遗产保护。2007年，世界遗产委员会在关于世界遗产保护的"4C全球战略"[①]的基础上增加了"社区"（community），从"4C"转变为"5C"，进一步明确了社区在遗产保护管理中的重要作用。

　　社区参与模式主要包括社区自治、"社区＋政府""社区＋企业"等，可分为内生性发展模式和外部介入性模式两大类。内生性发展模式强调当地社区居民在遗产地开发与管理中的主导作用，以日本平城宫遗址为代表，通过实现产业链本土化、决策民主化等方式，增加了社区居民的参与权利与主体意识。外部介入性模式指政府及企业参与下的发展模式，以良渚古城遗址、英国哈德良长城为代表，在这种模式下社区的组织能力与权责分配能力较强，但社区居民参与的广度和深度以及社区居民的决策权、利益分配权等还需要进一步提升。

二、考古遗址与环境保护融合

　　同人类生存发展紧密相关的水资源、土地资源、生物资源，以及气候资源等生态资源是影响考古遗址选址、布局、规模、形制以及景观形成发展的重要因素，并成为影响遗址当代保护的关键因素。在考古遗址与生态环境保护协同发展方面，我国台湾的卑南遗址文化公园具有一定代表性。卑南遗址是台湾地区发掘面积最大、出土文物最多的史前遗址之一，具有完整的聚落形态，也是环太平洋及东南亚地区规模最大的石板棺墓葬群遗址。公园以"文化再生，环境再现"为理念，将遗址视作一座博物馆，将遗址内的重要堆积现象进行原址保存与展示，结合遗址地下遗物分布特点，采用草坪、疏林、密林等方式进行分区规划，以地域性的原生植物营造自然环境，形成兼具文化、自然、环境资源的考古遗址保护和展示空间。

---

① 即 credibility(可信度)、conservation(保护)、capacity-buiding(能力建设)、communication(宣传)。

CHAPTER Ⅲ

CULTURAL LANDSCAPE

CULTURAL HERITAGE THEORY AND PRACTICE

第三章

文化景观

文 化 遗 产 理 论 与 实 践

文化景观是人类与自然共同创造的杰作，是文化与生态交流互动的产物。文化景观这一概念的产生，体现了人类对赖以生存的生态环境的重新审视，标志着人类对人地关系、人与自然界关系的深层次思考，因而成为近年来国际遗产界研究关注的热点。

　　文化景观突出文化与自然、人类与环境的互动，本质上属于文化遗产，其保护对象不仅包括物质遗产，还包括社区居民、人文环境、自然环境，以及社区精神等非物质遗产。文化景观的保护管理有助于社区的可持续发展，社会发展又可反哺文化景观保护。文化景观的保护既要符合文化和生态要求，又要与经济发展相契合，以满足生活改善、社区发展等要求。

第一节　概念及发展

对人地关系、人与自然界关系的思考，是世界上各文明亘古未变的主题，也是"文化景观"的重要基础。文化景观由"文化"和"景观"两个独立概念组合而成，厘清"景观"的内涵与外延是理解"文化景观"概念的前提。

一、文化景观概念

1.景观

古希腊、古罗马曾就人地关系有过相关论述。不过在中世纪，神学压倒一切的统治下致使相关思考被迫中断。直至文艺复兴破除了神权统治，以及地理大发现、工业革命等事件对社会变革的推动，西方社会对"景观"重新进行了科学的认知。

"景观"所对应的英文单词为"landscape"，在古代指人类因生存聚居和生产实践而与土地建立起来的结构性关系[1]，也用来表示在自然和人类共同作用下形成的独特的场所和区域。这种理解一直持续至 16 世纪末，此后景观发生艺术转向，开始作为一种风景画出现，成为"被感知的土地或土地图画"，是描绘乡村、农业或自然景象的绘画。19 世纪，流行于欧洲和美国的"landscape"概念不仅包含自然和乡村建筑的风景绘画创作，也包含花园、乡村建筑和景色"如画"的建筑。[2]在欧洲，对"景观"的理解与绘画、文学及音乐等紧密相连，特别是在英国，景观往往强调与审美的关联，强调可观可赏。

19 世纪，"景观"一词被地理学家借用，指特定地点所能看到的全部地表。[3]德

---

① 徐清，韩锋. 西方文化景观理论谱系研究 [J]. 中国园林 ,2016,32(9):68-75.

② Wilson C, Groth P. The Polyphony of Cultural Landscape Study: An Introduction[M]. Berkeley and Los Angeles: University of California Press,2003:1-22.

③ Hamerton P. Landscape[M].Boston: Roberts, 1885.

国地理学家洪堡（Humboldt）、拉采尔（Ratzel）、施吕特尔（Schluter）深化了景观的概念，将其由单纯地探讨地理问题转为探讨人地关系。欧维葛（Olwig）指出景观不仅仅是空间上的限定区域，而且是长时间积累的习俗和文化。[1] 景观也被认为是人们观察到的、周围的连续平面，是具有明显视觉特征的地理实体，是人类利用环境的一种产物[2]，具有经济、生态和美学价值[3]。

2. 文化景观

20世纪上半叶，英国学者利用地理文献来研究景观的历时性变化，以加州大学伯克利分校的苏尔（Sauer）为代表的美国学界则强调文化对景观的影响。学者将景观看作自然和文化组成的地理综合体，认为景观研究应是地理学研究的核心。脱胎于人文地理学的"文化景观"[4]概念由此出现。其定义为"景观是任何特定时间内形成的，具有某一地域基本特征的自然和人文因素复合体，并因人类作用而不断变化"[5]。文化景观是某一文化群体对自然景观进行塑造而形成的，文化和自然区域是媒介，文化景观是结果。在特定文化影响下，景观随时间推移发生变化，不断发展演变，最终形成结果性的文化景观。[6]

1992年12月，联合国教科文组织世界遗产委员会第16届会议在美国圣达菲召开，正式提出了"文化景观"遗产概念，同时通过了将文化景观列入《世界遗产名录》的决议，使其成为世界遗产体系下的一个特殊类型。文化景观是人与自然的共同作品，反映了因物质条件限制和（或）自然环境带来的机遇，展现了在一系列社会、经济和文化因素的内外作用下，人类社会和定居地的历史。1994年版《实施〈世界遗产公约〉操作指南》将"文化景观"定义为"自然与人类的共同作品"，指出文化景观属于文化遗产的范畴，须符合文化遗产的部分或全部标准，但并不排除文化景观符合自然标准。

1995年10月，欧洲部长级会议在保加利亚索非亚通过了《泛欧生物和景观多样性战略》（Pan-European Biological and Landscape Diversity Strategy，PEBLDS），该《战略》将文化景观定义为具有明确地形边界的景观，是人类与大自然共同的杰作，它反

---

① 麦琪·罗，韩锋，徐青.《欧洲风景公约》：关于"文化景观"的一场思想革命 [J]. 中国园林,2007, 143(11):10-15.

② Walmsley D J, Lewis G J. Human Geography：Behavioral Geography: Behavioral Approaches[M]. New York: Longman, 1984: 142.

③ 肖笃宁，李秀珍. 当代景观生态学的进展和展望 [J]. 地理科学,1997,17(4):356-363.

④ 人文地理学中文化景观的通用解释，即地球表面各种文化现象所组成的统一体，既包括景观赖以存在的物质基础，又包括人文因素。地理学中的文化景观关注现状描述、作用机制及其演变过程。

⑤ Mikesell M W. Landscape[J]. International Encyclopedia of the Social Sciences, 1969(8):575-580.

⑥ Akagawa N, Sirisrisak T. Cultural landscapes in Asia and the Pacific: implications of the World Heritage Convention[J]. International Journal of Heritage Studies, 2008, 14(2): 176-191.

映了随时间和空间的变化，人类社会、定居地的特征和演变规律，人们对土地的利用、在土地上的活动、当时的技术或独特的传统，也可能是文学和艺术作品的相关描述或实地发生的历史事件等，它们都将形成物质或非物质遗产。因此，文化景观具有社会和文化认同价值。[①]

从上述概念可见，文化景观是人类活动在自然中的印记，是人与自然环境互动的结果，通常反映特定地理文化区域中独特的土地可持续利用方式和特有的文化元素。

3.相关概念辨析

（1）文化和自然混合遗产

文化和自然混合遗产（mixed-heritage）是世界遗产保护体系中极为特殊的遗产类型，最早出现于 1979 年。危地马拉的蒂卡尔国家公园（Tikal National Park）因符合文化遗产标准（Ⅰ）（Ⅲ）（Ⅳ）以及自然遗产标准（Ⅸ）（Ⅹ）而被列入《世界遗产名录》，是第一处混合世界遗产。我国的泰山（1987 年）、黄山（1990 年）、峨眉山—乐山大佛（1996 年）和武夷山（1999 年）均以混合遗产类型被列入《世界遗产名录》。然而，混合遗产的定义直到 2005 年版《实施〈世界遗产公约〉操作指南》中首次提出[②]，"如果一处遗产同时满足《公约》中第一条和第二条所述文化和自然遗产的全部或部分定义，应被列为文化和自然混合遗产"，并指出混合遗产至少要符合一条自然遗产标准和文化遗产标准。

首先，从定义来看，混合遗产与文化景观都是人与自然共同的作品，都包含自然要素和文化要素，都是人与自然互动的见证。但二者既有联系又有区别，文化景观属于文化遗产的范畴，它可以满足自然遗产的标准，也可以不满足其标准，而混合遗产则必须至少满足一条自然遗产标准。国际自然遗产保护联盟（International Union for Conservation of Nature，IUCN）对二者的关系进行了梳理（图 3.1）。

其次，融合模式不同，自然与文化的融合可分为三类：油与水模式，即自然要素与文化要素之间是并置关系，混合遗产属于该模式；咖啡牛奶模式，可以理解为一种物理反应，自然与文化是融合的状态，即自然与文化具有某种联系，但该联系没有改变自然状态的本质特性，文化景观中第三个类别"关联性文化景观"就属于这种模式；酸和碱模式，因自然与文化强烈作用而产生新的物质状态，可以理解为化学反应，文化强烈作用于自然并在很大程度上改变了自然，人类有意设计和创造的景观、有机演进的景观都属于该模式。[③]

---

① Phillips A. The nature of cultural landscapes-a nature conservation perspective[J]. Landscape research, 1998, 23(1): 21-38.

②③ 杨锐，赵智聪，庄优波．关于"世界混合遗产"概念的若干研究 [J]. 中国园林 ,2009(5):1-8.

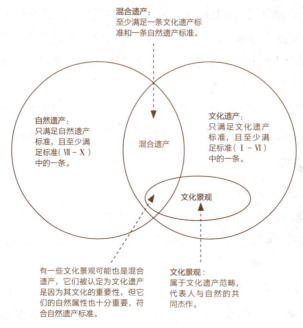

图 3.1　文化景观与混合遗产的关系 ①

最后，文化景观与混合遗产是有交集的，也就是一个遗产既可以是文化景观，也可以是混合遗产。例如澳大利亚乌鲁鲁－卡塔丘塔国家公园（Uluru-Kata Tjuta National Park）先申报为自然遗产，在此基础上增加文化遗产标准后被扩充为文化景观；1996年庐山、2009年五台山初始均以混合遗产申报，而最终以文化景观列入《世界遗产名录》。世界遗产的认知与判断是一个不断发展的过程，究竟是混合遗产还是文化景观，一方面取决于其符合的标准，另一方面也取决于价值认知的出发点和着力点。

（2）乡村景观

乡村景观（rural landscape）反映人对自然认识的技术、科学及实践，其物质要素包括生产性土地及形态结构、水文、植被、物种、聚落中心、乡土建筑、交通和商贸网络等，以及文化与环境的联系；非物质要素包括关联性文化知识、传统习俗、社区身份、归属感及过去和现代族群、社区赋予景观的文化价值和含义。

乡村景观遗产是文化景观的重要组成部分，是乡村社会结构及功能组织的表现，可推动社会结构及功能组织的实现、应用和变革，也更能体现文化景观中人与环境的互动。

（3）自然保护区

1994年，国际自然遗产保护联盟将自然保护区分为六种类型，包括：Ⅰa类严格

---

① 周剑虹改绘自原图。

的自然保护区（主要用于科研的保护地）；Ｉb类自然保护区（主要用于保护荒野的保护地）；Ⅱ类国家公园（主要用于生态系统保护和游憩的保护地）；Ⅲ类自然纪念区（主要用于保护特定自然特征的保护地）；Ⅳ类生物栖息地/物种管理区（主要通过管理的介入保护自然环境和生物物种的保护地）；Ⅴ类海陆景观保护区（主要用于保护海陆景观和游憩的保护地）；Ⅵ类资源管理保护区（主要用于自然生态系统可持续利用的保护地）。

自然保护区更强调自然、生态和生物多样性等特征，而文化景观则强调"时间和空间条件改变下，人和自然长期互动的价值"[①]。有一些具有双重价值的景观，在被列入《世界遗产名录》的同时，也被视作自然保护区。例如，南非的马蓬古布韦国家公园（Mapungubwe National Park）、美国夏威夷帕帕哈瑙莫夸基亚国家海洋保护区（Papahānaumokuākea Marine National Monument）、印度比莫贝卡特石窟（Rock Shelters of Bhimbetka）及蒙古的鄂尔浑峡谷文化景观（Orkhon Valley Cultural Landscape）等。

二、发展历程

文化景观概念的形成发展大致可分为以下4个阶段。

1. 初探期

20世纪60年代，西方环境哲学兴起，人们开始关注环境保护问题，国际文件中开始出现环境和景观等相关概念。1962年，联合国教科文组织第12届会议通过了《关于保护景观和遗址的风貌与特性的建议》（Recommendation Concerning the Safeguarding of the Beauty and Character of Landscapes and Sites）。该《建议》首次提出要保护景观及遗址风貌特征。1964年，第二届历史古迹建筑师及技师国际会议通过的《威尼斯宪章》，提出在文物古迹保护中应关注环境要素。

1964年，美国国会通过了《荒野法》（Wilderness Act），使人们意识到作为整体的荒野的价值，开始思考荒野与人、荒野与文明的关系。[②]1965年，美国倡议将文化和自然遗产保护结合，成立"世界遗产基金会"（World Heritage Foundation，WHF），旨在"为全世界保护具有突出普遍价值的自然和文化遗产"。

1968年，国际自然遗产保护联盟提出，应同时关注遗产的自然价值和文化价值，并将它们结合起来保护的建议，并于1972年将该建议提交联合国人类环境会议（The

---

① Taylor K, Lennon J. Cultural landscapes: A bridge between culture and nature?[J]. International journal of heritage studies, 2011, 17(6): 537-554.

② 舒峻峰. 美国1964年荒野法研究[D]. 沈阳：辽宁大学,2013.

United Nations Conference on the Human Environment）进行审议。1972 年《保护世界文化与自然遗产公约》正式发布，首次明确了文化遗产和自然遗产的定义，并指出保护具有突出普遍价值的文化和自然遗产是全世界的责任和义务。

国际古迹遗址理事会和国际自然遗产保护联盟曾提议成立世界文化遗产委员会和世界自然遗产委员会，分别负责保护管理文化和自然遗产，但联合国教科文组织认为有必要将自然和文化遗产保护并置。在此背景下，1978 年，以美国黄石国家公园（Yellowstone National Park）为代表的 4 处自然遗产、以德国亚琛大教堂（Aachen Cathedral）为代表的 8 处文化遗产被列入《世界遗产名录》。20 世纪 80 年代，自然遗产的文化价值开始成为世界遗产委员会关注与争论的焦点。①

2.发展期

1984 年，国际自然遗产保护联盟提交了自然遗产全球名录，该名录"仅限于人类活动未触及的原始自然区域"。但法国的吕西恩·查布森（Lucien Chabason）等学者指出，法国几乎没有无人干扰的纯自然景观，大多是人与自然共存的区域，并提出具有突出普遍价值的乡村景观应符合"自然和文化要素结合的杰出典范"这一标准。1985 年，国际古迹遗址理事会、国际自然遗产保护联盟和国际景观设计师联合会（International Federation of Landscape Architects，IFLA）的专家组成工作组，期望通过研究乡村景观概念及框架，将更多乡村景观列入《世界遗产名录》。②1986 年，世界遗产委员会审议了工作组提交的报告，表达了对乡村景观定义、特点以及活态遗产的保护管理等问题的关切，委员会鼓励英国提名乡村景观。但此后"文化景观"一词很快取代了"乡村景观"，出现在各类国际文件中。③

3.突破期

1986 年，英国湖区国家公园（Lake District National Park）申请列入《世界遗产名录》，世界遗产委员会建议推迟列入，要求其按照文化景观类型准备材料。1989 年，英国湖区国家公园再次提交材料④，委员会重新审议申报材料，认为该类遗产尚缺乏适当的标准，再次建议推迟列入。1991 年，在《保护世界文化和自然遗产公约》缔约国第 8 届大会上，秘书处提出的"文化景观"概念引起热议，委员会、咨询机构和缔约国对"文化景观"概念产生了分歧。这使"文化景观"成为特定类型的愿景

---

① Aplin G. World heritage cultural landscapes[J]. International Journal of Heritage Studies, 2007, 13(6): 427-446.

② Scazzosi L. Rural landscape as heritage: Reasons for and implications of principles concerning rural landscapes as heritage ICOMOS-IFLA 2017[J]. Built Heritage, 2018, 2(3): 39-52.

③④ Cameron C, Rössler M. Many voices, one vision: The early years of the World Heritage Convention[M]. London: Routledge, 2016.

陷入困境。基于此，在国际古迹遗址理事会的支持下，英国历史园林和景观委员会（ICOMOS UK Historic Gardens and Landscapes Committee）成立景观工作组，对现行世界遗产的标准进行讨论。1992 年，工作组牵头召开文化景观专家会议（The Expert Meeting on Cultural Landscapes）[1]，研究将文化景观列入《世界遗产名录》的各项事宜，提出"文化景观是一种独特的文化场所"，并据此制定了分类标准。

1992 年，国际古迹遗址理事会第 16 届大会正式提出"文化景观"的概念，使其成为文化遗产下的特殊类型，并指出它是"自然与人类的共同作品"，与自然遗产强调未受人类干扰的特质有所区别。1993 年，新西兰汤加里罗国家公园（Tongariro National Park）成为第一处以"文化景观"类型列入《世界遗产名录》的遗产地。1996 年，庐山成为我国第一处"文化景观"类型的世界文化遗产，ICOMOS 认为庐山的历史遗迹以独特的方式融汇在自然美之中，形成了具有极高美学价值且同中华民族精神和文化生活紧密相连的文化景观。

4.快速发展期

"文化景观"概念提出后，世界遗产委员会反思了以往过于重视单一文化要素的理念，转而对人与自然的关系进行深入探讨，并在 21 世纪后逐渐形成促进人与自然和谐共生的世界遗产可持续发展理念。

21 世纪初期，对文化景观的定义、分类、标准非但没有渐趋统一，争论反而日渐白热化。

1971 年成立的国际历史园林委员会（International Committee for Historic Gardens）[2]，于 1999 年更名为国际文化景观科学委员会（International Scientific Committee on Cultural Landscapes，ISCCL），其目标是研究并促进对文化景观的认知、保护、保存和管理，关注焦点从园林转向受人类活动影响的景观。2006 年，国际景观设计师联盟文化景观委员会成立，对文化景观相关问题进行深入探讨。

随着经济社会的发展，学界对文化景观的功能有了全新的认识。一方面，文化景观反映了人与自然的互动关系，提供了利用生态系统和适应性管理保护生物多样性的传统智慧。《生物多样性公园》秘书处和教科文组织在 2010 年启动了"关于生物和文化多样性之间联系的合作项目"（Culture-Nature: Joint Programme of Work on Links between Biological and Cultural Diversity），并于 2014 年发布了《关于作为人类价值的遗产和景观的佛罗伦萨宣言》（Florence Declaration on Heritage and Landscape as Human

① Brown S. World heritage and cultural landscapes: An account of the 1992 La petite Pierre meeting[J]. Heritage & Society, 2018 (1): 19-43.
② 1971 年的枫丹白露会议上，历史园林和遗址联合委员会成立。虽然委员会最初的工作重点是古典园林及其维护和保护，但这是理解更广泛的景观问题的重要第一步。

Values），该《宣言》拓展了"景观"概念，提出景观是在生物多样性层面上的，超出了单一的、自然的、文化的范畴，并强调以社群为主导开展文化遗产与景观价值的诠释活动，以推动其可持续发展。①

另一方面，联合国教科文组织、联合国环境规划署（United Nations Environment Programme，UNEP）等国际组织积极推进基于传统智慧的自然遗产保护模式。2013 年，国际文化景观科学委员会共同发起"全球乡村景观倡议"（The World Rural Landscapes Initiative）。该"倡议"鼓励乡村居民分享知识和经验，激发乡村景观中尚未得到重视的地区开展乡村保护项目，彰显地方文化价值和特征。

从 1992 年文化景观成为世界遗产的新类型至今，从空间、时间、精神三个维度阐释了文化景观的价值和类型，展现了人类在利用自然、改造自然过程中集聚的传统智慧，逐步推动了文化景观理论探讨与实践创新的发展。

三、文化景观类型

文化景观是人与自然长期互动产生的，代表人对自然的改造，以及人对土地和空间的适应、利用，以满足不断变化的人类需求。《实施〈世界遗产公约〉操作指南》将文化景观分为 3 种类型。②

1. 人类刻意设计及创造的景观

人类刻意设计及创造的景观（designed landscape）是指出于美学原因而建造的园林和公园景观，它们经常（但并非总是）与宗教或其他纪念性建筑物或建筑群相结合。例如，葡萄牙的辛特拉文化景观（Cultural Landscape of Sintra）城堡依山而建，公园和庭院景致交相辉映，美不胜收，强调其建筑与景观的关系；伊朗波斯园林（The Persian Garden）是由分布在 9 个省份的 9 座园林组成，体现出"为适应各种气候条件而发展出来的多样风格"。上述景观虽然呈现出来的形态与内涵价值有所差异，但它们都是人类有意从设计角度寻求人地和谐的表现。

西湖是此类景观的典范，其"两堤三岛、三面云山一面城"的空间形态，是在地方官员（白居易、苏轼、杨孟瑛、李卫等）的主导和影响下，历经长期、反复、多次的疏浚和治理湖河而逐渐形成的（图 3.2）。西湖是唐宋时期诸多文人学者推崇的中

---

① 林源，李双双.社群·文化遗产与景观——《关于作为人类价值的遗产与景观的佛罗伦萨宣言 (2014)》导读 [J]. 建筑师 ,2016(2):60-63.

② 该文本由文化景观专家组 (法国小皮埃尔，1992 年 10 月 24 日至 26 日) 编写 (见文件 WHC-92 / CONF.202 / 10 / Add)，世界遗产委员会第十六届会议 (圣达菲，1992 年) 批准将该文本纳入《实施〈世界文化与自然遗产公约〉操作指南》(见文件 WHC-92 / CONF.002 / 12)。

国造园美学典范，反映了一种特殊的、通过造景题名等方式表达人对自然理解的文化传统并延续至今。在景观营造的文化传统中，西湖是对天人合一这一理想境界的最佳阐释。

图 3.2　西湖 [1]

2. 有机演进的景观

有机演进的景观（evolving landscape）产生于最初始的社会、经济、行政以及宗教需要，并通过与周围自然环境相联系或相适应而发展到目前的形式。这种类型的景观通常在形式与构成中都反映了演化的过程，按时间进程可分为残遗（或化石）景观和持续性景观两类。

（1）残遗（或化石）景观

残遗（或化石）类景观（landscape-fossil/relict landscape），是指在历史上某个时间点就已终止（突然终止或是逐渐终止）的演进类景观，其残存物在形式上具有显著而独特的特征。该类型多为考古遗址或宗教类遗址，如巴米扬山谷文化景观与考古遗存（Cultural Landscape and Archaeological Remains of the Bamiyan Valley）。

巴米扬山谷文化景观与考古遗存位于今阿富汗中部巴米扬城北兴都库什山区的小河谷中，其北面是兴都库什山的支脉代瓦杰山，南面是巴巴山脉，巴米扬河从两山间流过，小河谷地修建石窟的条件极好，石窟与山谷侧壁融为一体，浑然天成，此处共建造了大小 1000 座以上的石窟（图 3.3）。巴米扬山谷与阿富汗的其他佛寺等共同见证了佛教的兴盛和东传，构成了中亚地区佛教文化的基础，记录了古希腊、古波斯、

---

① 图片来自世界遗产委员会官网 (whc.unesco.org/en/documents/114941)。

古印度和早期伊斯兰文化融合而成的独特犍陀罗佛教文明，是世界文明史上极为珍贵的文化景观遗产。[①]

图 3.3　巴米扬山谷[②]

（2）持续性景观

持续性景观（continuing landscape）指历史演变过程是文化景观形成发展的重要物证，且演变过程仍处于延续状态的文化景观，多以农业景观为主，例如菲律宾科迪勒拉水稻梯田（Rice Terraces of the Philippine Cordilleras）、古巴比尼亚莱斯山谷（Viñales Valley）的烟草种植景观、匈牙利霍尔托巴吉国家公园的普兹塔田园景观（Hortobágy National Park-the Puszta）、我国的红河元阳哈尼梯田文化景观和普洱景迈山古茶林文化景观等。

科迪勒拉水稻梯田系统坐落于菲律宾北部，由依山坡地巴纳维梯田、基安干梯田、洪都安梯田及梅奥瑶梯田组成，迄今已有 2000 余年的历史。与世界其他地方的梯田相比，科迪勒拉水稻梯田的特殊性在于海拔落差大和坡度陡峭。由于山坡陡峭，最大的田块只有 2500 平方米，最小的不到 4 平方米。梯田外壁全部用石块筑成，最高约 4 米，最低不到 2 米，总长度达 1.9 万千米（图 3.4）。科迪勒拉水稻梯田始终采

①　姜珊.记录犍陀罗佛教文明 巴米扬山谷的文化景观内涵 [J]. 城市环境设计 ,2011(7):274-277.

②　图片来自世界遗产委员会官网 (https://whc.unesco.org/uploads/thumbs/site_0208_0002-1000-750-20170802154248.jpg).

用世代相传的传统农耕方式和种植知识
耕种，神圣的传统文化与自然环境的结
合使这里形成了一道美丽的风景，体现
了人类与环境的融合共生，是一个无与
伦比且美丽的"活态"文化景观。然
而，由于梯田面积缩减及管理不善等
原因，世界遗产委员会于 2001 年将其
列入《濒危世界遗产名录》，直到 2012
年才重归《世界遗产名录》。

3.关联性文化景观

关 联 性 文 化 景 观（associative
landscape）与自然因素、宗教、艺术
或文化有强烈关联。此类文化景观人
与自然的互动已从景观设计、土地利
用、生活传统等方面上升到精神层面，
跨越了物质与非物质遗产之间的鸿沟。
关联性文化景观有澳大利亚的乌鲁鲁–
卡塔丘塔国家公园（Uluru-Kata Tjuta
National Park）、尼日利亚的苏库尔文

图 3.4　科迪勒拉水稻梯田[1]

化景观（Sukur Cultural Landscape）和新西兰的汤加里罗国家公园（Tongariro National
Park）等。

　　汤加里罗国家公园是第一个被列入《世界遗产名录》的文化景观，位于新西兰奥
特阿罗岛北岛中部，1894 年，与附近的瑙鲁赫伊火山和鲁阿佩胡火山一起组成了新
的汤加里罗国家公园，是新西兰最早的公园（图 3.5）。汤加里罗国家公园中心的群山
"对毛利人具有文化和宗教意义，象征着毛利人社会与外界环境的精神联系"，因此毛
利人将山脉视为祖先，并将风视为赋予生命的气息。[2]

---

[1]　图片来自世界遗产委员会官网 (https://whc.unesco.org/en/list/722/gallery/)。

[2]　Baird M F. The breath of the mountain is my heart: Indigenous cultural landscapes and the politics of heritage[J]. International
Journal of Heritage Studies, 2012, 19 (4): 327-340.

图 3.5　汤加里罗国家公园①

四、文化景观的价值

文化景观强调人与自然的相互作用过程。从"历时性"与"共时性"的维度看，文化景观是历史记忆与当下要素的综合体。文化景观中的各要素随时间推移不断演化、更新，延续着历史文化和记忆。文化景观各类要素的共时性，彰显了文化景观的丰富性、价值和魅力。因此，在文化景观价值认知中既要重视其历史精神，又要看到其重要的时代精神，将"历时性"和"共时性"辩证结合，以更好地认知、保护并传承文化景观。

1.历史价值

历史价值是文化遗产价值的重要组成部分，越悠久的遗产越弥足珍贵。一般而言，历史价值可体现时间的延续。文化景观的历史价值是随时间逐渐累积的，并非靠某一个或某几个人的短时创造所得，是一个群体、社区长期栖居于此的结果。

时间跨度是文化景观的根本性要素。例如，越南的长安文化景观群（Trang An Landscape Complex）坐落于红河三角洲南缘，遍布山谷的石灰石喀斯特山峰形成了壮丽景观。考古发掘揭示了该地区 3 万多年来连续的人类活动踪迹，展示出人类从季节性狩猎、采集到建立古都华闾，建成至今的寺庙、佛塔、稻田、村庄等有机演进

---

① 图片来自世界遗产委员会官网 (https://whc.unesco.org/en/documents/109551)。

历程。

2.精神价值

文化景观是人与自然关系的呈现，具有特定的精神价值。在中国传统文化中，自然是万物之源，文化与自然从未割裂。

在中国人的传统精神世界中，山水名胜与社会的"礼序"、宗教信仰的"神之世界"、文人山水的"人之世界"有机统一。《周礼》《仪礼》《礼记》明确记载了山水环境与人类社会制度相衔接的"转喻"（由外而内的转化过程），并赋予其社会意义。同时，我国也将社会结构、社会网络关系、身体结构投射至山水之中（由内而外的投射过程），并通过宗教及民间信仰为佛教道场、洞天福地和自然神祇赋予了山水象征意义的"隐喻"。民间信仰建构的山水神灵具有地方性，与地方族群的语言、服饰、婚俗等社会文化要素同构，反映地方文化的特征。而神圣类的文化景观对于当地社区和居民至关重要，深深嵌入其精神、文化传统和实践中。

同时，山水画作为中国传统绘画的代表，融山水名胜与文人情感为一体。与文学、绘画相映照，在"身不能至而心向往之"的心理下，古人将其对自然山水向往浓缩到日常生活空间中，体现其对自然自在的精神追求。

3.空间价值

空间价值是认知文化景观价值的重要因素，它将人与自然、物质与非物质融为一体。空间价值在世界遗产价值认知中由来已久，经由文化景观向更大尺度、面向自然的背景延伸和扩展。[①] 在文化景观的语境下，"空间"是人类有意设计和创造景观的背景，是人类同遗产周边环境及自然互动的场所和产物，见证了人与自然互动的演化过程，同时也是文化物证与自然因素的中介联结。例如，西湖"两堤三岛、三面云山一面城"的空间形态是地方官员有意设计的背景，是疏浚河道等人类活动同自然互动的产物，其空间的演变既是区域内人地关系、人与自然关系演化的映射，也是山水环境同文化物证的联结。

4.生态价值

文化景观通常能够反映可持续的土地利用技术，即人类为适应自然环境所进行的持续性工作，例如，安第斯山脉的农业系统（如土豆、玉米）、亚洲的梯田（水稻–鱼类–蔬菜）和撒哈拉沙漠的绿洲系统等。

---

① 刘祎绯 . 文化景观启发的三种价值维度 : 以世界遗产文化景观为例 [J]. 风景园林 ,2015(8):50-55.

　　传统的土地利用形式维系了世界多地的生物多样性。[①]以山西五台山为例，复杂的地形、多变的气候及多样的土壤等自然条件为五台山生物多样性的形成和发展奠定了良好基础（图 3.6）。按照《中国植被》的分类系统，五台山植被可分为 7 个植被型、47 个群系，种类有 300 ～ 400 种，其中草地面积达 6.43 平方公里。植被垂直带谱比较完整，是亚洲大陆东部具有代表性的山地植被生态景观区。良好的生态环境，使很多珍稀或濒危动植物物种在此栖息，如五台锦鸡儿、金莲花、复齿鼯鼠（药用动物）、麝、豹猫、金雕等。[②]

图 3.6　五台山[③]

① Unesco, W. H. C. Operational guidelines for the implementation of the World Heritage Convention[M]. Paris: Unesco, 1999.

② 凌伯雄. 五台山世界文化景观保护研究 [D]. 北京：中国地质大学 , 2013.

③ 图片来自世界遗产委员会官网 (whc.unesco.org/en/documents/126253)。

第二节 文化景观保护

文化景观本质上属于文化遗产，突出文化与自然互动、人类与环境相互影响、土地可持续利用、整体保护等理念。文化景观的保护对象不仅包括物质遗产，还包括社区居民、人文环境、自然环境、社区精神等非物质遗产。因此，在确保文化景观真实性的前提下，还应关注其动态性和延续性。

一、保护原则

1.真实性

真实性是文化遗产保护利用的基本原则。文化景观内涵丰富，包含多种遗产类型，应根据遗产类型确定真实性的评判标准。一是物质遗产的真实性，主要以物质要素的地理位置、外部形态、材料等为评判标准；二是遗产价值相关信息的真实性，主要包括遗产形成的历史背景、文脉、设计、功能及相关事件等；三是遗产自然环境的真实性；四是非物质遗产的真实性。

2.动态性

动态性原则是文化景观保护的核心原则。文化景观是人类适应自然及社会发展变化的结果，"自然"和"文化"要素都是持续变化的"活态"系统，因此需对文化景观进行动态性保护。动态保护不仅是把当地因历史、自然环境、生活生产所形成的景观展现在人们眼前，还要通过制定整体发展规划，将文化景观同生态保护、区域发展相结合，实现其保护过程、保护内容、保护结果的动态性。

3.延续性

延续性原则包括遗产地功能和使用方式的延续，当地居民与遗产地社区互动关系的延续，遗产地持续应对社会发展并不断在物质和非物质层面对遗产进行回应，以及当地居民对遗产地的持续保护等。延续性既包括功能与空间的延续，也包括传统关怀与社区参与的延续，它们共同保证了文化遗产价值的延续。

延续性既是文化景观的重要特质，也是其保护传承的重要原则之一。文化景观集中体现人类活动与自然持续互动演进的成果，这种互动在景观功能、社区互动等层面不断塑造景观价值，因而必须关注对文化景观遗产地功能、社区联系和文化表达的延续。

二、保护对象

文化景观的保护应从自然生态和文化见证的视角切入，既要正确认识生态系统在文化景观保护中的作用，又要考虑到文化景观在社会、文化中的动态演进性。[①]

1. 自然资源

自然资源主要包括气候气象、河流湖泊、地形地貌、动植物资源等，特殊的地理位置和地形形成了独特的自然景观。例如，庐山多雨雪云雾，形成了"春如梦、夏如滴、秋如醉、冬如玉"的特殊景观，云雾、云海、雪淞、旭日、蜃景构成了庐山四时美景（图3.7），而长年不断的河流奔流于巨石间，由于地表径流发育，形成了峡谷地貌景观。[②]

图 3.7　庐山夕照诺那塔和云雾（池晓虹　摄）[③]

---

① Plieninger T, Van der Horst D, Schleyer C, et al. Sustaining ecosystem services in cultural landscapes[J]. Ecology and Society, 2014, 19(2):59.

② 孙冬英. 庐山地质地貌景观多样性及其保护 [J]. 九江学院学报，2007(3): 96-98.

③ 图片来自国家文物局官网 (http://www.ncha.gov.cn/art/2021/7/23/art_2539_170125.html)。

2.物质文化遗产

物质文化遗产是人类与自然互动过程的见证。例如，2023 年被列入《世界遗产名录》的普洱景迈山古茶林文化景观拥有丰富的物质遗产，包括佛寺、神树、寨心、寨门、人造池塘、水源林、竜林等村落格局要素，数量众多的传统民居建筑，以及反映民族迁徙、交流融合、宗教传播、对外贸易等信息的重要历史遗迹（图 3.8）。

图 3.8　景迈山景迈村勐本寨 [①]

3.非物质文化遗产

文化景观的发展与变化是其"活态"属性的一部分，是"演进与变化过程"的体现。传统的生产生活方式是文化景观非物质要素的"活态"见证。例如，景迈山古茶林文化景观中，居民的生产生活方式、人与人以及人与自然和谐互动、以古茶林为核心的生态系统平衡都是非物质文化遗产的重要组成部分（图 3.9）。

[①]　北京清华同衡规划设计研究院有限公司 . 景迈山古茶林文化景观保护修复设计 [J]. 风景园林 ,2022,29(4):55.

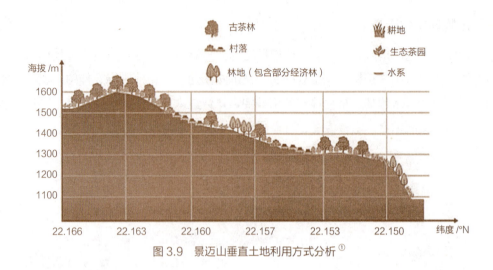

图 3.9 景迈山垂直土地利用方式分析[①]

三、保护方式

文化景观是特定空间内人与自然持续性互动的产物，是随时间、空间演变而形成的"自然生态—物质遗产—非物质遗产"综合体。因此，应从保护文化景观的真实性、动态性和延续性视角出发，采用整体保护和动态保护相结合的方式，保护文化景观的持续性变化与发展。

1.整体保护

文化景观面积广大、保护对象众多、遗产要素复杂，可通过"剥洋葱"的层次分析方法，明确整体保护的工作目标、保护对象的层次关系以及构成要素的组合关系，进而厘清保护中存在的问题，制定集"宏观—中观—微观"于一体的系统保护策略。

（1）宏观层面

整体保护的首要工作是解构景观的时空关联，分析自然要素（如河流、山脉、物种分布）和人工产品之间的相互关系，通过景观厘清人与自然互动的证据，建立自然环境（如地形地貌、气候环境、生物多样性）和人文环境（如乡土聚落、文化多样性）之间的关联，理解遗址空间分布的自然、生态、文化逻辑，搭建保护框架。

例如，对比明清皇家陵寝两次申遗文本，我们可以从宏观上理解并搭建文化景观的整体保护框架。第一次的申遗文本仅从十三陵建筑单体的艺术、科学和历史价值入手，阐释其历史贡献和文化内涵。第二次的申遗文本则立足于对其历史、科学、艺术价值的阐释，分析了陵园与环境之间的关系，从文化景观的视角探讨人与自然的融

---

① 北京清华同衡规划设计研究院有限公司.景迈山古茶林文化景观保护修复设计 [J].风景园林 ,2022,29(4):54.

合。一方面，宏大的建筑群落与自然环境完美结合，创造出周密严整又富于变化的帝陵体系，是人类文明的杰作；另一方面，帝陵与山谷结合、历史与自然融合，渗透着中华古代文明的深厚内涵。

（2）中观层面

中观层面主要关注文化遗产的系统梳理和整体保护，例如传统村落类文化景观的载体包括村落格局（如道路网络、民居建筑、宗祠宗庙、古井池塘、古树名木等）、村落周边的林地和田地、村落风俗节庆和传统习俗等，物质遗产与非物质遗产交融共生。因此，可借鉴社会学、人类学理论，理解在风俗文化、自然地理环境影响之下村落中各要素生成的空间逻辑和文化意义，并厘清物质要素同当地居民、社区精神信仰间的关联。

2014 年，意大利的朗格-罗埃洛和蒙费拉托的皮埃蒙特葡萄园文化景观[①]（Vineyard Landscape of Piedmont: Langhe-Roero and Monferrato）被列入《世界遗产名录》，此遗产地处以山地丘陵为主的高纬度地区（图 3.10）。管理方在对遗产地价值进行充分认知的基础上，构建了以遗产价值为基础的景观网络，积极维系人与自然的和谐互动关系，同时兼顾社区居民、个体经营户、旅游从业者和政府部门等各个利益相关方的需求，保证经济效益和景观质量的同步提升，以实现遗产的可持续发展。

图 3.10　朗格—罗埃洛和蒙费拉托的皮埃蒙特葡萄园文化景观[②]

---

① 该葡萄园坐落于皮埃蒙特南部，波河和利古里亚阿尔卑斯山脉之间，包括格林扎内 - 卡武尔城堡 (Grinzane Cavour Castle) 和 5 处风景秀丽的优质葡萄酒产区，列入《世界遗产名录》的区域还包括 29 个小镇或村庄。

② 图片来自世界遗产委员会官网 (http://whc.unesco.org/en/list/1390/gallery/)。

（3）微观层面

微观层面则强调对单个遗产构成要素的保护，每个要素都要制定具体的、可操作的保护措施和保养维护规定。传统保护方式是对环境的理解和尊重，是经过多年实践总结出的最具适用性和可操作性的环境资源利用方式，是社会需求同自然环境、人文传统相结合的产物。传统不等于静态、固化地保持某一种建筑形态，而应动态调整各种关系，以满足多方需求。例如，景迈山传统村落中保留着数百座传统民居建筑，建筑从内部的功能到整体的稳定性都无法满足居民生活的需要，亟需通过适应性改造提升民居的保护利用效果，提高居民的居住满意度，进而引导传统村落实现有序科学保护和可持续发展（图 3.11，图 3.12）。

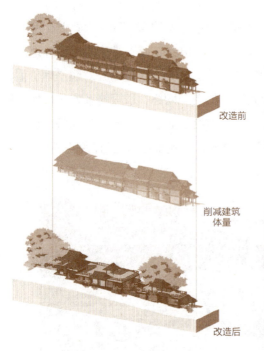

图 3.11　景迈山芒埂寨茶厂建筑改造设计 [①]

图 3.12　景迈山芒洪寨商住一体建筑改造设计 [②]

2. 活态保护

2003 年，国际文物保护与修复研究中心发起了"活态遗产地计划"（Living Heritage Sites Programme），指出活态遗产研究要重视与周围环境、社区和居民之间的内在联系，并在 2009 年提出"活态遗产保护方法"（Living Heritage Approach，LHA，

---

①②　北京清华同衡规划设计研究院有限公司. 景迈山古茶林文化景观保护修复设计 [J]. 风景园林 ,2022,29(4):58.

以下简称活态保护）。①

活态保护是将遗产视为文化形成过程、社区居民与空间的互动过程，是以核心社区和延续性为核心的保护理念。延续性体现在功能延续、社区或聚落的延续，如格局、房屋建筑样式等物质要素的延续，传统技艺、技法、传统的保护和管理方式等非物质要素的延续。同时，活态保护将利益相关者分为核心社区（core community）和外围社区（broader community）。核心社区在保护过程中占首要地位，外围社区和专家学者次之。

活态保护应先识别活态遗产和核心社区，建立与核心社区的合作，创建遗产管理框架（包括构建在时间中的延续方式，构建基于时间的传统管理机制和关于核心社区的维护实践等），而后邀请核心社区居民共同评价遗产价值和制订保护目标、行动计划等。②活态保护通过建立社区与遗产之间的联系，促进遗产保护的可持续发展。

（1）识别活态遗产和核心社区

活态保护的前提是确认遗产地的"活态性"，识别其核心社区和外围社区。根据遗产社区与遗产联系的紧密程度可分为核心社区、外围社区与专家学者三类。核心社区是生活在遗产空间中的文化群体，这一人群与遗产存在直接且持续的联系，对遗产价值具有特殊意义，在文化阐释中扮演重要角色，是遗产不可分割的组成部分。外围社区是指核心社区之外的其他利益相关者，他们与遗产存在间接性且非持续的联系，可能需要通过核心社区与遗产发生联系。

（2）建立和核心社区的合作

活态保护的首要目标是维持核心社区与遗产的联系。核心社区的居民参与不仅体现在对文化景观遗产价值内涵的阐释上，也体现在保护决策的制定及实施过程中，核心社区及居民享有较强的话语权甚至决定权。核心社区及居民拥有的传统知识与关系秩序，能从不同视角阐释文化景观的价值与意义③，掌握传统知识与经验对文化景观演变的影响④，把握影响演变的因素，探索建立适应性共同管理框架，以更好地保护遗产⑤。

① 徐苏斌，青木信夫，张松，等. 笔谈：变"锈"为"秀"，工业遗产保护和再利用新思路新发展 [J]. 中国文化遗产，2022(3): 4-18.

② Poulios I. Past in the Present: A Living Heritage Approach[M]. London: Ubiquity Press, 2014.

③ Ross A, Prangnell J, Coghill B. Archaeology, cultural landscapes, and Indigenous knowledge in Australian cultural heritage management legislation and practice[J]. Heritage Management, 2010, 3(1): 73-96.

④ Calvo-Iglesias M S, Crecente-Maseda R, Fra-Paleo U. Exploring farmer's knowledge as a source of information on past and present cultural landscapes: A case study from NW Spain[J]. Landscape and urban planning, 2006, 78(4): 334-343.

⑤ Cullen-Unsworth L C, Hill R, Butler J R A, et al. A research process for integrating Indigenous and scientific knowledge in cultural landscapes: Principles and determinants of success in the Wet Tropics World Heritage Area, Australia[J]. The Geographical Journal, 2012, 178(4): 351-365.

外围社区在遗产决策中的权重较低。遗产保护管理应考虑他们的权益，鼓励他们与遗产建立并维持联系。专家学者与遗产的联系也是间接的，更多的是起协调与促进作用，他们需借助核心社区对遗产进行保护，整体考虑不同社区与遗产的联系，尊重核心社区的文化选择，维护核心社区的利益。

文化遗产由人创造，只有建立广泛的利益相关者参与机制，尤其是社区参与，才能满足活态遗产保护要求，实现遗产地的永续利用。因此，应建立透明、平等的沟通机制，提高村民的主导意识和主人翁精神，引导其主动参与保护活动。

例如，菲律宾科迪勒拉水稻梯田在保护初期采用"自上而下"的保护策略，居民有关梯田维护的传统思想与智慧没有得到认可与采纳，管理者采用了一种不恰当的方式对梯田进行保护管理，导致遗产的突出普遍价值受到影响，被列入《濒危世界遗产名录》。2003 年，当地政府展开了以"本土智慧"为核心的合作保护项目，强调当地居民在保护和利用中的主体地位与作用。2005 年，联合国粮农组织将伊富高稻作梯田系统（即"科迪勒拉水稻梯田"）列为"全球重要农业文化遗产保护和适应性管理"试点项目之一，鼓励当地民众参与梯田的保护管理活动，并与其他利益相关方进行合作。当地政府与遗产管理部门不断引导居民参与保护，使传统知识在年轻群体中得到传承；举办系列培训活动，向当地居民展示科迪勒拉水稻梯田的遗产价值与重要意义，激发其主人翁意识与自豪感；吸纳居民对梯田传统农业秩序的理解，听取他们的意见；制定专项土地使用与保护规划，使这处遗产重新回到了《世界遗产名录》中。

（3）创建遗产管理框架

创建遗产管理框架要将保护和社区的可持续发展、现代科学保护机制融合，包括构建在时间上的延续方式，基于时间上的传统管理机制和关于核心社区的维护实践等。例如，近年来杭州市建立了杭州西湖风景名胜区管理委员会，实施西湖综合治理工程，对文物保护、自然水系、城市建设等进行综合调控；开展龙井村、满觉陇、虎跑等保护工作，促进了对核心社区的科学化管理；通过"还湖于民""免费开放"等空间拓展方式，深化了西湖文化景观同外围社区的联系，使文化景观得到延续性保护和展示。

（4）制定保护目标

核心社区作为管理的主力军，应积极参与到保护目标的制定过程中。在哈尼梯田文化景观的保护过程中，遗产地所在地的退休干部们发挥余热，进企业、进校园、进乡村、进社区宣讲《哈尼梯田保护管理条例》，并积极为哈尼梯田保护建言献策，提出"要严格规划经济林种植区域，大力发展灌木林和水源林，打通和修缮全县四千余条水沟渠，引入沟渠水、水库水滋润梯田，保持梯田源源不断的'生命灵气'"等诸多切实可行的宝贵意见。^①在这一过程中，当地政府部门科学引导村民参与目标和行动计划的制定，自发主动保护遗产。

（5）制定行动导则

为实现延续性保护和可持续发展，应提出具有可操作性和适用性的行动计划。例如，景迈山依据居民需求、传统村落风貌、建筑结构特征和文化基因，制定了《景迈山新建及改造民居导则》。该《导则》作为行为规范，指导村民新建或改建原有的建（构）筑物，如茶厂、茶棚可根据需要进行改造提升等，并给予村民的日常生产生活以合理的发展指导，有利于文化景观的科学保护和活化利用。

---

① 云南元阳县退休干部：百姓称赞的梯田"保护神"[EB/OL].(2023-07-19)[2024-09-10]. http://union.china.com.cn/txt/2023-07/19/content_42452065.html.

第三节　文化景观管理

文化景观是人与自然长期互动的产物，兼具真实性、动态性及延续性。传统的静态固化保护方式不能满足文化景观管理的要求，亟需依据整体和活态保护的要求，找到适合文化景观自我更新及可持续发展的管理模式。

一、指导原则

文化景观管理的指导原则是从"初期阶段—实施过程—适应性管理"的"操作"视角出发，进行行为规范与方向引导的管理活动，包括以下几个方面。

1."人与环境的相互作用"原则

文化景观体现人与环境的相互作用，呈现人与环境的紧密关系。在管理文化景观时，制定的管理措施必须突出人与环境、人与人之间的相互作用。

2.动态管理原则

遗产价值的认知判断与管理发展随社会演进而不断变化，文化景观各要素间存在着连续、动态的关系，需要灵活适应、有效地管理变化，维系文化景观的真实性和完整性。

3.纳入社会环境治理范畴原则

文化景观进入世界遗产体系，意味着人们更清楚地意识到景观在地域联系及生态系统保护中的作用。在对文化景观进行管理的过程中，管理范畴可能会超出遗产本身的物理边界，需要综合考虑社会文化环境，建立综合的管理体制，协调规划景观管理。

4.包容对话的原则

文化景观管理涉及众多利益相关者，应建立包容、透明、可信、可参与的公开对话体系，促进核心利益相关群体之间的对话和协商，实现协同管理。

5.可持续发展原则

文化景观的管理既要符合文化和生态要求，也要与经济发展相契合，满足社区生活质量改善、社区发展等需求，使文化景观的管理具有可持续性，有助于社会的可持续发展，进而反哺文化景观保护。

二、管理措施

1.确定管理目标

确定管理目标是科学管理的前提和基础，应从以下四个方面考虑。

（1）厘清文化景观价值

厘清遗产价值的过程是对构成要素及其影响因素的系统梳理过程。文化景观价值更关注时间价值，而影响因素则包括环境、历史、社会、文化和经济等多方面。梳理并认知遗产价值，可为管理措施的制定奠定坚实的基础，是实现有效保护的必要条件。

（2）确定可接受的变化程度

文化景观本质上是动态的，管理目标应考虑"变化"的边界，确定文化景观的类型以及影响文化遗产价值的相关因素，并对影响广度和深度进行评价。例如，核电站是否应纳入法国卢瓦尔河谷（Loire Valley）的文化景观遗产范围，曾引发了广泛争议。法国当局认为核电站与河流的使用有关，是一种渐进的使用方式，可视为过去使用痕迹的留存；且核电站具备象征性价值，在景观中占有重要位置，核电站所在位置也与一般城市扩张的情况不同，它不干扰文化景观的欣赏视线。但是国际古迹遗址理事会认为，核电站很大程度与河谷的自然与视觉环境不协调，世界自然保护联盟则认为将核电站列入遗产范围会对欧洲和其他地区的景观遗产保护构成严重挑战，最终卢瓦尔河谷的世界遗产构成未纳入核电站。

（3）制定管理目标

制定管理目标应立足文化景观价值信息的收集和概括，结合区域社会特点和景观构成特征，遵循文化景观的共同愿景（即核心利益相关者在特定时段内对文化景观的理想状况达成的共识）。

例如，哈德良长城（Hadrian's Wall）的管理目标（愿景）为：该世界遗产地普遍认可罗马帝国边境体系（Frontiers of the Roman Empire）的概念、设计和成就，墙体及其景观环境都得到适当的保护和维护；让所有人都能以可持续的方式了解和享受该遗产地及环境。该遗产地是当地特征和灵感的来源，也是可持续发展的典范；人们对如何创建、利用遗产地有了更多的了解，该遗产地现在被视作管理和利用决策的基本范式。从哈德良长城的管理目标（愿景）我们可以看到，保护只是愿景的基础，其核心是公众对于景观的认知与活化传承。

（4）动态调整管理目标

文化景观具有综合性和动态性，其管理目标需因时因势进行动态调整，以不断适应文化遗产的变化与延续。例如，在二战期间受到严重破坏、当地居民移居国外、土地被遗弃等因素，极大影响了传统耕作方式在意大利五渔村（Cinque Terre）的梯田景观的延续，梯田耕作系统受到严重破坏，遗产的核心价值受到严重威胁。为应对上述挑战，该遗产地采取了一系列措施修复景观文化，如重新规划组织梯田、提升建筑和住房质量、开辟新的梯田、建设步道和其他交通方式连接游客与梯田景观，以及开放废弃土地售卖等。这一系列管理措施的实施，有效遏制了威胁因素对遗产价值的破坏，促进了遗产的可持续发展。

2.协同管理

文化景观管理通常采取多元利益相关者协同管治的方式，以实现可持续管理。利益相关者间的需求迥异，需要通过采用代际义务、补充立法和建立区域规划委员会等进行协调，以确保在战略、规划、政策和行动等管理实施方面的充分有效沟通。

例如，瑞典拉普人（亦称萨米人，Saami）居住区位于北极圈以北，在被提名申报世界遗产之初，世界遗产委员会就建议瑞典政府继续与当地的拉普人合作，更新该地的管理规划。事实上，拉普人居住区的大部分土地为国有，并且相当一部分受非常严格的国家公园法律控制，这就意味着不同利益相关者在土地和水域的权利及责任方面会存在根本性分歧，这些分歧由所有权的争议上升至管理上的矛盾。针对这一问题，当地政府采取了一项新举措，由所有利益相关方派出代表成立了拉普人小组，并同包括国家环境局在内的所有部门达成了协议，针对世界遗产的管理问题进行沟通。该小组就法律框架、土地利用分区、道路、培训等议题定期开会讨论，帮助所有利益相关者更深入地了解遗产地不同人群的需求，以推动遗产地的科学保护。

3.适应性管理

适应性管理是对监测结果予以反馈，通过不断完善管理决策，使管理体系、组织和实施系统化的过程。

例如，葡萄牙的辛特拉文化景观于 1995 年被列入《世界遗产名录》。2000 年，世界遗产中心对其进行定期监测时发现，由于当地居民对遗产保护的消极态度和保护工作进展迟缓，辛特拉文化景观的宗教、文学和艺术价值等受到了影响，中心提出了应改善管理结构等建议。当地遗产管理机构针对监测结果优化完善了管理体系，如成立独立的文化景观咨询委员会、成立由当地居民组成的咨询协会、调整自然公园的核心保护区等措施，有效改善了居民对遗产保护的态度，推动了保护工作的开展，降低了不利因素对遗产价值的影响，成为适应性管理的典范。

三、国内的文化景观管理模式

我国的文化景观保护与管理是自然和文化管理部门共同参与的协同管理，即国家委托不同部门达成保护管理共识，实现协同管理。我国目前主要有风景名胜区管理模式、国家公园管理模式和国家文化公园管理模式等。

1.风景名胜区

风景名胜区是由中央或地方政府设立管理的自然与文化遗产保护区域，具有观赏、文化或者科学价值，自然景观、人文景观比较集中，环境优美，可供人们游览或者进行科学、文化活动的区域。

我国的大部分风景名胜区既有优美的自然生态环境，也有大量物质遗产与非物质文化遗产所形成的历史人文"名胜"。所以，我国的风景名胜区不仅是一个自然保护区，也属于文化景观的范畴。

我国风景名胜区的管理模式主要经历了两个阶段：一是计划经济时期的纯公益型管理模式，二是经济转轨时期的市场化管理模式。

（1）纯公益型管理模式

1949—1992年，风景名胜区被定义为公共物品，不以营利为目的，具有公益性。1985年6月，国务院印发《风景名胜区管理暂行条例》，明确由依法设立的人民政府或管理机构，全面负责风景名胜区的保护、利用、规划和建设。

该《条例》从法律角度明确了风景名胜区的公有属性，产权归国家所有，政府对其进行严格保护、科学管理，不得出让或者变相出让。同时，中央委托地方政府负责风景名胜区的具体管理工作，各级主管部门负责相关业务，即政府主导统筹、分块分部门管理。管理部门以行政单位或事业单位为主，对景区进行投资、管理、经营、收益和保护。风景名胜区进行规划、保护活动的费用，以及经营成本和职工待遇等全部由政府承担，景区免费或低收费向公众开放。

公益型管理模式对风景名胜区保护起到一定作用，因以公益为目的，往往也存在管理效率低下、资源活化较弱、设施建设滞后、资金投入短缺、管理手段单一、员工创新性不足等问题。

（2）市场化管理模式

随着市场经济的发展，市场化成为社会经济发展的大趋势。20世纪90年代，为突破风景名胜区的发展瓶颈，各级政府纷纷探索管理模式，以弥补发展动力不足的问题。根据发展主导方的属性，市场化管理模式可划分为以下三种。

① 政府主导型。在政府主导型管理模式下，风景名胜区一般实行非企业化管理，由政府委托或设立管理机构，机构拥有所有权、管理权、经营权、开发权、保护权。这种模式下，风景名胜区一般由事业单位作为管理主体，景区职工实施事业单位管理，景区通过出售门票获得经济收益，门票收入收归国家财政，办公运营经费和保护管理经费由财政统一拨付。在事业单位的管理体制下，由于门票收入与景区需求资金分离，参观人数不影响财政拨款的数额，"旱涝保收"，易导致资源管理利用效率低。

② 整体租赁型。20世纪90年代以来，风景名胜区所在地政府为缓解财政压力，从旅游业寻找商机，出让经营权，大力推动招商引资，曾引发景区经营权转让的浪潮。1997年，张家界黄龙洞和宝峰湖景区的经营权转让并获得成功，其后又出现了影响力较大的"碧峰峡模式"[①]。整体租赁型模式的主要特点是景区的所有权归属政府，经营权转让给景区运营企业，所有权和经营权形成分离。企业和政府签署协议，获取（获得）一定时期的景区经营权，在协议有效期内全权掌握景区的开发建设及经营管理。企业可根据市场需求及时调整经营策略，灵活运用资金对景区的基础设施、服务等各个环节进行提升改造，对员工的管理也更灵活。这些做法有利于提高管理效率，提升景区收益。

③ 上市公司经营型。上市公司经营型模式通常由政府或政府派出的景区管理机构与上市企业签署协议，将景区经营权交由企业，对风景名胜区内的经营事务进行垄断式管理。在此过程中，政府委托风景名胜区管委会等管理机构，代行其监督权、管理权和保护权；上市公司依照协议缴纳相关费用给风景名胜区管理机构。我国泰山、黄山等风景名胜区主要采用这一管理模式。

（3）管理模式案例

① 杭州西湖管理模式。杭州西湖风景名胜区是我国第一批国家重点风景名胜区，属于城市型风景名胜区，2002年起开始实行风景名胜区综合管理。

"西湖模式"的特点可以概括为"事业主导，公司补充"。杭州西湖风景名胜区的管理主体是杭州市政府的派出机构"杭州西湖风景名胜区管理委员会"，管委会为

---

① 碧峰峡模式指政府出资源、企业出资本，在保护生态的前提下，政府授权一家民营企业在相当长一段时期内对资源进行整体控制与开发的模式。

一级独立财政主体，对西湖风景名胜区旅游资源进行规划开发、保护、利用。在运营上，采取公司的灵活模式，能够高效、便捷地向银行和资本市场融资，例如可以将门票收益作为抵押，获得银行贷款，为景区内基础设施的建设和升级获取资金，增强运营盈利能力，减轻财政负担。管委会参股的混合所有制模式，对于景区的保护有积极意义，能够有效化解纯民营企业过度开发生态资源引发的"保护与发展"矛盾。"西湖模式"实行"一免四不"，即"免费开放，门票不涨价，不出让土地，不破坏文物，不侵占公共资源"。"西湖模式"管理的核心在于追求文化服务的公益性和非营利性，有效保障了文物保护的主导地位，同时严格限制开发建设，实现了科学高效的运营管理。

② 湖南黄龙洞管理模式。黄龙洞景区是湖南省知名景区，它位于张家界市武陵源风景名胜区内，是我国第一批 4A 级旅游景区，也是我国较早探索产权分离模式的景区之一。

黄龙洞管理模式的特点是经营权整体出让，景区所在地的张家界市政府将景区的经营权出让给企业，即黄龙洞投资股份有限公司。在景区的产权界定上，政府与企业在景区运营上实现了完全分离。在政企分离的模式下，景区产权结构清晰，政府和企业的职责得以厘清。与政府签订协议后，黄龙洞投资股份有限公司对景区实行垄断式经营，对景区基础设施进行完善、吸引景区投资资金、开展景区内旅游路线设计规划等，保证管理高效、运营规范，以达到风景名胜区内生态资源、文化资源、资金资源的相互协调、深度融合。

③ 安徽黄山管理模式。黄山景区因其独特的自然景观风格，在我国旅游资源中有着不可替代的位置。1987 年以前，黄山景区的开发、建设、经营、管理由安徽省政府直辖直管。其后，国务院批准设立黄山市，黄山景区开始探索事业单位管理、企业经营的模式，国资公司黄山旅游（发展）总公司（后改制为"黄山旅游集团有限公司"）受景区管理机构的委托负责景区运营，对黄山景区实行垄断性经营。1996 年，黄山旅游集团有限公司上市后，集目的地开发与运营、旅游地产、旅游交通、文旅投融资、生活服务、文旅融合等六要素于一体，呈现出"上市公司经营，四权相对分离"的特点。这种模式下，黄山景区的所有权、保护权属于黄山风景名胜区管委会，而经营权、开发权由管委会委托给黄山旅游集团行使，采取"一套班子"的管理体制。景区的管理权与经营权、开发权与保护权"四权"在理论上实现了相对分离，一定程度上有利于激活市场、推动创新，实现文化景观保护与区域社会发展的协同。

2. 国家公园

历经 60 余年的发展，我国已形成包括自然保护区、风景名胜区、森林公园、地质公园等十多类保护地在内的多层级、多类型的自然保护地体系。然而，我国自然保护地体系存在的一些体制机制问题，影响了我国生态保护成效。基于此，党的十八届三中全会提出建立国家公园体制。2015 年出台的《生态文明体制改革总体方案》也提出，改革各部门分头设置自然保护区、风景名胜区、文化自然遗产、地质公园、森林公园等的体制，对上述保护地进行功能重组，合理界定国家公园范围。

国家公园由国家批准设立并主导管理，边界清晰，以保护国家具有代表性的、大面积自然生态系统为主要目的，实现自然资源科学保护和合理利用的特定陆地或海洋区域。国家公园向公众开放，具有全民公益性，强调国家代表性。国家公园首先要实现自然生态系统原真性、完整性保护，同时兼具科研、教育、游憩等综合功能。

2015 年 1 月，国家发展和改革委员会等 13 个部门联合印发了《建立国家公园体制试点方案》。2017 年 9 月，在总结试点经验的基础上，中共中央办公厅、国务院办公厅印发了《建立国家公园体制总体方案》，初步完成了我国国家公园体制的顶层设计。[①]2021 年 10 月 12 日，习近平总书记宣布，中国正式设立三江源、大熊猫、东北虎豹、武夷山、海南热带雨林等第一批国家公园。[②]

3. 国家文化公园

我国是文化遗产大国，数量众多的文物古迹生动呈现了我国文化的独特创造、价值理念和鲜明特色。2017 年 1 月，中共中央办公厅、国务院办公厅印发的《关于实施中华优秀传统文化传承发展工程的意见》中首次提出"规划建设一批国家文化公园，成为中华文化重要标识"；2017 年 5 月，国家文化公园被列入《国家"十三五"时期文化发展改革规划纲要》；2019 年，以习近平同志为核心的党中央提出建设长城、大运河、长征国家文化公园[③]；2023 年，党的二十大报告提出，建好用好国家文化公园。

从定义来看，国家文化公园是国家批准设立的，为打造国家文化重要标识、坚定文化自信、增强国民文化认同，整合具有代表意义的文化遗产和文化资源，以保护、传承、利用、文化教育、公共服务、旅游观光、休闲娱乐、科学研究为主要功能，施行公园化管理运营，具有特定开放空间的公共文化载体。

国家文化公园是国家一级政府为保护和展现国家重要文化遗产，体现国家意志和人民需求[④]而建设的国家级公园，是我国的原创概念，是一种世界首创的建设模式，

① 王毅. 中国国家公园顶层制度设计的实践与创新 [J]. 生物多样性 ,2017,25(10):1037-1039.

② 习近平在《生物多样性公约》第十五次缔约方大会领导人峰会上的主旨讲话 [EB/OL].(2021-10-12)[2024-10-25]. https://www.gov.cn/xinwen/2021-10/12/content_5642048.htm.

③ 中共中央办公厅、国务院办公厅印发《长城、大运河、长征国家文化公园建设方案》[EB/OL].（2019-12-05）[2024-08-27]. http://www.gov.cn/xinwen/2019-12/05/content_5458839.htm.

④ 孙华. 国家文化公园初论——概念、类型、特征与建设 [J], 中国文化遗产 ,2021(5):4-14.

有别于国内外现行的国家公园管理模式和制度体系。国家文化公园不是国家公园的某种类型，在性质和功能上也与国家公园有很大的区别。相较于以自然保护为主、边界范围清晰的国家公园，国家文化公园是以特定文化价值为引领而形成的、涉及多个文化资源保护区（点）的综合性文化生态系统。①

四、国外的文化景观管理模式

1. 管理体制

从国外的保护实践来看，自然与文化往往是难以分割的，风景的形成与人类的活动存在不可分割的关系。西方发达国家多以国家公园作为文化景观管理模式，该模式以统一高效的管理保护，获得了全世界的普遍认可。由于自然条件、管理目标、制度安排、管理实施、土地所有权、资金使用等差异，目前已形成了美国荒野模式、欧洲模式、澳大利亚模式、英国模式等具有代表性的国家公园发展模式（表3.1）。各国的国家公园管理体制不尽相同，但总体上可大致归纳为中央直管、地方管理和中央地方共管模式等三类。

表3.1　世界具有代表性的国家公园发展模式②

国家公园发展模式	特征
美国荒野模式	IUCN 第Ⅱ类保护地 首要目标是保护和提供游憩机会 国有土地所有权 主要包括大片的原始荒野地 宏观的组织机构内的独立国家公园管理主体，如国家公园管理局
欧洲模式	IUCN 第Ⅱ类保护地 首要目标是保护 土地公有制和土地私有制并存 居住地景观和非居住地景观的混合
澳大利亚模式	IUCN 第Ⅱ类保护地 国家公园定义比 IUCN 更严格，其设定的目的主要是保护 各州政府对其辖区内的国家公园行使保护职责，并提供财政和人力支持 自然保护委员会是自然保护机关，对外代表国家签订相关协议，对内协调各州、地区之间的自然保护合作

① 钟晟. 文化共同体、文化认同与国家文化公园建设 [J]. 江汉论坛,2022(3):139-144.

② 肖练练,钟林生,周睿,等. 近 30 年来国外国家公园研究进展与启示 [J]. 地理科学进展,2017,36(2):244-255.

续表

国家公园发展模式	特征
英国模式	IUCN 第 V 类保护地 包括两个目标：保护自然景观以及提升游憩机会；国家公园还负有提升社会经济福利的职责；当目标之间发生冲突时，将依据桑福德原则进行调整 土地私有制 居住地景观为主 国家公园管理机构是法定的规划机构

2. 美国国家公园管理实践

美国国家公园是指面积较大的自然地区，自然资源丰富，有些也包括历史遗迹，禁止狩猎、采矿和其他资源耗费型活动。[①]美国国家公园体系兼容并蓄，包括国家湖滨、河流、海滨、荒野与风景河流、景观大道等自然景观，以及国家历史公园、战场公园、军事公园、纪念地等人文景观，共涵盖 20 个保护类型、423 处保护单位、150 个相关区域以及若干自然文化遗产保护项目。

在行政管理制度层面，实行国家公园管理局、地区级国家公园管理局、国家公园三级管理体制（图 3.13）。美国内政部国家公园管理局（National Park Service，NPS）成立于 1916 年，负责对全美国家公园系统实施垂直管理。国家公园管理局下设地区级公园管理局（区域办公室），地区级公园管理局向上对国家公园管理局负责，向下管理属地内的各国家公园管理机构。地方政府与公园管理局不具有隶属关系，也不参与国家公园的管理。国家公园园长作为垂直管理制度的第三级，直接对地区级公园管理局负责。园长直接负责公园的整体管理工作，包括设施建设、资源的开发与保护、日常经营以及文化科研活动的开展等管理事务。美国国家公园这种自上而下的三级垂直管理制度可以避免产权不明、多头管理等弊端，不但分工明确、简洁高效，而且为国家公园的可持续发展提供了保障。

---

① 杨锐. 美国国家公园体系的发展历程及其经验教训 [J]. 中国园林 ,2001(1):62-64.

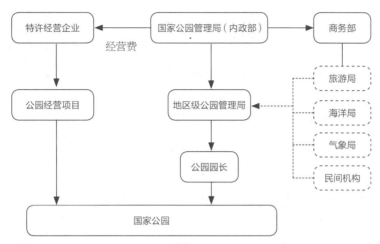

图 3.13 美国国家公园管理模式关系[1]

在经营管理制度层面，美国国家公园存在四种经营管理模式：国家公园管理局直接提供的服务、特许经营（concession）、商业使用授权（commercial use authority）和租赁（leasing）。四种类型开始时间不同、适用范围不同、管理级别不同，其中特许经营是美国国家公园系统运营的主要形式。

美国国家公园特许经营服务类型有 26 种，同一特许经营可以包括多种服务类型。如 2018 年的 450 份特许经营合同共涉及 1005 项特许经营服务，每个合同平均涉及2.23 项服务（表 3.2）。[2]

表3.2　2018年美国国家公园特许经营服务类型统计表

序号	特许经营服务类型		涉及特许经营合同数量	占所有服务的比例	涉及合同数量占合同总数的比例
1	Guide Service and Outfitters	导游服务和旅游产品	188	18.71%	41.78%
2	Retail Operations	零售经营	149	14.83%	33.11%
3	Transportation	交通运输	113	11.24%	25.11%
4	Food Service Operations	食品服务经营	103	10.25%	22.89%
5	Rentals	租赁	87	8.66%	19.33%
6	Horse and Mule Operations	骡马经营	67	6.67%	14.89%
7	Lodging	住宿	55	5.47%	12.22%

① 刘亚洲 . Y 风景名胜区管理模式优化研究 [D]. 西安：长安大学 ,2020:20.

② 赵智聪 , 王沛 , 许婵 . 美国国家公园系统特许经营管理及其启示 [J]. 环境保护 ,2020,48(8):70-75.

续表

序号	特许经营服务类型		涉及特许经营合同数量	占所有服务的比例	涉及合同数量占合同总数的比例
8	Water Guides	水上项目向导	48	4.78%	10.67%
9	Scenic and Sightseeing Tours(all)	观光旅行	37	3.68%	8.22%
10	Auto, Gas, and Service Stations	汽车、汽油和服务站	25	2.49%	5.56%
11	Campgrounds	宿营地	25	2.49%	5.56%
12	Marinas	游艇	21	2.09%	4.67%
13	Vending Machines	自动售货机	20	1.99%	4.44%
14	Water Transportations	水上运输	13	1.29%	2.89%
15	Winter Sports Operations	冬季运动经营	13	1.29%	2.89%
16	Shower and Laundry	洗浴和洗衣	11	1.09%	2.44%
17	Trailer Village Services	拖车小屋旅行服务	7	0.70%	1.56%
18	Cruise Lines	邮轮巡航	6	0.60%	1.33%
19	Photographic Materials	摄影材料	6	0.60%	1.33%
20	Golf Courses	高尔夫课程	2	0.20%	0.44%
21	Kennel Service	狗舍服务	2	0.20%	0.44%
22	Medical Clinics	医疗服务	2	0.20%	0.44%
23	Parking Lot Services	停车场服务	2	0.20%	0.44%
24	Bath Houses	浴室	1	0.10%	0.22%
25	Swimming Pools	泳池	1	0.10%	0.22%
26	Wi-Fi Services	无线网服务	1	0.10%	0.22%
总计			1005	100.00%	223.33%

特许经营活动的开展不仅为国家公园提供了优质的访客服务，也给国家公园带来了直接的经济收益。2018 年，国家公园管理局获得特许经营费约 1.2 亿美元，其中约 60% 的收入由占比 40% 的大型特许经营商提供。收取的特许经营费用主要用于保证特许经营管理的相关开支，同时为国家公园资源管理活动提供支持。不同特许经营合同

所收取的特许经营费不同，平均为总合同额的 7.9%，即特许经营商经营该项目总收入的 7.9%用于支付特许经营费，而非其利润额的一定比例。①

　　美国国家公园管理制度中严格区分管理权和经营权，公园内的所有经营服务项目都必须按照特许经营的规定，通过招标的形式委托给企业经营，国家公园对其项目内容、价格、财务、服务水平实施行政管理。这一方式规范了国家公园内未由政府直接提供的服务和经营行为，明确将遗产资源经营权限定在与遗产核心资源无关的后勤服务及旅游纪念品的范围内，同时经营者在经营规模、经营质量、价格水平等方面必须接受管理者的监管。

① 赵智聪，王沛，许婵 . 美国国家公园系统特许经营管理及其启示 [J]. 环境保护 ,2020,48(8):70-75.

CULTURAL ROUTES

CULTURAL HERITAGE THEORY AND PRACTICE

第四章

文化线路

文 化 遗 产 理 论 与 实 践

文化线路是人类文明交流互鉴的有力物证，具有多元化、多层次的遗产价值，以及动态性、时空连贯性、文化意义整体性、跨区域交流性和功能多样性等特征。通常来说，整体价值大于各部分价值之和。

　　文化线路作为一种新型文化遗产，其保护得到了国际社会越来越广泛的关注，成为促进多元文化交流、增强人类社会的凝聚力和认同感、维系人与环境依存关系的重要方式与途径。保护好、传承好、发展好文化线路，对于维护文化多样性、展现文化延续性、增强人类交流合作、促进经济社会发展都有着重要的理论价值与现实意义。

第一节　概念及发展

文化线路是文明交流互鉴的有力物证。作为新型文化遗产，文化线路概念的形成与发展引起了国际社会的广泛关注。随着多条文化线路被列入《世界遗产名录》，文化线路的概念逐步清晰，理论思考与实践探索日益成熟，保护和管理框架日趋完善。

一、概念形成

第二次世界大战之后，欧洲各国一边忙于城市重建，一边尝试修复彼此间的伙伴关系，以形成统一身份认同。在此期间，欧洲在经济上以共同体的形式加强了彼此的联系，如建立欧洲煤钢共同体、欧洲经济共同体等。另外，还通过文化认同以建立和维护欧洲共同的价值观。基于此，欧洲委员会（Council of Europe）于1960年提出通过旅游项目发掘遗产价值，以促进文化互动、宗教对话、景观保护和文化合作。

1. 早期探索

1987年，欧洲委员会发布"文化线路"计划，旨在通过开发和推广历史线路，帮助民众更好地了解欧洲的历史和记忆，增强欧洲共同体的凝聚力。同年，西班牙圣地亚哥-德孔波斯特拉朝圣线路（Routes of Santiago de Compostela，圣地亚哥朝圣之路）被列入首批欧洲文化线路，标志着推动遗产保护、文化交流和地区文化认同的大型文化项目正式开启。1998年，欧洲文化线路委员会（The European Institute of Cultural Routes，EICR）在卢森堡成立，该委员会协助欧洲委员会认定文化线路遗产。

除欧洲外，美国也积极探索以线路形式保护遗产的方法。1984年，美国国会批准设立了伊利诺伊和密歇根运河（The Illinois and Michigan Canal）国家遗产廊道，开启了美国国家公园体系中大型线路遗产的保护工作。遗产廊道（heritage corridors）是美国国家遗产区域（national heritage area）体系的一部分。遗产廊道主题多样，它们不仅仅是不同的文化线路，还是各种文化线路整体保护的方法。政府期望通过保护利用带动经济复苏和旅游业的发展。

2.深化概念

1993 年，圣地亚哥朝圣之路（西班牙段）申遗工作深化了学界对线路遗产的研究，形成了文化线路概念的雏形，为文化线路的认定提供了标准，为大跨度文化遗产的保护管理提供了有效方法。联合国教科文组织提出，文化景观不应该排斥那些对文化起重要作用的交通网络的"线性区域"①，认为文化线路应该属于文化景观的范畴，同年，圣地亚哥朝圣之路（西班牙段）被列入《世界遗产名录》。

1994 年，国际古迹遗址理事会在西班牙马德里（Madrid）召开了"线路——作为我们文化遗产的一部分"（Routes as Part of Our Cultural Heritage）学术研讨会，会议形成了《马德里专家报告》。该《报告》指出文化线路是一种"动态的文化景观"，它建立在动态的迁移和交流基础上，在时间和空间上都具有连续性。在认定标准层面，专家们确定了空间特征（长度和空间上的多样性）、时间特征（使用上达到一定时间）、文化特征（包含跨文化因素或产生跨文化影响）和功能（文化宗教信仰或贸易等）等标准。

1998 年，国际古迹遗址理事会在西班牙特内里弗（Tenerife）举行了文化线路国际学术研讨会，成立了国际古迹遗址理事会文化线路国际科学委员会（International Scientific Committee on Cultural Routes，CIIC）。该会议强调了文化线路中非物质要素的重要性，"强调文化线路构成应包含物质和非物质要素，非物质文化要素是物质的意义和价值最本质的部分"。同年，圣地亚哥朝圣之路（法国段）被列入《世界遗产名录》。此时，文化线路已不再是文化景观的特殊类型，学界认为文化线路是文化遗产中的一个独立类型。

1999 年 5 月，在西班牙伊维萨（Ibiza，亦作 Iviza）召开的关于"文化线路的方法论、定义和操作层面"的研讨会指出，非物质要素（无形遗产）是赋予文化线路整体意义的关键，同时，"必须有能够代表遗产及其物质存在的物质要素，物质要素为组成的线路整体增添了意义"。会议还指出，文化线路是和平对话或冲突的结果，为不同国家建立新的文化和经济动态合作提供了可能。

2001 年，国际古迹遗址理事会文化线路国际科学委员会在西班牙纳瓦拉（Navara）召开会议，明确了文化线路的空间形态，认为"文化线路必须是一条在两点之间进行旅行的真实线路（即具有物质要素和具体形态），它是在长时间的使用中形成的。线路的动态性和功能推进了文化的繁荣，并明确产生了可作为印证的遗产，

---

① 景峰.丝绸之路跨国申遗：世界遗产理论与实践的创新 [J].新丝路学刊,2021(3):1-11.

既有物质的也有非物质的，共同作为沿线和线路在使用时间段内有过交流与往来的证据。这些线路可以是陆地、海洋、河流、湖泊、混合或其他类型的"。

2003 年，国际古迹遗址理事会在西班牙马德里召开会议，形成关于文化线路定义讨论稿，"文化线路是陆路、水道或者混合类型的通道，其形态特征的确定和形成，是基于自身和历史的动态发展和功能演变的；代表人们的迁徙和流动，代表一定时间内国家、地区内部或国家、地区之间人们的交往，代表多维度的商品、思想、知识和价值的互惠与交流，代表了因此产生的文化在时间和空间上的交流与滋养，并通过物质和非物质要素得到体现"。

此外，随着法国米迪运河（Canal du Midi，1996）、奥地利赛梅林铁路（Semmering Railway，1998）、印度大吉岭喜马拉雅铁路（Darjeeling Himalayan Railway，1999）、阿曼苏丹国乳香之路（Land of Frankincense，2000）等被列入《世界遗产名录》，文化线路类型逐渐多元化。

3. 概念确定

2005 年，第 15 版《实施〈世界遗产公约〉操作指南》对线路遗产的定义、提名条件等进行了规定，将线路遗产（heritage routes）正式列为四种特殊遗产之一，这对文化线路的发展具有里程碑意义。2008 年，国际古迹遗址理事会在魁北克会议上正式通过了《文化线路宪章》（The ICOMOS Charter on Cultural Routes）。该《宪章》对文化线路概念、认定和保护管理等内容进行了诠释，成为文化线路申报、保护和管理的指导性文件。2010 年，欧洲委员会通过了《文化线路扩大部分协议》（Enlarged Partial Agreement on Cultural Routes），对"欧洲文化线路"概念做出了新阐释。

2008—2010 年，中国开始了文化线路的研究。该阶段我国对文化线路的研究多从实践层面入手，以解决申遗或保护过程中存在的问题，倾向于从文化线路的时空性、自然与社会特征、景观多样性、跨文化特征、多元文化价值等方面进行讨论。

2011 年至今，随着文化线路研究工作的不断深入，以及我国经济持续发展，我国遗产界将目光投向了大跨度、长距离、容纳多个遗产单体的线性遗产，这是在文化领域中寻求民族身份认同和地方文化认同的集中表现。近年来，随着丝绸之路和中国大运河成功列入《世界遗产名录》，茶马古道、海上丝路等线路遗产也相继成为"申遗热门"和研究热点，各地学者深入挖掘地方文化，又将滇越铁路、唐蕃古道、藏彝走廊等一大批线路遗产推到了学术研究的前沿，使文化线路研究对象迅速扩展。

二、概念界定

文化线路（cultural routes）可以看作由人类迁徙和交流活动而产生的历史现象。欧洲文化线路委员会、国际古迹遗址理事会和世界遗产委员会对文化线路的理论构建起到了重要推动作用。

1.文化线路的概念

文化线路研究始于欧洲，欧洲文化线路委员会成立后，负责欧洲文化线路的保护理念、原则、方法和传播等方面的研究，以及项目的认定和数据库的构建等工作，同时为线路项目申报世界遗产提供技术支持。随着文化线路概念的不断发展，逐步从欧洲的区域性概念转变为具有全球价值的世界性概念。国际古迹遗址理事会文化线路国际科学委员会负责组织、开展理论研讨，对文化线路的定义、特征、保护理念等进行界定，于 2008 年公布了《文化线路宪章》。同时，世界遗产委员会在实践中意识到文化线路类遗产的特殊性与重要性，在开展了系列研究后，最终将文化线路列入世界文化遗产特殊类型。

三个国际机构从不同角度对文化线路的概念进行了界定。欧洲文化线路委员会认为，文化线路是文化性、教育性遗产，旨在建立一条或数条基于特定历史路径、文化概念、人物或现象的旅行线路，促进理解和尊重超越国界的普适价值。[1]世界遗产委员会认为，文化线路是基于动态性特征和思想的交流，在时间和空间上具有一定的连续性，是一个整体性概念，其整体价值远远大于线路所有遗产要素之和，具有重要文化意义。国际古迹遗址理事会认为，文化线路是任何交通线路，或陆上，或水上，或其他类型，有清晰的物理界线、自身特殊的动态机制和历史功能，服务于一个特定的、明确界定的目的，且必须满足以下条件：①必须来自并反映人类的互动，有跨越较长历史时期的民族、国家、地区或大陆间的多维、持续、互惠的货物、思想、知识和价值观的交流；②必须在时空上促进跨文化的交流互惠，并反映在物质和非物质遗产中；③必须将与其存在相关的历史关系和文化属性纳入同一动态系统。[2]

国际机构三种定义的差异主要体现在：一是研究出发点不同，欧洲文化线路委员

---

[1] Council of Europe. Statute of the Enlarged Partial Agreement on Cultural Routes[EB/OL]. (2014-10-21)[2024-09-03]. https://www.coe.int/en/web/culture-and-heritage/cultural-routes.

[2] 原文："Any route of communication, be it land, water, or some other type, which is physically delimited and is also characterized by having its own specific dynamic and historic functionality, which must fulfill the following conditions: It must arise from and reflect interactive movements of people as well as multidimensional, continuous, and reciprocal exchanges of goods, ideas, knowledge and values between peoples, countries, regions or continents over significant periods of time. It must have thereby promoted across fertilization of the affected cultures in space and time, as reflected both in their tangible and intangible heritage. It must have integrated into a dynamic system the historic relations and cultural properties associated with its existence."

会以文化线路的当代社会属性为出发点，国际古迹遗址理事会和世界遗产委员会则以文化线路自身的遗产属性为出发点；二是研究的宗旨不同，欧洲文化线路委员会的定义反映了在欧盟地缘文化影响下的跨国文化遗产保护的理念特色，其核心是要构建统一的身份认同、文化认同，而国际古迹遗址理事会和世界遗产委员会对文化线路的定义则反映了世界遗产保护体系在此领域的探索和对全球相关领域的规范引领作用。[1]目前国际社会普遍使用国际古迹遗址理事会对文化线路的定义。

2.文化线路的特征

《文化线路宪章》认为文化线路遗产应具有以下特征。

①具有时间的延续性，即在某段时间内有持续的人类迁徙活动。

②空间维度包括两个层次：一是有明确的物理界线，二是线路的长度和空间分布是动态的，并非一成不变的，线路的走向、长短会受到自然和人文因素的影响。

③文化特征上具有融合性和多样性。文化线路最初都是在特定历史时间和空间范围内，因某种目的迁徙和交往而产生的路线。它的形成与自然和社会环境密切相关，自然环境条件决定线路走向、影响线路发展，呈现地域风格与特色。而文化、政治、社会环境对文化、思想和价值观的传播产生影响，形成具有自身特征的文化要素和物质遗存，反映了文化交融。文化线路是物质遗产与非物质遗产的"熔炉"[2]，是多维度的遗产综合体。

④功能和目的的动态性。文化线路的功能和目的随着人类迁徙活动而不断发生变化，具有动态性特征。一条文化线路可能同时具有多种功能，例如丝绸之路，它传播的商品不仅仅是丝绸，还包括瓜果、香料、装饰品、茶叶等，它不仅是商贸之路，也是文化交流之路、政治外交之路。

文化线路是不同人群在一定空间（线性或非线性）上产生的、具有目的性的流动交往行为[3]，反映出不同文化群体间长时期的文化互动和物资互换，呈现出具有交流性、关联性和连续性的人类文化交互的进程。与静态的文化要素不同，文化线路一直处于发展和演变过程中，在其存续期间，时空连续性转化为历史文脉，促进相关文化要素的生长。

⑤超越物质形式的非物质属性。文化线路是集自然遗产与文化遗产、物质遗产与非物质文化遗产于一体的综合遗产项目。考察以宗教、民俗、手工艺、民间文化为代

---

[1] 郭璇，杨浩祥.文化线路的概念比较——UNESCO WHC、ICOMOS、EICR 相关理念的不同 [J]. 西部人居环境学刊 ,2015,30(2):44-48.

[2] 姚雅欣，李小青."文化线路"的多维度内涵 [J]. 文物世界 ,2006(1):9-11.

[3] 丁援 . 文化线路 : 有形与无形之间 [M]. 南京 : 东南大学出版社 , 2011:104.

表的非物质文化遗产，可以还原迁徙活动和文化的交融。因此，文化线路的非物质内涵更容易揭示线路遗产的文化交流属性。

三、相关概念辨析

1. 线形遗产

线形遗产（linear heritage）是指呈现线条形态的文化遗产，是从视觉形态或空间形态界定的。[①]线形遗产可分为连续线形遗产和非连续性线形遗产，人工建造的交通线路、灌溉渠道则为连续线形遗产，例如大运河、北京中轴线等。有些遗产可同时具有连续和不连续的段落，例如长城，部分点段是连续的，部分点段则是通过山形地势将烽火台、烽燧连接起来，烽火台和烽燧之间并没有其他人工遗迹，可视作不连续点段。

2. 线性遗产

线性遗产（sequential heritage）是一个笼统的概念，它一般指跨越不同地理单元和文化板块的线状或带状遗产族群[②]，或由人工营造的线状遗迹串联起来，或沿自然形成的线形边界排列。线性遗产的形式、内容宽泛，既包括环山铁路系统、水路工程，也包括文化道路、自然景观廊道、短距离线型城市空间和网络状巨型廊道遗产等。线性遗产不是一个世界遗产或国际组织通用的遗产类型概念，但在我国使用较多。

线性遗产包括4种类型：①单纯的线状遗迹，如一条古道、一条运河等；②被线状遗迹串联且包括线状遗迹的一连串点状遗迹，如一条古道及其沿线的城镇、乡村、客栈、寺庙等；③被自然的河流串联或受自然边界限制而呈线状排列的点状遗产集合体，如大江大河沿线的历史城镇，沿山麓山谷、湖岸海岸等分布的城镇和村落等；④被无固定形态的路线和航线串联的城镇、村落、寺庙等遗产，如沙漠路线及绿洲、海上航路及港口城镇等。[③]

3. 遗产廊道

遗产廊道是美国绿道运动、风景道建设和区域遗产保护理念共同发展与相互作用的产物。学者弗林克（Flink）、索恩斯（Searns）认为，遗产廊道是集合特殊文化资源的线性景观，通常有明显的经济中心、蓬勃发展的旅游业，具有推进老建筑的适应性再利用、娱乐及改善环境等功能。[④]

---

①③　孙华. 论线性遗产的不同类型 [J]. 遗产与保护研究 ,2016 (1):48-54.

②　　王吉美 , 李飞 . 国内外线性遗产文献综述 [J]. 东南文化 ,2016(1):31-38.

④　　Flink A C, Searns M R. Greenways[M]. Washington: Island Press, 1993.

　　遗产廊道和文化线路的共同点在于，保护宗旨都强调遗产对区域合作和振兴地方经济的作用。二者的区别在于，首先，遗产廊道是区域概念，强调对划定区域内各要素的整合，各要素之间不一定有逻辑关系和内在联系，仅是空间上分布于该区域内；而文化线路则强调遗产要素对遗产价值的特定贡献，遗产之间具有内在有机联系。其次，文化线路概念起源于欧洲，注重对文化和身份的认同。遗产廊道概念起源于美国，重视廊道景观的构建和区域社会的复兴，侧重于景观和游憩功能的构建，更强调游客欣赏和愉悦的旅途体验，历史文化保护居于次要位置。

第二节 价值和类型

文化线路的遗产价值具有多元化、多层次特点。从整体价值特征上看，文化线路的遗产价值既有线路承载和体现的突出文化价值，也有因线路自身及所穿越地区的地理要素而产生的自然价值；从遗产要素层面上看，既包含历史、艺术和科学价值等本体价值，也包含因与线路发生关联而产生的整体价值、功能价值和旅游价值等衍生价值。值得注意的是，文化线路的特殊文化意义使其整体价值大于各部分价值之和。换言之，单个遗产要素独立评估的价值未必十分突出和典型，但如果以人类迁徙和文化交流为线索，对线路整体构成的角色和性质进行分析，就会发现其独一无二的价值和意义。

一、文化线路价值

1. 整体价值

文化线路作为跨文化的遗产类型，其整体价值应从两方面考量。

首先，从遗产认知的角度出发，由于文化线路具有动态特征，强调民族、地域及文化间的相互影响和交流融合，所以不能孤立地分析各组成要素的价值，也不能简单地将各个要素价值之和相加，而应从线路形成与发展的历程入手探讨线路的价值。文化线路构成要素拥有丰富的内涵且相互依托，因此应把物质、非物质和自然元素联合起来进行整体理解，从而丰富文化线路遗产的内涵。

例如，被列入世界遗产的日本纪伊山脉圣地和朝圣路线（Sacred Sites and Pilgrimage Routes in the Kii Mountain Range），朝圣路线是其价值核心和物化轴线，纪伊山脉的茂密森林资源、9世纪的大量神社、寺院遗址、3处由古道及其沿线的神社和重要城市等是其主要内容，它们共同构成文化线路遗产体系并形成整体价值

（图 4.1）。茂密的森林为纪伊山朝圣之路的景色增加了多样性，为僧侣和信徒的徒步前行增加了困难和不确定性；大量的寺院和神社见证了线路上宗教寺院的演变历程，也见证了朝圣之路的形成、发展与衰落，展现了不同人群之间的物质和思想交流。

图 4.1　纪伊山脉圣地和朝圣路线 ①

　　其次，文化线路的整体价值具有全球意义和现实意义。文化线路多由跨文化、跨区域的道路构成，贯通世界的不同地域，如丝绸之路路网覆盖了全球四分之一的面积。人们的迁徙不仅在人类学意义上对世界各民族产生了影响，还在思想、知识、文化、艺术和宗教等方面产生了互动，从而形成了跨区域的文化交流、传播与互鉴。丝绸之路的商队也传播了不同地域的文化，从而促成了文化的碰撞融合，这种跨区域的文化传播，突破了国家的地域边界，跨越了政治隔阂，形成了具有普适意义的观念、思想和方法，推动了世界历史和文化的进程。

2.功能价值

　　文化线路多因某些特定用途而形成，或是交通运输，或是朝圣拜谒，但随着后期的不断使用，会有不同的功能附加于线路之上，功能叠加让线路价值更加多元化，也赋予了其文化多样性。

---

① 图片来自联合国教科文组织世界遗产中心官网 (https://whc.unesco.org/en/documents/115269)。

例如，丝绸之路表面上看是因丝绸运输和买卖而形成的道路，贸易是其主要功能，但丝绸之路还兼具政治功能，张骞"凿空西域"之后我国各朝对丝路区域的管治就是政治功能的体现。此外，丝绸之路还是文化交流、宗教传播及技术传播之路等，多元复合功能使得丝绸之路沿线产生了不同类型的文化遗产，也使丝路价值更多元化。

3.旅游价值

文化线路有别于其他遗产形态，它将不同类型的遗产通过价值要素串联，实现自然景观与人文景观、物质遗产与非物质遗产、文化遗产与区域特色的融合，助推遗产资源从单一性转化为复合性，从而提升遗产的吸引力和旅游价值，充分发挥其整体价值。

例如，南方丝绸之路贯穿川、滇、黔三省，沿途分布着青城山—都江堰、峨眉山—乐山大佛、九寨沟、三江并流、中国南方喀斯特地貌等世界遗产，游客在游览过程中可以体验不同类型遗产带来的冲击。作为南方丝绸之路最为重要的组成部分——三峡遗产廊道，经过重庆市区、涪陵、万州和湖北宜昌等区域，两岸奇峰峭壁陡立，沿线包含瞿塘峡、夔门、白鹤梁题刻、大昌古镇等众多自然和文化遗产，穿越深山、峡谷、丘陵、平地等地形多样的景观区域，串联众多具有生物多样性的景观地带，汇集了丰富的旅游资源。同时，三峡遗产廊道沿线苗族、土家族等少数民族聚集区的非物质文化遗产，也给游客带来多种文化体验和视觉享受。

二、文化线路类型

按照不同的标准，文化线路遗产可分为不同的类型。

《文化线路宪章》中，根据不同标准，可将线路划分为不同类型：①根据地域规模，分为地方性、全国性、地区性、洲际和国际性线路。②根据文化范围，分为在特定的文化区域内或拓展到不同地理区域的线路，其文化价值的形成和发展都受到相互影响。③根据目标和功能，分为社会、经济、政治或文化功能的线路，这些特性可以在一个多维背景中共存。④根据延续时间，分为已不再使用的与在社会、经济、政治和文化交流影响下仍在发展的线路。⑤根据它们的结构特点，分为直线的、环形的、十字形的、放射状的或网状的线路。⑥根据它们的自然环境，分为陆地、水上、混合或其他物理环境。

有学者根据文化线路的产生背景，将其划分为事件驱动型和文明驱动型两类。前者包括人类迁徙、货物贸易、宗教传播等主题，后者则指在不同尺度空间范围内的文化、文明区间以多元交流需求作为动力而开辟的交通线路。[①]

　　同时，还有学者依据文化线路的空间形态，将其划分为线状、环状、放射状和网状四种类型。单一线状的文化线路最为普遍，以小型文化线路居多，如阿曼苏丹国乳香之路；环状线路的出发点和目的地相同，但途经的路线有所不同，如丝绸之路（中国段），由南线、北线和中线，形成环状线路；一个出发点、多个目的地或多个出发点一个目的地，则为放射状，如圣地亚哥朝圣之路，线路的标志就是以贝壳为底，画出了放射状的线路（图4.2）；多个出发点和多个目的地的相互往来形成网状线路，如我国江南运河区域的密集的运河河道使其呈现出典型的网络空间结构。

图 4.2　圣地亚哥朝圣之路 logo[②]

　　除此之外，还可根据功能将其分为交通线路、贸易线路和宗教线路三个类型。

1.交通线路

　　交通是文化线路的基本功能，但并非所有交通路线都能够成为文化线路，只有运输特定的商品货物，进行特定的政治、宗教、文化等活动，并赋予交通线路特定的功能，才能成为文化线路遗产。

　　具有特定的用途，既是交通线路主导功能的体现，也是迁徙与交流的原动力，是一条文化线路区别于其他交通线路的特征。交通线路的特定用途，可能是有计划的、由政府或权威人士推动实施，如大运河的漕运、印加帝国与罗马帝国的皇家线路等，也可能是长期自发演进的，如茶马古道、朝圣之路等。

　　意大利的阿匹亚古道（Via Appia）是古代罗马人修建的第一条军事道路，从罗马通到东南部港口布林迪西（Brindisi），总长364罗马里（约569公里），公元前312年开始修建，连接罗马和罗马早期征服的一些地区（图4.3、图4.4）。阿匹亚古道用石头铺就，坚固牢实，道路宽度划一，路线基本平直，上下坡度低缓，在高差极大的地方多架设桥梁，配套设施齐全。这条道路最初用于军事，后来用于商贸，这条道路

① 徐桐, 向岚麟. 文化线路建构的事件驱动与文明驱动 [J]. 南京社会科学 ,2020(9):148-157.

② 图片来自西班牙国家旅游局官网 (https://www.spain.info/en/discover-spain/cycling-camino-santiago/)。

的开通对罗马帝国的繁荣和强盛起到了辅助作用，为罗马文明的传播创造了条件。阿匹亚古道的终点是布林迪西，这是一个可抵达东方的港口，连接与亚洲贸易的通道，成为香料和纺织品的中转中心。

图 4.3　阿匹亚古道风景[①]

图 4.4　阿匹亚古道风景图及遗产分布[②]

　　阿匹亚古道景观体系可分为核心要素和周边文化要素两类。核心要素包括车行道、人行道、排水设施、高架桥、护坡工程、渡槽等；周边文化要素由自然要素和历史村镇、考古遗址等文化要素组成。这些遗产体现了古罗马人的创造精神和智慧。

---

①② 阿匹亚安蒂卡地区公园官网 .https://www.parcoappiaantica.it.

2. 贸易线路

由于各地资源和物产存在差异，需要通过远距离贸易互相补充。有些道路长期作为某种或某几种主要商品的贸易通道，人们会习惯以这些商品命名古道，如"丝绸之路""茶马古道""乳香之路"等。其中，中古以后的相当长时期内，"茶马古道"以马为主要运输工具，是古代中国中央政府与西部边区族群的重要贸易通道，具有重要的历史价值和社会、政治意义。

阿曼苏丹国乳香之路是一条著名的贸易线路，当地通过乳香贸易，与地中海、红海、美索不达米亚、印度和中国等地建立了跨文化的经济联系，2000 年，该线路被列入《世界遗产名录》（图 4.5、图 4.6）。在阿曼苏丹国的考古遗址群中发现了当时乳香香料生产和贸易繁荣的实物证据。瓦迪·道卡（Wadi Dawkah）的乳香树、希什尔（Shisr）的商队绿洲、霍罗尔（Khor Rori）和阿尔·巴利迪（Al Baleed）的港口，这四处古遗址、植物资源及相关要素构成了乳香之路的核心文化景观，是这一地区繁荣数个世纪的乳香贸易的典型代表。

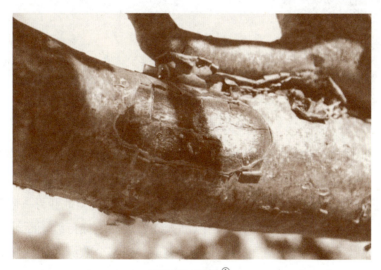

图 4.5 乳香 [①]

---

① 图片来自联合国教科文组织世界遗产中心官网 (https://whc.unesco.org/)。

图 4.6　乳香之路上的遗存 [1]

3.宗教线路

宗教线路是因宗教崇拜而形成的线路遗产。西班牙的"圣地亚哥—德孔波斯特拉朝圣线路"，是一条纪念为耶稣殉道的使徒圣雅各 [2]（St. Jacobus，亦作 James，Jacob）而形成的朝圣之路。公元 813 年，圣雅各墓地被迁至现在的圣地亚哥—德孔波斯特拉城，随着圣雅各崇拜的广泛传播，来自欧洲大陆各地的信徒持续不断地进行朝圣活动，最终形成以圣地亚哥—德孔波斯特拉为终点，向整个欧洲大陆延伸的放射状道路，在沿线留下了数以千计的物质遗产和非物质遗产（图 4.7）。

---

[1]　图片来自联合国教科文组织世界遗产中心官网 (https://whc.unesco.org/en/list/1010/gallery/)。

[2]　西班牙语亦称之为 El Camino de Santiago；英文为 Way of St. James，James 为 Jacobus 的英文异体字。

图 4.7　莱昂大教堂（Leon Cathedral）^①

---

① 　图片来自联合国教科文组织世界遗产中心官网 (https://whc.unesco.org/en/documents/112245)。

第三节　遗产遴选

文化线路具有动态性、时空连贯性、文化意义的整体性、跨区域的交流性和功能多样性等特征，其构成要素也因此具有多元性。明确文化线路的遴选标准、确定空间范围并选择恰当的遗产点是其价值认知的重要工作，也是遗产保护传承、活化利用的重要基础。

一、遴选标准

文化线路是由见证线路形成发展的物质、非物质及自然要素构成的，确定构成要素是文化线路保护管理的首要工作。《文化线路宪章》提出应从背景、内容、作为整体的跨文化意义、动态特性和环境等五个方面对遗产进行遴选。

1.背景

文化线路是受历史或自然背景影响，或是为满足特定需求、需要而形成的。例如，由政府或社会力量兴建的人工运河等大型工程项目，或是为联合而开展的政治外交，或因环境变迁影响道路走向，如因自然环境恶化导致楼兰等中心城镇逐渐沙漠化，造成丝绸之路改线。这些能够见证道路形成、改线的背景是展现遗产价值不可或缺的要素。

2.内容

文化线路必须有能够支撑其价值形成的物质要素，从物理形态上确定其存在，同时应有能够见证文化交流、融合的非物质要素，两者结合形成线路价值。

（1）实体道路

实体道路是人类迁徙与文明交流的通道，是决定一条文化线路存在与否的首要因素，可分为陆路、水路或两者混合等形态。沿用至今的陆路实体较易确定边界，例如在云南一些山区，茶马古道、西南丝绸之路的部分道路沿用至今，容易确定其走向。但对于已失去交通功能的陆路，其道路本体或叠压于现代道路、城市之下，或埋没于荒漠之中，难以探寻。例如"丝绸之路"中国段的遗产点中，仅有崤函古道一处道路遗址可识别。除实体道路本身外，桥梁、港口等辅助设施也可帮助判别道路走向。一般来说，运河类水路由人工开凿，其形态走向容易确认，海洋线路的航线并不固定，往往需要通过港口来确定其大概位置，且整个海域都可视为线路实体（图4.8）。

图4.8　京杭大运河杭州段[①]

（2）与功能有关的物质要素

《文化线路宪章》认为，同线路功能相关的物质要素几乎包括人居环境中的全部构成要素，如建筑、城镇、乡村、文化景观等。线路功能一般由基本的交通运输功能和特定功能两部分组成，其特定用途和历史功能通常又可分为宗教朝圣，商业贸易，区域的战略、政治和行政管理等。

与线路基础交通功能相关的物质遗产有驿站、水源等补给场所；旅店、客栈、医院等休憩和宿营场所；各类交通方式（步行、船、马车等）的相关场所，如水路中的船厂、港口、码头、导航设施等，陆路中提供车辆马匹的车行、大车店等，货物的仓储堆放场所；保卫交通运输安全的要塞、堡垒等防御工事，以及负责货物安全的镖局等。

与特定功能用途相关的场所，是指线路上特定的货物、知识和技术、思想和价值观的交流交换场所。对于商业贸易线路而言，特定货物交换的经营和管理场所是其主要内容，如集市、城镇商业街、城中的税关、会馆、行会、作坊、当铺、钱庄等商业场所；对于宗教的朝圣线路，沿线的朝拜与献祭场所，如庙宇、圣地、教堂、寺院、道观等，是其主要思想和价值观的交流交换场所。

对于与区域战略、政治和行政管理有关的交通线路，各类管理机构的办公场所是

[①]　图片来自杭州市文化广电旅游局资讯网 (https://wgly.hangzhou.gov.cn/cn/whhz/sjyc/jhdyh/index.html)。

重要的实物证据。如以漕运为主体功能的大运河，是中国在国家层面进行宏观调配资源的一种战略保障手段，至明、清两代还成为实现政治、行政管理的一种交通工具，因而与之相关的河道管理官署和行政管理相关机构，均成为与运河特定功能相关的文化线路场所。

（3）见证交流与对话的非物质要素

2001年6月，国际古迹遗址理事会文化线路国际科学委员会在西班牙纳瓦拉潘普洛纳（Pamplona）召开会议，就"文化线路的非物质遗产及相关方面"（the intangible heritage and other aspects of cultural routes）进行了讨论："应将非物质要素看作与文化线路物质要素或遗迹融为一体的价值。换言之，只有当非物质要素同可感知的物质遗产相结合时，非物质要素才对线路遗产有意义。"这表明文化线路中的非物质要素蕴含于物质要素中，是物质要素的内涵和意义所在。

文化线路见证交流与对话的非物质要素包括以下几个方面。

①文化线路沿线的文化现象，包括习惯、传统、风俗，以及宗教、礼仪等内容。

②语言、饮食、衣着等传统习惯与风俗，一般体现为不同地理文化区域间的生活习惯差异。人是交流载体，通过人类学、民俗学等研究可以证明线路上习俗、风俗交流融合的发生。

③宗教、礼仪、节庆等仪式性活动，即属于不同文化群体的某些规律性周期活动，具有相同或相似的内涵、形式和起源。仪式性活动通常有固定的文化场所或文化空间，如寺院教堂等宗教活动场所、举行庙会节庆活动的广场、街道等。

④音乐、文学、美术等艺术形式。文化线路沿线、不同地理区域的部分艺术形式因传播交流而具有相似性、相关性，呈现出明显的文化交融特征。

⑤传统耕作、手工技术与工艺、工业科技。沿文化线路的知识与技术的传播、交流导致不同地理文化区域采用相同的工艺技术，这一现象与人类迁徙及当地科技水平相关，如坎儿井技术。

⑥建筑风格与形式、城镇空间结构特征。不同地理区域的人类聚居空间在建筑结构、外观特征、艺术风格及空间结构形态等特征上，具有相似或相近之处。建筑风格的相似，是因为建筑技术和建筑文化的传播与交流；城市空间结构的形态特征，除去自然环境因素，一般与交通线路的形式及城镇所承担的历史功能相关，是城镇历史功能再现的重要表征、文化交流现象的重要载体和不同文化间相互影响的生动再现。

3.作为整体的跨文化意义

文化线路区别于其他交通道路的关键在于其跨文化和文化交流的特性，文化交流的结果通过物质和非物质要素展现出来。例如丝绸之路展现佛教在中国的传播，莫高窟、麦积山石窟、龙门石窟和云冈石窟均是佛教跨文化的传播见证，是佛教中国化的见证，这些跨文化的要素是文化线路遗产的重要组成部分。

4.动态特性

除了具有与其他文化遗产相同的历史要素，文化线路还包含动态要素，发挥着导线或渠道的作用，使沿线地区的文化影响得以传递。文化线路的动态要素并不遵循自然法则，也不是偶然现象，而是人类行为过程和兴趣，因此只能将其作为文化现象来理解。活跃的文化流动不仅以物质遗产形式体现，还体现在构成文化线路的非物质遗产中，如精神和传统。把文化线路当作为不同民族、不同人群间的一系列文化交流的动态要素，才能将其遗产资源置于真实的空间和历史范畴去理解，促成文化线路的整体保护，实现可持续发展。

5.环境

文化线路遗产的形成与环境密不可分，多样的自然和文化环境，赋予文化线路多样性的特点。地理环境可以决定线路走向发展，文化政治环境影响其特色，因此应对其历史、自然和文化环境进行深刻了解，才能遴选出具有价值的遗产。

自然环境要素能够增添文化线路的价值，也是影响实体线路形成的关键要素，例如丝绸之路中的沙漠、高山、帕米尔高原，纪伊山朝圣之路中的原始森林等，都是在文化线路遗产要素遴选过程中应重点考量的因素。

文化线路遗产要素的确定是一个长期且复杂的过程，需要多学科的研究成果支撑。对象的认定也不是一蹴而就的，虽然遴选标准构建了线路框架，但需要填充"血肉"才能将文化线路遗产价值逐一呈现。

二、确定空间范围

文化线路空间范围的界定是其宏观保护战略中的重要一环。遗产空间范围的确定，既要考虑线路遗产要素的分布，也要关注与线路关系密切的环境要素的空间，还要关注线路整体的完整性、连续性及动态特性。

1.确定空间范围的方法

文化线路空间范围的确定有三种方式：第一种是某段线路本体较为明确、延续性较好且形成连续的带状形态，可以直接确定遗产的空间范畴，如圣地亚哥—德孔波斯特拉朝圣之路（法国段）。

第二种是线路本体已消失，仅存能够见证线路功能的物质遗存，可将各遗存点连接，以此构成线路的空间范围。如阿根廷塔夫拉达·德乌玛瓦卡（Quebrada de

Humahuaca）山谷的道路遗存本身已经消失，仅留存有卡米诺印加（Camino Inca）沿线的遗存，则可以将遗产点与环境要素结合，划定空间范围。

第三种是以人工划定的廊道作为空间范围。基于线路走向与特定的设施，从文化的相互作用和空间传播过程入手，借助遗产点对廊道文化传播的重要性、遗产点的区域影响力、各遗产点的空间关系，以及自然环境对文化传播的约束等标准，测定各个遗产点的文化传播范围，并借助 GIS 模拟空间呈现等技术手段界定文化线路的空间范围，如丝绸之路天山廊道。

2. 空间范围认定的技术手段

文化线路构成要素丰富、分布范围广。为实现整体保护的空间管控目标，需要借助科技手段，建立平台系统，为文化线路的资源识别和价值认知提供支撑。对于空间跨度大的文化线路，可基于现有空间技术，建立动态的数据网络平台，厘清线路与构成要素间的关系，为文化线路遗产的认定提供技术支撑。例如，利用GIS、RS等技术建立历史地理信息系统和区域遗址预测模型，为线路遗产的保护发展提供科学依据。在中国大运河的保护管理中，相关部门通过无人机倾斜摄影、高精度测量、振动传感、红外线成像、3D全息成像等现代技术，以非接触的方式多源采集遗产点、遗产河段现状数据，既实现了运河遗产保护基础信息的数字化收集和多媒体展示，又为大运河的空间范围划定提供了依据。①

三、"丝绸之路：长安—天山廊道的路网"

德国地理学家费迪南·冯·李希霍芬（Ferdinand von Richthofen）将古代中国与亚欧大陆之间的贸易商路称为丝绸之路，后被广泛使用。丝绸之路是古代人类文明交流史上的璀璨明珠，交织的路网见证了东西方商品互通、文化互鉴和科技交融。

1. 时空范围

丝绸之路始于西汉张骞出使西域（公元前138年），张骞和班超通过努力开辟了两条商路。路线自长安（今陕西西安）出发经河西走廊到玉门关后，南向商路出玉门关沿昆仑山北麓经古楼兰（今新疆若羌）、于阗（今新疆和田）、莎车（今新疆莎车），越葱岭向西至大月氏（今阿富汗境内）、安息（波斯，今伊朗），再向西可达条支（今伊拉克）、大秦（罗马帝国）；北向商路出玉门关后沿天山南麓西行途经车师（今新疆吐鲁番）、龟兹（今新疆库车），再往西南经安息，继续西行达大秦（图4.9）。

---

① 展示中华文明体现文化活力——大运河综合保护实践的杭州探索 [EB/OL]. (2020-9-30)[2024-8-30]. http://wwj.zj.gov.cn/art/2020/9/30/art_1639077_58811592.html.

图 4.9　新疆库车市拍摄的克孜尔尕哈烽燧（新华社记者　马宁）[①]

　　魏晋以后，海上丝绸之路渐渐形成（图 4.10）。它以广州为起点，经海南岛东面海域，直穿西沙群岛海面抵达南海诸国，再穿过马六甲海峡，直驶印度洋、红海、波斯湾，途经 15 个国家和地区。到了 16 世纪，海上丝绸之路最终替代陆上丝绸之路，成为我国对外交往的主要通道。

---

① 图片来自网络 (https://www.gov.cn/yaowen/tupian/202310/content_6909510.htm#1)。

图4.10　俯瞰朔门古港遗址发掘出的古码头遗址（新华社记者 翁忻旸 摄）①

2.遗产构成与价值分析

2014 年，中国、哈萨克斯坦和吉尔吉斯斯坦三国联合申报的"丝绸之路：长安—天山廊道的路网"因符合《实施〈世界遗产公约〉操作指南》（Ⅱ）（Ⅲ）（Ⅴ）（Ⅵ）价值评价标准，成功列入《世界遗产名录》。古代陆上丝绸之路首次构建起世界商贸交通线路网络，以杰出的创造精神、互鉴共赢的创新方式，促进了沿线文明的交流互动，带动了区域建筑和城市规划、宗教信仰、城市文化、商品贸易和民族关系的融合发展，展现出多元的文化。

综合丝绸之路的考古发现、文献记载及其突出普遍价值，可将其遗产分为四类。一是因商贸和交通需求而建设的基础设施和配套服务设施，包括中心城镇、商贸市场、桥梁、防御性设施、驿站休憩场所等；二是商贸生产线路中的生产性遗产，包括生产工具、生产模具、生产场所等；三是作为交流和交换产物的结果类遗存，如宗教类遗产等；四是记录沿线文化的非物质文化遗产，包括民间文学、民间文艺、传统技艺、民俗文化、传统医药等。

专家依据这四大类型对丝绸之路沿线遗产进行遴选，第一批共有 33 处遗产（中

---

① 图片来自网络 (https://www.gov.cn/xinwen/2022−10/11/content_5717685.htm#1)。

国 22 处）作为丝路的重要组成部分被列入《世界遗产名录》（图 4.11）。不过，丝绸
之路的第一批遗产并没有完全体现其整体价值。例如，丝绸之路穿越多个地理单元，
经历多个气候带，这些自然要素为丝路遗产的多样化创造了价值，也增加了丝路价值
的多样性，但现有遗产中却缺少了见证丝绸之路环境多样性的自然遗产；水是影响线
路选择和发展的重要因素，也是人们生活、工作和迁徙必不可少的要素，利用、征服
和治理水是维系道路存续的重要能力，丝路价值评估明确提及由河流、水井和地下泉
水构成的复杂的水管理系统，为居民生活、游客参观以及农作物的灌溉提供了支撑，
但在现在的遗产点中，鲜见同水资源利用、管理相关的遗产。同时，现有遗产以佛教
传播见证为主，民间文化交流的见证较少，物质遗产较多，非物质遗产较少。

　　丝路遗产的遴选是一个艰巨而复杂的过程，随着考古工作的开展、学术研究的深
入以及新技术的应用，将会有更多的遗产点、遗产类型被纳入丝绸之路文化线路，使
丝路的内涵更加丰富、价值更加丰满、形象更加立体。

锁阳城　　　　　　　　　　　　　　　　　交河古城

图 4.11　陆上丝绸之路遗产风貌 ①

---

① 　图片来自联合国教科文组织世界遗产中心官网 (https://whc.unesco.org/)。

第四节　保护管理

文化线路是跨文化与跨区域交流的见证，保护管理也应考虑跨界治理[①]等相关问题。然而，文化线路的管理存在着理想与现实的鸿沟，不同区域、部门、利益相关方的诉求存在冲突，如何将跨界治理转化为可操作的实践是文化线路管理要解决的核心问题。

一、保护管理体系

文化线路遗产内容丰富、价值构成多元，需从整体视角出发，通盘考虑、全面统筹，在确保各单体遗产有效保护的前提下，协调各方利益，实现整体保护利用。《文化线路宪章》中提出应建立起跨行政区域甚至跨国的联合管理平台，有机融合保护、修复、旅游等可持续发展项目，使遗产价值发挥最大能效。

欧洲文化线路委员会认定欧洲文化线路时，要求该线路必须建立管理网络，即统一的管理体系，该管理体系由线路沿线国家的多学科科研人员和管理者组成，同时满足以下条件：①提出管理工作框架，并得到全体管理人员的认可；②尽可能包含《欧洲文化公约》成员国和其他相关国；③确保该文化线路项目的财政与组织透明；④管理机构具有法律身份，可以是协会、社团，也可以是其他形式的联合体；⑤以民主的方式运行。基于此，欧洲文化线路的管理实现了遗产管理"主体"的联合。联合部门由遗产构成要素的管理部门构成，这与我们传统的单一管理主体有明显差异，跨部门跨学科的管理联合体成为管理工作实施的首要条件。

对于跨国、跨洲、跨区域的文化线路，例如丝绸之路、圣地亚哥朝圣之路（西班

---

① 跨界治理是当今经济全球化、产业融合化、组织变革化引发的一种全新治理思维和战略选择，主要包括跨边界（地理）治理、跨部门治理和跨公司合作伙伴治理。引自陶希东. 跨界治理：中国社会公共治理的战略选择 [J]. 学术月刊 ,2011,43(8):22-29.

牙段、法国段）、罗马防御体系等文化线路，应考虑建立跨国、跨洲的管理联合体或协调机构，制订线路的统一管理模式，建立管理框架，选择有效的管理机制和方法实施管理，从而达到整体保护的目的。

二、保护管理模式

1.中国管理模式

因文化线路具有大尺度和多元要素等特性，我国现行的"条块分割，属地分级管理"的文化遗产行政管理体制并不适用，因此需在单体遗产有效保护的基础上，设立联合协作协调机构，实现整体保护。

例如，中国大运河的遗产保护是一项跨区域、跨行业、跨领域的综合性工作，涉及文物、交通、水利、环保、国土、建设等领域相关机构和众多利益相关者。为此，我国各级政府建立了有效的会商机制，协调中国大运河遗产保护涉及的诸多行业中的重大问题，明确相关部门和地区在大运河遗产保护工作中的职责分工，加强跨界交流和合作。在国家层面建立了大运河保护和申遗省部级会商小组，国务院文物主管部门负责大运河遗产整体保护的协调和监督工作，并与国务院国土、环保、交通、水利等主管部门协作，依法开展管理工作。在地方层面也建立了相应的省级、市级的大运河保护和申遗领导小组（会商小组），定期召开会议，审议大运河遗产保护的法规草案、规划、重点工作安排等重大事项。

为有效协调各城市之间的管理权限而实施统一管理，大运河沿线33个城市组成了"大运河保护与申遗城市联盟"，设立大运河保护与申报世界遗产办公室，负责协调大运河沿线相关城市的运河遗产保护管理合作。2014年，大运河成功列入《世界遗产名录》后，经国家文物局同意，该办公室更名为"大运河保护管理办公室"，负责协调、组织、实施大运河全线遗产保护管理工作。与此同时，国家发展和改革委员会联合国家文物局、水利部、生态环境部、文化和旅游部协商提出"四梁八柱"大运河规划体系，编制了文化遗产保护传承、河道水系治理管护、生态环境保护修复、文化和旅游融合发展等4个专项规划，指导沿线省（区、市）编制了8个地方实施规划，为大运河的整体发展和繁荣提供了保障。[①]

2.国外管理模式

国外文化线路的管理机制和机构各不相同，但大多强调国家、区域范围内管理的

---

① 图解：大运河文化保护传承利用"四梁八柱"规划体系 [EB/OL]. (2020-11-12)[2024-08-30]. https://www.ndrc.gov.cn/xwdt/ztzl/dyhwhbhczly/zcjd/202011/t20201112_1250279.html.

协调性和集中性，以使文化线路能够在相对统一的管理体制下得到保护。

（1）日本"政府统领、一县主导、多方协同"模式

日本采取"政府统领、一县主导、多方协同"的管理体系。纪伊山脉圣地和朝圣路线跨越和歌山县、三重县、奈良县的行政区划，管理机构复杂，涉及日本文化厅、环境省、林野厅、国土交通省等机关部门。为方便申遗工作和后续管理，三县确定了以和歌山县为主导、三重县和奈良县协助配合的协议会。

和歌山县政府的多个部门成立县世界遗产协议会统筹遗产保护工作。在县世界遗产协议会下设世界遗产中心，开展具体的遗产保护、管理、修复和宣传工作。古道遗产及其周边区域所涉及的相关行政单位、自治会、社寺及土地的所有权人，则在和歌山县世界遗产协议会和文化遗产课、三重县世界遗产中心、三县各下级行政单位的组织下，通过地区协议会、民间非营利组织或由个人承担实际的保护工作（图 4.12）。

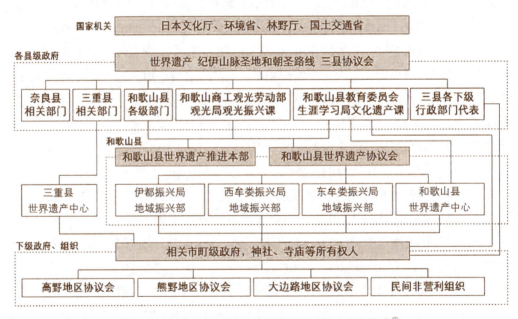

图 4.12　纪伊山脉圣地和朝圣路线遗产保护的主体构成[1]

（2）意大利国家公园管理模式

意大利采用国家公园管理模式负责文化线路的管理。在阿匹亚古道考古遗址公园超过 80% 土地私有情况下，意大利文化部代表国家征收阿匹亚古道及沿线重要遗产所在区域的土地，设立专门的机构统筹推进古道的各项工作。阿匹亚古道考古遗址公园管理局由考古、建筑、景观、资产管理、财政、公共服务等不同专业人员构成，每个

① 高宇, 张云路, 马嘉. 日本熊野古道文化线路遗产景观保护机制 [J]. 中国城市林业,2020,18(4):100-105.

遗产点的保护、展示项目都组织了跨学科团队，形成综合集中型"工作模式"。

（3）美国遗产廊道委员会模式

美国遗产廊道的管理团队有多种组织结构，如联邦委员会、非营利组织、州机构[1]、市政当局和大学/中心[2]。运河国家遗产廊道一般采用联邦委员会的形式，委员会经国会立法授权成立，由国家公园管理局[3]、州/地方政府机构、公民个体、非营利组织、企业单位等有关方通过合作伙伴的方式共同管理。

国家公园管理局是廊道委员会的核心，对国家遗产廊道项目的干预贯穿始终。但在项目的不同阶段其扮演的角色不同。总体上，国家公园管理局的角色由台前走向幕后，作用逐渐弱化。[4]

遗产廊道跨区域、多功能的属性决定其管理工作需要经常协调不同行政区域和职能部门，往往采取设立管理核心部门、与其他部门建立合作伙伴的模式进行管理。例如伊利运河国家遗产廊道成立了管理体系的核心部门——伊利运河国家遗产廊道委员会（Erie Canalway National Heritage Corridor Commission）。委员会成员由1名内政部秘书或指定官员、7名由州长或其他官员推荐委员，以及19名来自廊道范围内地方部门的委员构成。其他联邦部门和廊道委员会建立合作伙伴关系，其中包括内务部指定的七个州政府部门，住房、区域规划等其他机构。此外，许多美洲印第安部落和团体也是重要的合作伙伴。在伊利运河国家遗产廊道委员会和国家公园管理局的总体协调下，这些机构在遗产廊道相关项目中承担不同工作。

（4）西班牙"理事会+执行委员会"模式

为实现对圣地亚哥朝圣之路（西班牙段）文化线路的有效管理，西班牙政府成立了圣·詹姆斯委员会（Council of St. James）。委员会由理事会和执行委员会组成，主要负责整条文化线路管理、宣传和利用政策措施的制定。理事会是政策措施规划的制定机构，主席由文化部部长担任，副主席由遗产地方政府的文化体育局负责人担任，成员包括中央政府部门外事局、商贸旅游局、文化局、公共事务局、财政部、教育部等其他部门的负责人，以及各州政府职能部门的主要负责人。执行委员会负责协调各研究单位和政府部门之间的关系，确保理事会诸多功能的实现，实施理事会的各项决议和项目等，是理事会决议的执行机构（图4.13）。

---

[1] 例如国家煤炭遗产区域是州机构管理模式。

[2] 如田纳西内战国家遗产区域历史保护中心，由中田纳西州立大学负责运行管理。

[3] 为了体现其联邦委员会的性质，有时是国家公园局长亲自担任其代表，如伊利运河国家遗产廊道。

[4] 国家遗产廊道（区域）不属于国家公园局直属单位，是国家公园局附属管辖的，因此不能使用国家公园局掌管的国家公园资金。内政部拨给国家遗产廊道（区域）类项目的资金经国家公园局转拨，国家公园局只起资金导管的作用。

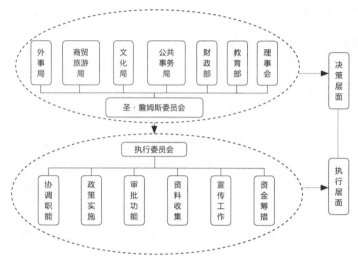

图 4.13　西班牙朝圣之路管理机构示意 [①]

3.跨国协调机制

文化线路具有跨洲、跨国、跨行政区划的特点，国际上通常通过建立跨国协调机制，解决各国间的协调问题。1993 年被认定为欧洲文化线路的"维京线路"（The Viking Routes），展现了公元 8—11 世纪维京人在欧洲西北部沿岸、北大西洋、地中海、俄罗斯和乌克兰等地的足迹，遗产分布在欧洲 10 个国家。该线路通过建立由沿线国家组成的维京联合会（Destination Viking Association），以主题门户网站为平台，开展有关维京线路的宣传、展示、招商、旅游开发等工作。

三、资金筹措机制

资金支持是文化线路遗产保护利用的前提，除了单个构成要素的资金保障外，对于线路的整体资金支持是实现保护、阐释和展示的重要保障。例如，意大利的阿匹亚古道考古遗址公园，前期土地征收和日常养护获得了中央财政经费的支持，而环境整治和基础设施建设、文物本体保护和展示设施建设及公共文化活动等项目，获得了欧洲文化线路专项基金、部际经济规划委员会"发展与凝集力基金"和社会投入、社会捐赠等专项经费支持。

欧美国家遗产保护与开发的资金来源渠道较为多元化。政府财政支持是主要资金来源，如美国内政部每年划拨约 100 万美元资金，用于遗产廊道内资源保护与基础设

① 周剑虹.文化线路保护管理研究 [D].西安：西北大学,2011:134.

施改善。[①]国家公园管理局通常会向合作伙伴提供资金补助和技术指导。除此之外，国家制定了激励政策，鼓励社会团体、慈善机构、个人将资金用于遗产保护，例如美国运河国家遗产廊道的项目可通过民间资本获得资金，内政部审核项目可行性报告时，以沿线居民的支持率和获取民间资本数额为评判标准，未达到一定数额的项目不会得到国会批准支持。通过这一举措，遗产廊道（区域）类项目获得的地方融资远远超出预期。

四、法律法规保障

1.国际合作协议

对于跨国的文化线路遗产，可以通过商议制定具有法律效力的规范性文件进行协调管理。例如，2001 年，秘鲁首先将印加之路（Qhapaq Ñan，Andean Road System）列入该国的世界遗产预备清单（图 4.14，图 4.15），随后，阿根廷、智利等其他国家也开始申请。在之后召开的国家间会晤磋商时，阿根廷、玻利维亚、智利、哥伦比亚、厄瓜多尔、秘鲁六国邀请法律专家介入，以《实施〈世界遗产公约〉》《操作指南》相关法条为依据，探讨国家间遗产合作管理协议。2010 年，六国签署了《印加之路管理系统—安第斯道路网：一个跨国的、参与式和可持续的方案管理体系和战略指南》（The Qhapaq Ñan Management System-Andean Road System. A transnational，Participatory and Sustainable Proposal Management System and Strategic Guidelines）。在该《指南》的指导下，各国共同制定了印加之路综合管理规划并付诸实施。

图 4.14　印加之路 [②]

---

① 龚道德，袁晓园，张青萍 . 美国运河国家遗产廊道模式运作机理剖析及其对我国大型线性文化遗产保护与发展的启示 [J]. 城市发展研究 ,2016,23(1):17-22.

② 图片来自联合国教科文组织世界遗产中心 (https://whc.unesco.org/en/list/1459/gallery/)。

图 4.15　印加之路 [1]

2.国内法律保障

建立健全国内的法律法规体系是文化线路保护的重要基础。例如，对于米迪运河的保护管理，法国制定了一系列规章制度，如《两海运河上建筑和景观建设的规定》[2]、《米迪运河景观建设章程》等工程类规章，《米迪运河遗产管理手册》《建筑和船闸、运河住宅与景观管理手册》《植物管理方案》等管理类章程。加拿大也出台了《历史运河保护法规》等针对文化线路的法规，并制定了《里多运河管理规划》等针对单一运河的管理文件。[3]

---

① 图片来自联合国教科文组织世界遗产中心 (https://whc.unesco.org/en/list/1459/gallery/)。

② 两海运河 (Canal des Deux Mers) 由米迪运河 (Canal du Midi) 和加龙运河 (Canal de Garonne) 组成。

③ 2007 年 6 月 29 日，联合国教科文组织在新西兰召开的第 31 届世界遗产大会上，根据文化遗产遴选标准的第 I 条和第 IV 条，认定里多运河 (Rideau Canal) 为世界文化遗产。里多运河的遗产包括运河河道、船闸、闸室、闸站、堤坝、桥梁、静水系统、军事防御设施及考古资源。里多运河的遗产构成可分为两大类：第一类与运河技术价值相关；第二类与运河历史，主要是军事价值的元素有关。

　　日本则形成以《保护世界文化与自然遗产公约》及其《操作指南》为指导、以国家法律和条例制度为辅助支撑的文化线路保护法律体系。以纪伊山脉圣地和朝圣路线为例，在核心区的遗产保护层面，主要以日本《文化财保护法》《自然公园法》和相关地区的地方历史文化景观保护条例等，指导相关部门和所有权者的历史文物古迹保护工作。在缓冲区的景观保护层面，则根据《自然公园法》《森林法》《景观法》及相关历史文化景观保护条例等，指导周边区域和民间团体的自然景观和文化景观保护工作（图 4.16）。

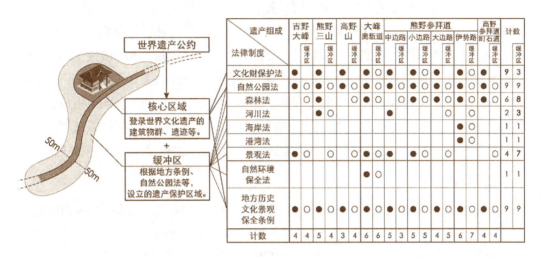

遗产组成 / 法律制度	古野大峰	缓冲区	熊野三山	缓冲区	高野山	缓冲区	大峰奥驰道	缓冲区	中边路	缓冲区	小边路	缓冲区	大边路	缓冲区	伊势路	缓冲区	高野参拜道町石道	缓冲区	计数	缓冲区
文化财保护法	●		●		●		●	○	●		○		●	○			●	●	9	3
自然公园法	●	○	●	●	●	○	●	○	●	○	●	○	●	○	●	○	●	○	9	9
森林法		○	●	○		○	●	○				○	●	○		○		○	6	8
河川法			●	○					●					○			○		2	3
海岸法																	●	○	1	1
港湾法																	●	○	1	1
景观法	●	○					○		○						○			○	4	7
自然环境保全法							●	○											1	1
地方历史文化景观保全条例	●	○	●	○	●	○	●	○	●	○	●	○	●	○	●	○	●	○	9	9
计数	4	4	5	4	3	4	6	6	5	3	5	5	4	5	6	7	4	4		

图 4.16　纪伊山脉圣地和朝圣路线遗产保护的法律构成体系[①]

　　美国国家遗产廊道的法律法规大致分为 3 类：主干法、专门法、相关法，它们共同构成整个国家遗产廊道区域管理立法体系。

　　主干法是指与国家遗产廊道管理较为密切的法律，主要针对国家历史遗产保护、环境保护等方面，包括《古物法案》《历史遗址与建筑法》《国家历史保护法案》等。专门法是直接针对国家遗产廊道管理和保护的立法，可以分为遗产廊道（区域）一般法和遗产廊道（区域）授权法两类。前者是针对遗产廊道（区域）总体性问题的立法，如《国家遗产区域政策法》（The National Heritage Areas Policy Act）；后者是针对某个具体遗产廊道的立法，如 1984 年《伊利诺伊和密歇根运河国家遗产廊道法》（Illinois and Michigan Canal National Heritage Corridor Act）和 2000 年《伊利运河国家遗产廊道法案》（Erie Canalway National Heritage Corridor Act）。相关法是其他与国家遗产廊道管理和保护有关的法律、附属细则和政令等。

---

① 高宇, 张云路, 马嘉. 日本熊野古道文化线路遗产景观保护机制 [J]. 中国城市林业, 2020,18(4):100-105.

五、保护利用措施

1.遗产监测

文化线路监测包括对遗产要素本身保存状况的监测，对各类威胁影响因素的监测，对线路部分或整体干预措施效果的监测，以及对沿线不同段落区域保护管理意图、保护能力状况的监测。

对遗产保存状态及变化趋势的监测，除关注其各组成要素自身物质层面的保存状态和变化趋势外，还应关注各要素之间、要素与线路整体之间的关联及线路历史功能的延续状态、变化趋势，并将遗产要素的本体特征、区域性环境特征和线路整体文化特征间的协调关系作为重要监测指标。基于此，可将物联网技术与GIS技术结合，构建监测云平台，实时掌握遗产保护管理状况，并根据风险评估建立完整、系统的威胁和影响因素清单，将其纳入重点监测对象。此外，还需对保护与干预效果进行周期性监测，对之前的保护与干预效果进行整体性评价，同时对具体实施过程以及实施后果进行及时分析，对保护过程中的不当影响进行及时纠正，并保留书面报告进行备案。

2.风险预防

立足保护管理的实时监测，可从规范制定、相关学科研究、威胁与压力信息反馈、预防措施制定与实施多个方面构建统一的工作框架和预防指标体系，特别是对线路中林区、水域、湿地等生态敏感区域，以及沿途历史城镇等薄弱地区需要组织专门的力量进行灾害防范。在对灾害威胁的评估分析中，应特别关注传统的防范和应对方式，并从中汲取有效的内容加以利用，在保护遗产的同时，也发挥其文化传承和对传统文化的展示作用。

为避免因保护措施实施水平不均衡造成的线路整体发展不平衡问题，管理机构应建立完善的保护技术管理监督机制和必要的区域间技术支援机制。同时，考虑到大环境气候变化等不可控因素对文化线路整体性和连续性的影响，还需建立相关技术的适用性检测机制，对引进和即将实施的技术，特别是环境技术进行充分的检测，保证其可行性，以维护文化线路的整体性。

3.展示阐释

文化线路跨度大、范围广、价值多元，由此应建立与之对应的大规模、多尺度的展示阐释体系。对文化线路各要素间关联性、整体性、动态性和延续性的强调是其展示阐释工作的重点。文化线路的展示与阐释是传承文化多样性、展现文化延续性、保障线路动态性的重要手段之一。因此，其展示与阐释应关注保护、认知、研究、体验和参与的全流程，以促成遗产价值传承的良性循环。

　　同时，对文化线路遗产的展示与阐释，还应将其放置于历史发展脉络中，确定主次和组合关系后，进行深层次内涵发掘并予以诠释。为了避免"只见单体，不见线路"的诠释方式，可以将阐释主线贯穿于各遗址点展示中，既突出了构成要素单体的价值，又可展现线路遗产的价值。此外，还应考虑与文化内涵、表象、地缘等因素相关的人群需求，加强遗产同沿线人群的联系，激活文化线路所承载的文化传承，促进社会经济发展。

CHAPTER V

HISTORIC TOWNS AND VILLAGES

CULTURAL HERITAGE THEORY AND PRACTICE

第五章

历史村镇

文 化 遗 产 理 论 与 实 践

我国很多村镇保存了丰富的文化资源，形成了具有文化和生物多样性的历史村镇。保护历史村镇对传承弘扬中华优秀传统文化具有重要的价值与现实意义。近年来，在现代化、城镇化的影响下，历史村镇过度商业化、活化效果不佳等问题突出，保护和发展都受到了前所未有的冲击。

　　随着对历史村镇保护研究的深化，保护已由单体建筑延伸到历史环境和当地居民的生活，历史村镇的保护与社会发展协同成为时代的必然选择。历史村镇承载地方文化、展现区域文明，在不破坏其真实性和传统风貌、生活习俗的同时，要深入挖掘并充分发挥其作为文化遗产的综合价值，使其融入当代社会发展的进程中，通过"以用促保"，实现乡村振兴和可持续发展。

第一节　概念辨析与保护历程

20 世纪以来，历史村镇的保护对象、保护范围和保护理念均发生了变化，其概念的演变也反映了学界及社会对遗产保护理念与实践的深刻反思。

一、相关概念

"历史村镇"是国际通用的专业术语，但在不同国家的语境中其指代范畴略有差异。国际上多称之为历史城镇（historical towns）或历史村镇（historical towns and villages）等，在我国则有历史文化村镇、历史文化名镇名村、传统村落等多种称谓，其范畴也稍有差异。

1.历史文化街区

历史文化街区是指经省、自治区、直辖市人民政府核定公布的，保存文物特别丰富、历史建筑集中成片、能够较完整和真实地体现传统格局和历史风貌，并具有一定规模的区域。按照《历史文化名城名镇名村保护条例》，申报历史文化名城，在其保护范围内应当有 2 个以上的历史文化街区。

2.历史文化村镇

《中华人民共和国文物保护法》（2017 年修正本）第十四条规定，"保存文物特别丰富并且具有重大历史价值或者革命纪念意义的城镇、街道、村庄，由省、自治区、直辖市人民政府核定公布为历史文化街区、村镇，并报国务院备案。"历史文化村镇由国家文物局负责认定评选，经省级政府核定公布，以建筑或文物为抓手，保护具有历史价值和革命纪念意义的城镇和乡村。

3.历史文化名镇名村

历史文化名镇名村由住房和城乡建设部、国家文物局共同组织评选，是为了保存文物特别丰富且具有重大历史价值或纪念意义，能较完整地反映一些历史时期传统风貌和地方民族特色的镇和村，以弘扬传统民族文化，保护镇村传统格局和历史风貌，促进优秀传统建筑艺术的传承和延续。[①]

4.传统村落

传统村落是指形成较早，拥有较丰富的传统文化资源，保存比较完整，具有较高历史、文化、科学、艺术、社会、经济价值的村落。[②]2012 年，住房和城乡建设部会同文化部、国家文物局、财政部等部门启动传统村落调查，截至 2023 年，已有 8155 个传统村落列入国家级保护名录，保护了 53.9 万栋历史建筑和传统民居，传承发展了 4789 项省级以上非物质文化遗产。

5.传统村镇

传统村镇是指具有较长历史，能够反映本地区的文化特色、民族特色，传统文化资源丰富，保存了一定数量的文物建筑、历史建筑和传统风貌建筑，沿袭特色的传统格局和历史风貌的镇、村庄。[③]

6.其他

目前，学界还存在"历史文化保护区""历史地段""历史城区"等相关概念，"遗存丰富""集中""完整""体现历史风貌和传统特色"是其共性，主要区别在于规模大小。

二、保护历程

1.我国历史村镇保护历程

20 世纪初，梁思成等学者认识到保护传统建筑及建筑群的重要性，以中国营造学社（The Society for Research in Chinese Architecture）为代表的学术组织开始调查研究，为我国历史建筑、村镇的保护研究及制度建设奠定了坚实的基础；20 世纪 60 年代，

---

① 住房和城乡建设部 国家文物局关于组织申报第七批中国历史文化名镇名村的通知 [EB/OL].(2016-08-31)[2024-09-01]. https://www.mohurd.gov.cn/gongkai/zhengce/zhengcefilelib/201608/20160831_228737.html.

② 住房和城乡建设部办公厅等关于做好第六批中国传统村落调查推荐工作的通知 [EB/OL]. (2022-07-25)[2024-09-10]. https://www.mohurd.gov.cn/gongkai/zhengce/zhengcefilelib/202207/20220725_767319.html.

③ 张杰，张军民，霍晓卫. 传统村镇保护发展规划控制技术指南与保护利用技术手册 [M]. 北京：中国建筑工业出版社，2012:99.

同济大学董鉴泓等学者开展中国古城镇调研活动；20 世纪八九十年代，阮仪三教授主持了江南水乡古镇、山西平遥古城、云南丽江古城等的调查研究与保护规划编制，取得了丰硕的成果。

1982 年，国务院批转国家基本建设委员会等部门《关于保护我国历史文化名城的请示》中首次提出历史文化名城的概念，并公布了第一批国家历史文化名城名单（24个）。同年 11 月颁布的《中华人民共和国文物保护法》（简称《文物保护法》）中对历史文化名城概念进行了界定。在保护实践中，由于我国名城整体保护存在现实难度，在名城整体层面和文物古迹之间增加一个保护层次的构想逐渐形成。①

20 世纪 80 年代开始，国家出台多项法规文件指导历史村镇的保护工作。1986 年，国务院批转城乡建设环境保护部、文化部《关于请公布第二批国家历史文化名城名单报告的通知》。该《通知》提出对一些文物古迹比较集中，或能较完整地体现出某一历史时期的传统风貌和民族地方特色的街区，各地可根据其价值，核定公布为"历史文化保护区"。1994 年，国务院公布第三批国家历史文化名城后，建设部和国家文物局联合发布了《历史文化名城保护规划编制要求》，明确要求"对于具有传统风貌的商业、手工业、居住以及其他性质的街区"等，要"划定为'历史文化保护区'予以重点保护"。《中华人民共和国文物保护法》提出"保存文物特别丰富并且具有重大历史价值或者革命纪念意义的城镇、街道、村庄，由省、自治区、直辖市人民政府核定公布为历史文化街区、村镇"。单体文物、历史文化街区（村镇）、历史文化名城三个层次均有了明确的法定概念。② 2008 年国务院颁布了《历史文化名城名镇名村保护条例》，2012 年制定了《历史文化名城名镇名村保护规划编制要求》（试行），大力推动和规范了全国历史村镇的保护工作。③ 至此，我国历史村镇的保护体系初步建立。

我国历史村镇数量众多，为实现分批、有序保护，建设部和国家文物局于 2003年启动了"中国历史文化名镇名村"的评定工作，并于当年 10 月公布了第一批中国历史文化名镇名村名单。截至 2019 年，已评定七批共 799 个中国历史文化名镇名村，其中，皖南古村落、开平碉楼与村落、福建土楼更是被列入《世界遗产名录》。④

为贯彻落实党的十八大关于建设优秀传统文化传承体系、弘扬中华优秀传统文化的精神，促进传统村落的保护和发展，2012 年起，住房和城乡建设部、文化部、国家文物局、财政部等部门组织开展了全国第一次传统村落摸底调查。在各地初步评价推荐的基础上，经传统村落保护和发展专家委员会评审、公布，"中国传统村落"评估

---

① ②　兰伟杰, 胡敏, 赵中枢. 历史文化名城保护制度的回顾、特征与展望 [J]. 城市规划学刊,2019(2):30-35.

②　兰伟杰, 胡敏, 赵中枢. 历史文化名城保护制度的回顾、特征与展望 [J]. 城市规划学刊,2019(2):30-35.

③　徐琳. 中国历史村镇的保护发展历程与反思 [J]. 中国名城,2018(5):79-83.

④　党的二十大报告指出，"扎实推动乡村产业、人才、文化、生态、组织振兴"。

标准涉及村落传统建筑、村落选址与格局、承载的非物质文化遗产等方面。截至 2023 年，已评定六批中国传统村落，共 8155 个村落入选。①

党的二十大报告指出，"扎实推动乡村产业、人才、文化、生态、组织振兴"。特别是在 2017 年中央一号文件中，提出了传统村落要在"有条件的地区实行连片保护和适度开发"的要求。2020 年，财政部、住房和城乡建设部发布《关于组织申报 2020 年传统村落集中连片保护利用示范市的通知》，以"推动实现区域传统村落面貌全面改善，同时探索建立传统村落保护改造长效机制""并示范带动其他地区传统村落保护利用工作"为目标，从国家层面开启了由单一聚落转向聚落集群的传统乡村聚落保护发展实践，多地随之出台了相关保护发展政策和计划，均提出以集群的模式进行探索。由此，我国历史文化名镇名村的保护对象由单体历史建筑延伸到历史环境，并关注当地居民生活的延续，历史文化名村名镇的保护已成为一种动态的保护过程②，历史村镇保护与社会发展协同成为时代的必然选择。

2.国外历史城镇保护历程

欧洲对文物建筑和历史纪念物的保护最早可追溯至古罗马时代，但历史村镇的科学保护理论直至 20 世纪才最终形成。20 世纪中后期，国际历史村镇研究主要集中于建筑遗产和历史城镇（地区）的保护政策研究等方向。

20 世纪以来，国际组织和各国纷纷出台宪章、法案推动历史村镇的保护。20 世纪 60 年代，历史村镇进入文化遗产保护的研究范围。1964 年，第二届历史古迹建筑师及技师国际会议通过的《威尼斯宪章》提出历史纪念物（historic monument）概念，指明保护对象不仅包括单个建筑物，而且包括能从中找出一种独特的文明、一种有意义的发展或一个历史事件见证的城市或乡村环境。

自 20 世纪 70 年代开始，多份国际公约逐步明晰历史村镇的概念和范围，强调要对历史村镇的物质层面进行保护。1972 年，联合国教科文组织通过的《保护世界文化和自然遗产公约》提出，将具有历史、艺术或科学等突出价值的文物、建筑群和遗址等作为"文化遗产"，历史村镇开始进入遗产保护视野。1975 年，国际古迹遗址理事会通过《关于保护历史小城镇的决议》。该《决议》正式提出保护历史小城镇。同年，《关于建筑遗产的欧洲宪章》（The European Charter of the Architectural Heritage，简称 The Declaration of Amsterdam，即《阿姆斯特丹宣言》）提出，城市建筑遗产不仅包含最重要的纪念性建筑，还包括位于古镇和特色村落中的次要建筑群及其自然环境和人工环境，充分体现出对历史村镇和整体环境的关注。1976 年，联合国教科文组织

---

① 数据来自中华人民共和国中央政府网站（https://www.gov.cn/xinwen/2023-03/21/content_5747704.htm）。

② 黄家平 . 历史文化村镇保护规划技术研究 [D]. 广州：华南理工大学，2014.

通过了《关于历史地区的保护及其当代作用的建议》（Recommendation Concerning the Safeguarding and Contemporary Role of Historic Areas，简称Nairobi Recommendation，即《内罗毕建议》）。该《建议》提出历史地区不仅包含文物建筑所在区域，还包括其周边的人类活动及自然环境，并强调历史地区所在国的政府和公民应将地区保护与当代社会生活融为一体。保护历史地区有助于维护和发展各国的文化和社会价值，并有助于从建筑上丰富世界文化遗产。[①]

20世纪80年代开始，历史村镇保护工作更受重视。1982年，国际古迹遗址理事会通过了《关于小聚落再生的特拉斯卡拉宣言》（Declaration of Tlaxcala on the Revitalization of Small Settlements），该《宣言》认为乡村聚落和小城镇的建筑遗产及环境是不可再生资源，应注重地方材料和传统工艺的使用。基于各国多年来历史环境保护与实践的经验，1987年，国际古迹遗址理事会通过了《华盛顿宪章》。该《宪章》充分考虑到历史城镇及城区的保护与发展问题，提出"保护应成为经济与社会发展政策的完整组成部分，并应当列入各级城市和地区规划"的原则和目标，对与保护规划相关的考古学、历史学、建筑学、工艺学、经济学以及社会学等方面都给予了关注，对历史城镇与城区的保护原则和目标、方法与手段等进行了较为全面综合的概述，对历史城镇物质与精神特征的保护提出了全面的方法和手段，标志着国际上关于历史村镇的保护研究已基本确立并进入快速发展阶段。

1999年，国际古迹遗址理事会通过《乡土建筑遗产宪章》（Charter on the Built Vernacular Heritage）。该《宪章》关注到传统乡土建筑群是时代生活的聚焦点、社会历史的记录以及时代的创造物，但正遭受现代经济、文化和建筑同一化的威胁，其场所的完整性正遭受破坏。因此，需要建立"尊重文化价值和传统特色"的保护方式，维护物质文化与景观之间的联系，帮助乡土建筑遗产适应时代的变化和发展，在保护中要特别考虑到维护当地居民的传统生活权利，通过合理的方法和措施实现传统生活方式的延续。

2011年，联合国教科文组织通过了《关于历史性城镇景观的建议书》（Recommendation on the Historic Urban Landscape）。该《建议书》提出一种保存遗产和管理历史城镇的创新方式——"历史性城镇景观"（historic urban landscape，HUL）。历史性城镇景观立足于更广泛的城市背景，经过了历史性层积和当代发展脉络的动态叠加，其自然价值、物质价值、精神价值与社会价值之间具有关联特征。因此，需从物质价值转向关注其在社会、文化、经济发展进程中的重要意义，并将遗产保护融入城市发展战略。

---

① 赵勇.建立历史文化村镇保护制度的思考 [J].城乡建设,2004(7):43-45.

21 世纪以来，国际古迹遗址理事会历史村镇科学委员会（ICOMOS International Committee on Historic Cities，Towns and Villages，CIVVIH）进一步认识到城市化背景下遗产价值丧失、传统活动消亡、社会和经济基础改变、移民化以及旅游化等诸多现象与问题，提出历史城镇应被视为城市系统的基本部分，需充分考虑政治、经济、文化、社会等领域给其带来的影响。基于此，2011 年 11 月，国际古迹遗址理事会历史村镇科学委员会在第 17 届国际古迹遗址理事会全体会议上通过了《关于历史城镇和城区维护与管理的瓦莱塔原则》（The Valletta Principles for the Safeguarding and Management of Historic Cities，Towns and Urban Areas）。该《原则》强调，控制历史城镇内开展的活动，重视自然环境、建筑环境与社会环境变化所带来的影响与机遇，提倡历史城镇的价值保护是物质遗产与非物质遗产的统一，并根据诺伯格·舒尔茨（Norberg-Shulz）的场所理论，创造性地提出建筑遗产保护应关注场所精神与文化认同，认为空间、建筑和场所内产生的文化与生活方式紧密相关。因此，"场所精神"同样成为历史建筑保护领域需要参考的重要因素。

国际公约、宪章和制度的发布使人们认识到历史村镇的价值，意识到保护的必要性和重要性，推动了国际社会保护历史村镇的进程，体现了保护理念从"修复式"保护到"保护与发展"并存的演进过程。国际历史城镇保护理念与方法的拓展，为我国历史城镇的保护实践提供了借鉴。历史村镇相关国际文件如表 5.1 所示。

表5.1　历史村镇相关国际文件汇总

时间	文件	通过组织
1964	《国际古迹保护与修复宪章》（International Charter for the Conservation and Restoration of Monuments and Sites，简称 The Venice Charter，即《威尼斯宪章》）	第二届历史古迹建筑师及技师国际会议（ICOM）
1972	《保护世界文化和自然遗产公约》（Convention Concerning the Protection of the World Cultural and Natural Heritage）	联合国教科文组织（UNESCO）
1975	《关于保护历史小城镇的决议》（Resolutions of the Conservation of Smaller Historic Towns）	国际古迹遗址理事会（ICOMOS）
1975	《关于建筑遗产的欧洲宪章》（the European Charter of the Architectural Heritage，简称 The Declaration of Amsterdam，即《阿姆斯特丹宣言》）	国际古迹遗址理事会（ICOMOS）

时间	文件	通过组织
1976	《关于历史地区的保护及其当代作用的建议》（Recommendation concerning the Safeguarding and Contemporary Role of Historic Areas，简称 Nairobi Recommendation，即《内罗毕建议》）	联合国教科文组织（UNESCO）
1982	《关于小聚落再生的特拉斯卡拉宣言》（Declaration of Tlaxcala on the Revitalization of Small Settlements）	国际古迹遗址理事会（ICOMOS）
1987	《保护历史城镇与城区宪章》（Charter on the Conservation of Historic Towns and Urban Areas，简称 Washington Charter，即《华盛顿宪章》）	国际古迹遗址理事会（ICOMOS）
1999	《乡土建筑遗产宪章》（Charter on the Built Vernacular Heritage）	国际古迹遗址理事会（ICOMOS）
2011	《关于历史性城镇景观的建议书》（Recommendation on the Historic Urban Landscape）	联合国教科文组织（UNESCO）
2011	《关于历史城镇和城区维护与管理的瓦莱塔原则》（The Valletta Principles for the Safeguarding and Management of Historic Cities, Towns and Urban Areas）	国际古迹遗址理事会历史村镇科学委员会（ICOMOS-CIVVIH）

第二节　构成要素与价值

认知历史村镇的构成要素及价值是开展保护工作、实现村镇复兴的基础。随着全球政治经济环境的嬗变、城市化现代化的推进，以及理论研究和实践探索的深化，历史村镇的构成要素逐步丰富，价值认知日趋深入。

一、构成要素

历史村镇的形成与发展是一个漫长且复杂的过程，受到资源条件、区位优势、行政变迁、宗族礼制、宗教信仰、风水观念、防御意识和诗画境界等自然人文因素的支配，与环境资源、社会文化和产业经济等息息相关，最终通过"人的相关活动""自组织、自适应"而形成。[①]历史村镇是一种文化复合体，在文化积累和传播中发展，在冲突和适应中成长或消亡。

《关于历史性城镇景观的建议书》从物质和非物质（有形和无形）两个维度对"历史性城镇景观"进行定义。物质维度包括地形地貌、自然山水、建筑及建筑群，现存空间中的开放空间、土地利用模式、空间组织、街巷布局以及感知与视觉关系等；非物质维度包括社会文化习俗、价值取向、经济进程及与遗产多样性和特性相关的其他方面。其中，物质维度是村镇的表象，包括生态、生产和生活要素，形成了与自然环境相融合的生态空间、以农业为主体的生产空间以及以聚居为核心的生活空间，涵盖选址布局、农业景观、传统建筑、历史环境要素、饮食服饰等物态要素。[②]

1.建（构）筑物

建（构）筑物是历史村镇核心的物质载体，塔桥亭阁、井泉沟渠、古树名木等要

---

① 熊健吾.基于文化地理学的历史村镇保护开发策略研究 [D].重庆：重庆大学,2012.

② 刘春腊，徐美，刘沛林，等.传统村落文化景观保护性补偿模型及湘西实证 [J].地理学报，2020,75(2): 382-397.

素构成了村镇独特的景观意象，是村民生活图景的生动展现。建筑组织布局体现了整体的空间秩序，例如我国传统的合院，以庭院或天井为核心，外围封闭，内部开敞，整体中轴对称，这是典型的传统家族宗法观念在建筑空间上的体现。建（构）筑物在历史村镇中占有极为重要的地位，它代表了一定地域的建筑文化、社会文化和发展历史。

历史村镇内的建（构）筑物包括文物建筑、历史建筑和一般建（构）筑物。文物建筑一般指具有重大历史和艺术价值的古代建筑作品，与重大历史事件或重要人物有联系的历史建筑或纪念性建筑，或具有某种文化意义的建筑物或构筑物、村镇规划和村镇发展上具有重要意义的建筑物或构筑物，或具有重大意义的近现代建筑物和构筑物等。历史建筑一般指 20 世纪 50 年代之前建造的，具有一定建筑美学和文物研究价值的建筑。文物建筑和历史建筑以外的建筑可统称为一般建（构）筑物，根据风貌保存情况分为传统风貌建筑、风貌协调建筑、风貌不协调建筑。[1]

文物建筑与历史建筑具有历史、艺术、科技价值，建（构）筑物的院落格局、建筑立面、建筑结构、室内布局等均是地域特色的体现。一般建（构）筑物以民居为多。

2.街巷空间

一般来说，街主要是指城内十字形的主干道，而巷指的是居住坊里内的道路空间。街巷空间包括街、巷、弄、河道等空间，以及向两侧延伸为建筑和院落门前的底界面围合的空间，街巷空间局部扩张延伸形成广场等开放空间。[2]街巷空间作为城镇骨架，是介于开敞和封闭之间的空间，是公众空间到私人空间的过渡，是展现城镇风貌的主要廊道，承担着交通、社交等功能（图 5.1）。

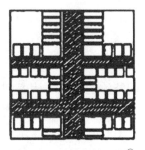

图 5.1　唐、宋、明清街巷空间 [3]

① 陈晓宇 . 历史文化村镇的现状问题及对策研究 [D]. 天津：天津大学 ,2007.

② 刘托，等 . 徽派民居传统营造技艺 [M]. 合肥：安徽科学技术出版社 ,2013:44.

③ 王珊 . 传统街巷空间及其启示 [J]. 福建建筑 ,2002(4):13-15.

传统街巷有直线、斜线、折线或曲线等形态，其形成受自然地理环境和社会文化环境等影响。例如，新疆吐鲁番地区气候条件相对恶劣，夏天炎热，冬天北风肆虐，为适应当地的自然条件，当地街巷曲折狭窄、宅院稠密，街巷上加筑过街楼以形成遮阴空间；苏州周庄是我国著名水乡，周庄镇中主要的街市沿着南北市河、中市河及后港这三条河港布置，形成"双丁"字形的河街格局。

3.村落形态

村落形态在建筑学、地理学语境中，通常是指村落的空间物质形态，也指聚落内各组成部分间的结构。从外观上看，村落形态表现为村落平面的形式以及村落在空间高度上的形态。[①]村落形态不仅体现了规划布局的基本思想，记录和反映了一个古村镇格局的历史变迁，更映射出一定历史条件下村民与村落自然环境互动、融合的痕迹。[②]

自然地理条件是影响村落形态的重要原因。平原村落多沿水分布，其形态相对集中，表现为团状或带状；丘陵地区村落依山势分布，其形态有集聚型、松散团聚型和散居型三类；山地村落分布在山间平地、山脚，有散点分布、线性分布、集合组团等形态；高原村落形态随地形变化种类丰富，呈"一"字、"之"字、"井"字等。[③]不同自然环境孕育着形态不同的传统村落，自然环境的差异也影响到传统村落的建筑布局、形式和村民的生活习惯、民风民俗。[④]

除地理因素外，村落形态普遍受到宗族礼制、宗教信仰、堪舆观念、防御意识、诗画境界等人文理念的支配。村落形态是在特定地域、特定历史环境中由群体设计形成的，往往能反映特定群体的天人观、历史观和自然观。[⑤]村落形态可以表征村落与自然环境互生共融的和谐关系、顺应地形自然延展的聚落形态，进而折射出天人合一的生态伦理。

4.景观环境

历史村镇的景观环境包括宏观、微观两个层次。宏观景观环境满足人们"安居乐业"的生存需要，表现为村镇整体的山水环境景观和农业景观；而微观景观环境则包含私家庭院和房前屋后的景观，其营造要符合自然规律、乡土社会传统文化及礼制

① 吕晶，蓝桃彪，黄佳. 国内传统村落空间形态研究综述 [J]. 广西城镇建设,2012(4):71-73.

② 段进，等. 城镇空间解析：太湖流域古镇空间结构与形态 [M]. 北京：中国建筑工业出版社，2002:10−11.

③ 李欢欢，李红光. 地形对我国村落格局、形态等特征影响研究综述 [J]. 重庆建筑,2021,20(8):5-9.

④ 蒋刚. 传统村落保护规划研究 [D]. 长沙：中南大学,2013.

⑤ 赵勇，张捷，章锦河. 我国历史文化村镇保护的内容与方法研究 [J]. 人文地理,2005(1):68-74.

秩序。①

（1）宏观层次

宏观景观环境是村镇建立的基础。《管子·乘马》载："高毋近阜而水用足；下毋近水而沟防省。"古代村镇的选址往往依山傍水，有利于避冬季风雨、迎夏季凉风，为生活提供必要的保障。代代传承，这种传统的选址模式趋于成熟。

随着聚落规模的扩大，农田开垦面积也随之扩大，从而在村镇周围形成大规模的农业景观。传统农业靠天吃饭，受自然环境和气候影响较大。我国各地环境存在一定差异，西部地区的地形地貌复杂多变，南北方气候差异较大，从而形成不同的农业景观，例如北方的旱地农业景观、南方的圩田农业景观、山区的梯田农业景观、西北地区的沙田农业景观等。与此同时，历史村镇与周围环境有机融合在一起，山川水系、宗庙祠堂都是村落居民的精神寄托，体现出情感认同。建（构）筑物、生态环境、人文景观、乡土文化同精神信仰，共同构成了历史村镇的多层次文化基因。

（2）微观层次

微观景观环境包括房前屋后的半私密景观环境和私家庭院的私密景观环境。②受自然地理气候和传统思想观念影响，我国的传统民居形成了丰富多变的庭院空间。北方地区的四合院沿中轴对称布局，体现长幼、尊卑次序；南方湿热多雨，庭院内多设天井与巷道以散热和防潮。在江南地区，文人热衷于建立私家庭园，运用传统的造园手法在园内掇山理水，追求诗情画意，体现出很高的艺术造诣。

5.非物质文化遗产

历史村镇的非物质文化遗产是由村镇居民创造、使用和传承的文化习俗，存在于村镇居民的生产、社交、祭祀、娱乐活动中，是民众表达自然、经济、艺术、宗教、民族等多种元素的综合文化形态。它们扎根于历史村镇，是集体性生产生活和情感表达的重要方式。日常活动、社会文化和经济活动所产生的文化空间有助于历史村镇居民的身份认同。③

具体而言，非物质要素是村落文化的核心层，蕴含于人文环境中，涵盖了历史影响、民风民俗、手工技艺、行为规范、价值观念等。④历史村镇因其历史地位、重要人物事件等形成的非物质文化遗产备受瞩目，并赋予当地居民共同的历史记忆。带有

① 黄家平，肖大威.历史文化村镇景观环境层次探析 [J].中国园林,2012,28(2):58-62.

② 黄家平.历史文化村镇保护规划技术研究 [D].广州：华南理工大学，2014.

③ Lai L Y, Said I, Kubota A. The roles of cultural spaces in Malaysia's historic towns: The case of Kuala Dungun and Taiping[J]. Procedia-Social and Behavioral Sciences, 2013, 85: 602-625.

④ 何艳冰，张彤，熊冬梅.传统村落文化价值评价及差异化振兴路径——以河南省焦作市为例 [J].经济地理，2020,40(10): 230-239.

浓厚风土人情的传统民俗是历史村镇区别于其他聚落的特色之一，民风民俗和手工技艺是其重要组成部分；行为规范是居民在长期社会活动和交往中共同制定并加以遵守的行为准则，以家风族训和乡规民约为主要载体；价值观念直接反映并影响着历史村镇的精神面貌、居民的地缘归属和文化认同。民风民俗、名人诗文、民间艺术等和文物古迹、传统民居共同反映着历史村镇的深厚文化积淀，构成历史村镇的精神内核。

二、价值认知

20 世纪 90 年代以来，国内对历史村镇的价值认知受建筑学、地理学、旅游学、文化学等多学科影响，已有研究多集中于综合价值、经济价值，尤其是旅游开发价值、景观价值等方面。

1.价值分类

历史村镇的价值特征是在一定自然和人文环境中形成的，包括历史文化价值、空间艺术价值、科学教育价值、游憩体验价值、经济发展价值、内在审美价值和工程参考价值等，并集中体现在村落选址、聚居形态、街巷空间、传统建筑等物质层面，以及历史文脉、地方民俗、传统工艺等非物质层面。

2.价值评估方法

历史村镇价值评估的主体多为专家团队，专家运用专业知识和经验对相关指标进行打分[1]，当地居民对村镇的认同感和归属感也是重要的评估指标。

历史村镇价值评估的客体在国内外因文化、价值判断等不同而有所差异。国际学者多以建筑遗产、乡村景观[2]和历史城镇及其本身所具有的非物质文化遗产等为评估客体，如欧洲国家更多针对教堂、城堡等的建筑结构、宗教信仰、文化资源等进行评价。国内主要针对历史村镇的选址与布局、建筑结构、民俗技艺等物质文化遗产和非物质文化遗产展开研究。

国际学者多采用支付意愿法、半结构化访谈以及科学附加价值法等定量评价和定性评价相结合的方法，对历史村镇价值进行评估和记录。[3]国内研究历史村镇之初，以描述性评估为主要研究方法。随后定量和定性结合的方法逐渐应用到历史村镇的价值评估中，以德尔菲法、层次分析法、聚类分析法等方法为代表，并运用SPSS统计

---

① 梁水兰 . 传统村落评价认定指标体系研究 [D]. 昆明：昆明理工大学 ,2013.

② Benson J. Aesthetic and other values in the rural landscape[J]. Environmental Values, 2008, 17(2): 221-238.

③ Rahman A A, Ismail S M, Ariffin N F M. Public perspective on conservation value of Malay rural traditional village landscape in Langkawi Geopark[C]//IOP Conference Series: Earth and Environmental Science. IOP Publishing, 2018, 179(1): 012018.

软件、Yaahp层次分析软件等进行数据统计和量化分析（图 5.2）[①]。

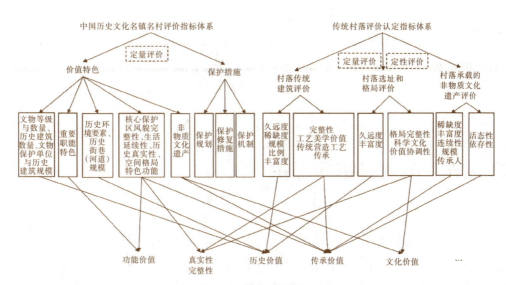

图 5.2　价值评判示意[②]

在中国语境下，历史村镇一般包含以下特点：①保存文物丰富，具备较高的历史文化价值或革命纪念意义，能较为完整地体现一定时期的历史风貌；②承载较为丰富的非物质文化遗产；③村镇原状整体保存较好，传统格局和建筑遗产主体未受到明显破坏，且达到一定面积。

国内外对历史村镇的认知都经过从聚焦历史性建筑向更大范围的历史村镇的演化过程的转变。在逐步"遗产化"和进入遗产保护视野的进程中，村镇肌理、自然环境、地方语言、民俗活动等要素逐渐受到重视。

①② 赵晶雪, 魏峰群, 林碧霞. 传统村落价值评价研究现状及方向探索 [J]. 湖北农业科学 ,2021,60(15):16-24.

第三节　历史村镇的保护

近年来，历史村镇保护的政策制度和法律法规日趋完善。但是，受快速现代化和高速城镇化的冲击，历史村镇的保护方法有限、活化效果不明显、过度商业化等问题日益突出，亟需对历史村镇的保护理念和方法进行探讨，以激发历史村镇活力、实现古今融合发展。

城镇化发展使历史村镇面临着土地使用属性变化、自然景观被破坏、人文景观式微、历史文化空间趋同等问题。随着我国城镇化不断推进，越来越多的农村人口转化为城镇人口，历史村镇的人口流失和老龄化问题日益严重，加剧了传统村镇"空心化"的现象，让居民"留下来"成为历史村镇需要解决的首要问题。

在政策与市场双重推动下，全国各地掀起了乡村旅游热潮，历史村镇因其深厚的文化底蕴和优美的自然风光而备受青睐。然而，历史村镇开发的过程中存在多重利益博弈，旅游和商业的介入在提升当地基础设施、发展经济的同时，也不可避免地带来一些负面影响。作为历史村镇核心要素的景观也因此遭受前所未有的冲击和挑战，突出表现为物质文化景观遭到破坏、非物质文化渐趋消亡、传统文化传承面临断层危机等问题，严重制约了历史村镇的可持续发展。历史村镇文化景观的真实性、完整性保护，已受到政府部门和学界的高度重视。

一、保护原则

1.真实性

《奈良真实性文件》提出真实性与承载价值的信息源的真实、可信相关。信息源包括形式与设计、材料与物质、用途与功能、传统与技术、地点与背景、精神与感情以及其他内在或外在因素。就历史村镇而言，遴选呈现历史村镇价值的信息源，划定保护区、保护历史村镇的建筑和空间格局、维系村镇的居住功能、充分保护村镇的地理与自然环境特征因素，如植被、地质特征、山水形态等，特别是人和自然共同作用形成的景观，都是展现历史村镇真实性的核心要素。对于单体建筑坚持"修旧如旧"的原则，采用原材料、原工艺、原式样、原技术，确保单体建筑的真实性。此外，还应对民风民俗、传统技术、宗教信仰等非物质文化遗产进行系统梳理，确保信息的真实性。

2.完整性

历史村镇是一个由建（构）筑物、环境、空间和人类活动融合而成的系统，是文化与自然价值的融合，完整再现某一时间特定区域的自然地理、人文思想、宗教信仰以及民风民俗，兼具建（构）筑物等单体文物所具备的历史、艺术和科学价值，并具有整体价值大于部分价值的显著特征。历史村镇的价值来源于结构或组成的完整性。历史村镇的完整性体现在历史空间、文脉、村镇与自然环境的关系、民居的建筑形态与空间组合特征等方面。

3.动态性

不同于单体的文物古迹或建筑遗产，历史村镇是具有整体性、活态性的文化单元，是物质文化和非物质文化历时性、共时性的统一体。

作为"活态"遗产，历史村镇处在不断变化的过程中。历史村镇的保护工作要求在延缓其物质遗存消失的同时，充分保障当地居民的正常生产生活。这意味着需在保护"真实性""完整性"的基础上对街巷空间、建筑内部构造进行适度改造，使其能够满足当代人的需求。同时，在历史村镇的活化利用过程中，应设置一定的弹性空间，可根据突发或新发现的情况对保护措施进行适时适当调整，实现历史村镇的可持续发展。

二、保护策略

自 20 世纪 80 年代历史文化名城三级保护制度建立以来，我国逐渐形成了以"名城—名镇—名村"为经度、以"城镇—街区—遗产点"为纬度的历史村镇保护总体框架。然而，现有的保护方法多停留在注重景观的空间规划与静态保存的传统思维中，对真正推动经济社会发展并带动景观变化的文化内因系统认知不足，引发了各种现实问题，导致"保护性破坏"的悖论。一方面，文物保护的评估体系注重"年代""质量""等级"等静态标准，无法体现历史城镇的动态性；另一方面，现有历史村镇工作框架，重申报轻管理，引导控制力不足，多侧重于限制性的措施，对基于历史城镇的可持续发展和提升管理能力的引导性措施涉及较少。

历史村镇的独特意义在于其承载了丰富的历史价值。因此，应依托时间、空间，通过对其时间维度历史层积的挖掘、空间维度价值融合的认知，发现并厘清其核心价值，以探索更加科学有效的保护方式。

1.历史性城镇景观保护法

为应对不同情境下保护与发展、新与旧、历史与当代之间的矛盾与冲突，《关于历史性城镇景观的建议书》提出了解决冲突矛盾的有效方法——历史性城镇景观。该方法不仅适用于面临巨大发展压力的城市区域，又可用于完整性和真实性均得到有效保护的乡村和古镇。[①]

（1）概念

2005年，国际古迹遗址理事会第十五届缔约国大会通过了以《维也纳备忘录》（The Vienna Memorandum on World Heritage and Contemporary Architecture-Managing the Historic Urban Landscape）为基础的《保护具有历史意义的城市景观宣言》。该《宣言》提出了"历史性城镇景观"，它包含双重含义，既是一种认识城镇遗产的新视角，又是协调遗产保护与城镇可持续发展的新方法[②]，即在承认城市动态发展的基础上，把所有的城市遗产保护对象、城市环境与现代建筑等整合在城市景观之中，并将城市物质遗产、地区文化和场所精神的保护和传承融入城市发展框架，从而实现城市发展框架下的遗产保护。这一概念超越了诸如"历史中心"（historic centre）、"集合体"（ensemble complex）或"周边环境"（surrounding environment）等传统词汇，包含更广的地域与景观环境及历史文脉。[③]

作为认知城镇遗产的新视角，历史性城镇景观被定义为"文化和自然价值及属性在历史上层层积淀而产生的城市区域"，脱胎于特定空间在不同时期的各种社会特征，决定因素主要包括"土地使用模式、空间组织、视觉关系、地形地貌以及技术性基础设施的各个部分"。其核心内涵包含"空间"（历史性城镇当前存在的所有有形的物质空间要素）和"空间变化的机制"（对历史性城镇景观形成产生作用的社会、文化、经济机制）。[④]

历史性城镇景观保护法的步骤包括：①对历史城市的自然、文化和人文资源进行全面评估；②通过参与式规划和利益相关者协商的方式达成价值共识，并明确要向后

① 周俭，吴瑞梵.历史性城镇景观方法的运用——从实践者的视角[M].上海：同济大学出版社，2018: 1-3.

② 屠李，赵鹏军，胡映洁，等.试论传统村落的层积认知与整体保护——历史性城镇景观方法的引入[J].城市发展研究，2021,28(11):92-97.

③ 景峰.联合国教科文组织《关于保护城市历史景观的建议》（稿）及其意义[J].中国园林，2008(3): 77-81.

④ New life for historic cities: The historic urban landscape approach explained [EB/OL] .[2024−09−10].https://unesdoc.unesco.org/ark:/48223/pf0000220957.locale=zh.

代传递的价值；③评估遗产特征面在社会经济压力和气候变化影响下的脆弱性；④将城市遗产价值及其脆弱性纳入更广泛的城市发展框架；⑤优先考虑保护和发展的政策和措施；⑥建立适当的（公私）合作伙伴关系及本地管理框架，建立不同参与方之间各项活动的协调机制。

（2）层积认知

"层积"（layering）同时涉及表象层面上的空间层积和抽象层面上的价值层积，前者是表象，后者是本质，需要由空间表象推知价值本质。[①]《历史性城镇景观方法实施指南》中进一步提出，不同历史时期人类活动在城镇空间上表现出来的层积（即空间层积）类型主要包括地形地貌、水文地理、建成环境、基础设施、开放空间、城市结构等。不同历史时期、不同类型空间层积切片之间存在社会、经济、文化、空间上的关联，彰显社会、经济、文化方面的多样性和特性、经济进程、社会价值、文化习俗等。因此，历史性城镇景观保护法将城镇遗产视为历史和当前发展动态层积的结果，层积过程则是历史上人类社会与环境相互作用的结果。相比传统的以静态片段方式看待遗产的保护理论和实践，历史性城镇景观方法转向动态层积认知。[②]

（3）整体保护

整体保护（integrated conservation）是贯穿历史性城镇景观保护法的另一核心理念。历史城镇的整体性，应建立在对"文化遗产的性质、文化语境、时间演进"的考察之上。[③]历史性城镇景观保护法将城市遗产保护纳入整体可持续发展框架中，并在遗产认知、价值评估和保护管理上进行新的理论创新：①遗产认知方面，强调从时间和空间两个维度对遗产进行层积认知，关注历史遗存与自然环境、历史遗存与整体历史文化价值、个体历史遗存之间的联系，并深入发掘其形成的社会、经济、文化背景机制；②价值评估方面，在保留历史价值的同时，关注社会、经济、文化价值以及多维价值的整体认知；③保护管理方面，强调通过运用公众参与、知识和规划工具、金融工具、监管体系等，实现改善当地民众生活条件和促进社区发展、建立城市保护良性循环等目标。

首先，历史村镇大多年代久远，内部不同时期、不同类型的历史遗存及其价值特征不断累积，形成独特的空间与价值层积。为深入理解和全面把握这些层积内涵，应对其进行更全面、系统、整体的认知。其次，历史村镇的区域社会、经济、文化等整体特征明显，其历史发展进程深受区域自然环境、经济活动、社会发展、文化底蕴等

① 刘祎绯.认知与保护城市历史景观的"锚固—层积"理论初探 [D]. 北京：清华大学, 2014.

② 曹永茂，李和平. 历史城镇保护中的历时性与共时性——"城市历史景观"的启示与思考 [J]. 城市发展研究,2019,26(10):13-20.

③ 张琪，张杰. 历史城镇的动态维护及管理——《瓦莱塔原则》的启示 [J]. 城市发展研究, 2015, 22(5): 57-62.

因素影响，隐藏于层积规律和价值特征背后的社会、经济、文化机制亟待探讨。再次，历史村镇的延续性使得历史遗存与当前发展空间高度重叠。在以往保护实践中，遗产保护与可持续发展的矛盾始终突出，迫切需要协调，而这正是历史性城镇景观方法中的层积认知和整体保护理念所试图解决的问题。①

2.层积视角下的保护内容

历史村镇层积认知的内容主要有三部分：①从空间层积认知展开，在梳理历史村镇发展脉络的基础上，分阶段分类型剖析空间层积演进过程，进而揭示空间层积规律；②在利益相关者的参与下，分阶段提炼传统村落价值特征并探寻价值共识；③揭示空间层积和价值层积形成的社会、经济和文化背景机制。②

（1）历时性——时间维度的历史层积挖掘与保护

所谓历时性，即关注历史村镇产生发展的完整生命周期。历史层积是历史性城镇景观形成的基础过程和必经之路，只有通过对其历史层积的深入挖掘和认识，才可以更加客观准确地揭示历史性城镇景观发展变化的阶段特征，并实现对"活态"遗产的文化挖掘和价值识别。历时性不仅强调对不同时期历史文化的挖掘，更强调要以平等的眼光看待各个时期的层积，即历史性城镇景观的不同历史层次，不论繁荣或衰败，都具有其独特的价值和意义。层积挖掘还应按照历史的发展全面铺开，通过时间分段的研究方法，对历史性城镇景观动态发展的全过程进行描述和研究，从而探讨和认知其历时性。

（2）共时性——空间维度的景观特征识别与保护

所谓共时性，则是从空间角度出发关注同一时段下呈现出的景观特征。即从景观空间层面进行探索，通过从宏观到微观、分层次的研究方法，对历史村镇当下共时性景观特征进行全面识别，并提出个性化保护路径。

一般情况下，共时性的识别主要有城镇布局、街巷格局、建筑秩序三个层次。城镇布局是指历史村镇的人工环境与外围山水格局环境的空间结构关系；街巷格局是指历史村镇中街巷呈现的整体格局；建筑秩序是指历史村镇中建（构）筑物组织结构表现出来的特征秩序。在识别这三个层次的基础上，与景观特征的识别相融合，从宏观到微观、分层次地进行保护。

（3）空间层积

空间层积可揭示村镇空间形成和发展规律，包括三部分内容：一是基于空间区域

---

① 曹永茂,李和平.历史城镇保护中的历时性与共时性——"城市历史景观"的启示与思考[J].城市发展研究,2019,26(10):13-20.

② 屠李,赵鹏军,胡映洁,等.试论传统村落的层积认知与整体保护——历史性城镇景观方法的引入[J].城市发展研究,2021,28(11):92-97.

视角，梳理村落空间发展脉络；二是识别空间层积类型，包括地形地貌、河道水系、传统村落、道路体系、遗产建筑、开放空间、基础设施和公共服务设施等类型；三是分阶段分类型形成空间切片，并通过GIS空间叠加等方式分析空间层积规律。

3.整体保护实施步骤

整体保护策略主要从管理方式变化、居民生活条件改善与社区发展、保护与发展良性循环三个方面展开，通过保护规划、动态监测和社区参与等方式落地。

（1）保护规划

历史村镇保护规划是为实现保护目标而预先安排行动步骤并付诸实施的过程。制定保护规划首先应认识历史村镇的过去和现在，发现其自身发展的规律，在深入认识历史村镇的基础上制定一系列目标。[①]

《历史文化名城名镇名村保护条例》第十三条规定："保护规划应当自历史文化名城、名镇、名村批准公布之日起1年内编制完成。"编制保护规划是国际上通用的历史村镇保护方式。

保护规划应当包括保护原则、保护内容和保护范围，保护措施、开发强度和建设控制要求，传统格局和历史风貌保护要求，核心保护范围和建设控制地带，保护规划分期实施方案等内容。规划期限应当与城市、镇、村总体规划的期限一致。

编制保护规划第一步要进行资料收集和调研评估，对历史村镇现状概况、历史价值与特色、地理位置与历史沿革、资源及特色等内容进行综合评价与评估、现状梳理，为制定详细的保护策略提供参照。

第二步应划定保护范围。保护范围的划定参照《全国重点文物保护单位保护规划编制要求》或《历史文化名城保护规划规范》，根据历史村镇构成要素划定范围，并根据保护力度划分核心保护区和建设控制地带。核心保护区包括传统建筑集中的片区及其周围的田园环境，分散分布的重要历史建筑等可以按文物保护的方式划定核心保护范围；村域范围内的其他地区可划定为建设控制地带。

第三步需明确保护内容和保护措施。对历史村镇内部景观环境、建（构）筑物、非物质文化遗产等提出明确的保护措施。以村镇内的保护建筑为例，需对其划定核心保护区和建设控制地带，根据历史风貌的保存情况做不同程度的修缮。同时，还要提出应对消防、气候、地质灾害等的方案与措施。

我国的历史村镇保护措施多为限制性的规定，但国际上通常包括限制性措施和指导性建议两个方面。例如，法国建筑、城市和景观遗产保护区制度（Zone de

---

① 黄家平.历史文化村镇保护规划技术研究 [D].广州：华南理工大学,2014.

protection du patrimoine architectural，urbain et paysager，ZPPAUP[①]）一般包括三个方面的内容：一是对"可以做"的规定，如修复、建筑屋面翻修或者立面整饬、种植等；二是对"不可以做"的规定，如禁止拆除、砍伐、改变建筑外观，以及对于建筑的高度、搭建方式和土地占用方式的规定；三是对建造方式的规定，如材料、程序、技术、色彩、公共空间的处理方式、城市家具的选择、商业店面的布局。导则往往采用非常直观易懂的方式，说明建造中允许和禁止的行为（图 5.3，图 5.4）。[②]

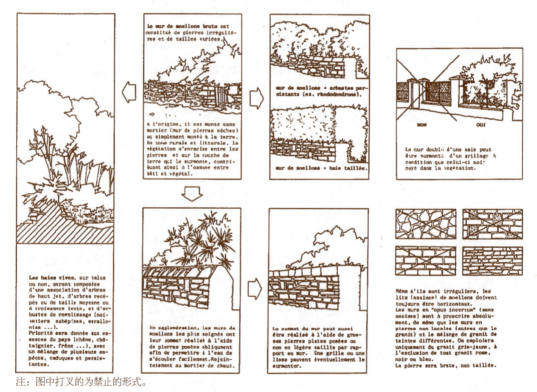

注：图中打叉的为禁止的形式。

图 5.3　Benodet 的 ZPPAUP 规划中有关围墙的导则[③]

① 2010 年法国将 ZPPAUP 的名称改为 AVAP(Aire de mise en valeur de l'architecture et dupatrimoine，建筑和遗产发展领域)，目的是更加体现从"保护"到"价值重现"的理念转变。

②③ 邵甬，阿兰·马利诺斯.法国"建筑、城市和景观遗产保护区"的特征与保护方法——兼论对中国历史文化名镇名村保护的借鉴 [J].国际城市规划,2011,26(5):78-84.

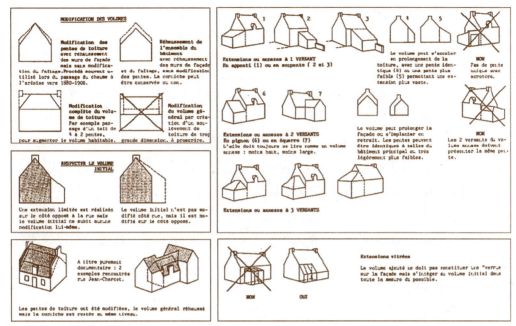

注：图中打叉的为禁止的形式。

图 5.4　Benodet 的 ZPPAUP 规划中有关建筑体量的导则 ①

第四步需明确适应性更新内容及措施。通过调整功能布局、改善交通设施、增设公用工程设施、公共服务设施等措施保障当地居民生活。

（2）动态监测

历史村镇中的老屋结构复杂、体量较大且极易出现自然老化、坍塌等安全问题，仅依靠人工监管非常困难。随着现代科技的进步，我们可以利用物联网、大数据、人工智能等技术，对建（构）筑物的结构进行实时监测，通过大数据分析其安全现状和变化趋势，制订出修缮和维修方案，同时还可利用人工智能等技术预判其风险进行智能预警，以确保历史村镇构成要素的本体安全。

（3）社区参与

居民作为历史村镇发展的见证，是其保护与传承的关键，更是其活化与发展的核心。公众参与、社区自治是保护规划得以落地的重要因素，也是历史村镇实现可持续发展的重要途径。

1999 年，中国台湾地区的桃米村遭遇强震，新故乡文教基金会参与并引导了桃米村的震后重建工作。基金会首先帮助桃米村成立了"社区重建委员会"，村民通过"委员会"了解村庄未来规划的信息、表达意见、提出建议，村民在共同议事的过程

---

① 邵甬，阿兰・马利诺斯 . 法国"建筑、城市和景观遗产保护区"的特征与保护方法——兼论对中国历史文化名镇名村保护的借鉴 [J]. 国际城市规划 ,2011,26(5):78-84.

中获得参与感。① 在此基础上，基金会因势利导，通过导游培训、村民会议、社区活动帮助居民逐步建立社区自豪感，使他们积极投身灾后重建。

4. 数字化保护

数字化保护是指将历史村镇的物质遗产和非物质文化遗产信息转化为数字化信息，并以此为基础建立与"现实环境"相对应的"虚拟环境"。不仅能在虚拟环境中实现物质和非物质文化遗产的永久性保存，还能通过虚拟现实技术实现历史村镇保护"情景展示"和"延伸发展"，将历史村镇的活态化传承从现实世界延伸到虚拟世界，为历史村镇的可持续发展提供更多路径。

历史村镇的数字化保护包括信息采集、数据应用和信息传播等 3 个阶段。

①信息采集。历史村镇是一个包括物质文化遗产和非物质文化遗产的复杂体系，其中部分资源是活态的。通过信息技术可以将这些不同类型的遗产记录下来，形成完整丰富的基础资料数据库。

②数据应用。历史村镇的数字信息是虚拟现实技术的基础，可用于重新建构历史村镇不同时期的空间形态和历史剖面，还可以借助三维扫描、3D 打印技术等进行创意开发，凝练文化 IP 或文创产品。我国已建立了中国传统村落数字博物馆，让公众可以通过网络了解传统建筑和传统文化。

③信息传播。新媒介在信息传播上具有传统媒介不可比拟的时效性、体验性和跨界性，具有更加丰富的感官形式、更加直观的表达方式和更加便捷广泛的传播渠道，为历史村镇文化遗产的传承传播提供了新的方式和手段。

浙江省台州市仙居县白塔镇高迁村是国家级历史文化名村。"记忆高迁·爱得我所—高迁数字记忆"网站以古村数字档案建设与深度开发为基础，以历史文化的数字化保护、传承与传播为目标，结合传统媒介方法、数字技术等，通过"多维叙事"等实现高迁古村的数字化呈现。

三、重庆丰盛古镇的保护实践

基于历史性城镇景观保护法的学理思考，重庆大学以丰盛古镇为案例进行了探索实践，取得了一定的成效。②

1. 丰盛古镇发展沿革

丰盛古镇位于重庆市巴南区东部，距重庆市区 30 多公里，地处巴南、涪陵与南

---

① 李静兰. 社会资本视野下的社区建设研究 [D]. 广州：暨南大学 ,2014.

② 曹永茂，李和平. 历史城镇保护中的历时性与共时性——"城市历史景观"的启示与思考 [J]. 城市发展研究，2019,26(10): 13-20. 本案例所涉及图文等相关内容均引自该文，不再一一注出。

川交会处，物产丰富，商贸兴盛，故而得名。丰盛镇在宋代就具有场镇和旱码头的雏形，历经明清发展达到顶峰，成为"一脚踏三县"的要冲，享有"长江第一旱码头"之称。古镇最早起源于宋代时期的"古驿站"，驿站设有通往东南西北的四道大门，古称"封门"，是现在古镇四大场口的雏形和基础。明代时期，随着"湖广填四川"等大批移民的进入，丰盛场镇初步成型。

清康熙四十六年（1707年），丰盛场镇正式立市，依托其良好的区位条件和基础进入了发展繁荣期。清中后期社会动荡，古镇在基本延续原有格局基础上，修建了大量的碉楼建筑。民国时期，古镇防御体系的建筑因战乱在这一时期达到最多。

2. 古镇布局及特色

作为典型的西南地区历史城镇，丰盛古镇在景观格局方面特色鲜明。古镇位于东西两条带状丘陵群所夹的槽谷地带，其间从南向北分布有十座小山丘，这些小山丘凸起于平地之中，形似乌龟，当地民间用"九龟寻母"来描述其整体格局。古镇镇区以"九龟"中的清源楼山体为背景依托，将镇区布置在其北侧平地，形成了"山—水—城"多维统一的山水景观格局（图5.5）。

图5.5　丰盛古镇山水景观格局 [①]

受古镇商贸发展影响，丰盛古镇的街巷呈"回字长街"的整体格局。其中，以十字街、江西街、福寿街等为骨架，沿街分布有各种各样的商业店铺，并与外围节点处

---

① 图片来自网络 (https://www.cq.gov.cn/zwgk/zfxxgkml/zdlyxxgk/shgysy/ggwhty/whly/202309/t20230928_12397054.html)。

的四大场口（木洞场口、硌碛场口、南川场口、涪陵场口）共同构成丰盛城镇的整体布局。

建筑秩序方面，受中国传统的封建宗法礼制及观念影响，丰盛古镇以清远楼山体为背景，构建了"清远楼山体顶点—江西会馆（已毁）—禹王宫—万天宫（已毁）"的中心轴线，在明代时期就已经形成了"三宫一线"的建筑秩序。

3.历时性视角下文化层积传承

历时性视角主要指按时间分段挖掘文化的传承和延续，可分为物质文化、非物质文化两类要素。

物质文化要素方面，通过分时段层积挖掘，将丰盛古镇文化层积分为旱码头文化、防御体系、忠义组织、长寿文化四大类，并对应到古镇的历史空间和物质载体，分析其主次关系与组合关系，厘清空间生产与社会发展间的联系。

非物质文化要素方面，通过对丰盛古镇非物质文化要素的梳理，确定重点保护1项区级非物质文化遗产"丰盛扎制工艺"，以及"莲萧艺术""制秤工艺""打铁工艺""茶馆说书"等4项未定级非物质文化遗产，并与丰盛古镇的物质文化要素相联系，挖掘蕴含其中的文化内核。

4.共时性视角下景观特征的分层次保护

（1）宏观层次：城镇布局

第一，调整保护范围。丰盛古镇在既往保护范围的划定中未充分考虑对整体格局的保护，比如在建设控制地带的划定中忽略了丰盛古镇的景观整体性，只包含了文庙山体和清源楼山体两大山体。因此，应将距离古镇较近、与古镇景观相连的"九龟寻母"的主要山体和东部水系等全部划入控制地带，并从功能引导、建筑风貌与建筑高度保护控制等多个方面提出具体的保护和控制要求，从而对丰盛古镇的整体景观格局进行保护。

第二，调整原有的道路系统。尽可能将道路布置在古镇景观格局外围，以做好交通分流，形成新的参观轴线，保护古镇风貌和文物安全，减少对古镇居民正常生活的影响。

第三，控制丰盛古镇的视线廊道。丰盛古镇具有丰富的"城景"视线廊道资源，一方面源于古镇所在处的山水格局，另一方面则源自其内部碉楼、山体与城镇等防御体系构成的视线廊道。可据此规划景观视线通廊，重现"九龟寻母"的景观格局和古镇防御体系格局。

（2）中观层次：保护"回字长街"的街巷格局

街巷格局方面，一是在平面形式中，保护和维持现有的"回"字形街巷格局和空间（包括街道的走向、宽度及其与原有建筑高度的比例），延续街巷肌理。二是在立面的保护和延续中，针对十字街、福寿街等历史街巷进行现状界面评估，分析亟需整治的街巷界面，有针对性地提出具体修缮措施。

（3）微观层次：保护"三宫一线"的建筑秩序

结合古镇建（构）筑物类型、质量、破损程度、保护价值等进行分类保护，采用保护修缮、维修改善、整治维修、更新改造等方式进行具体保护。建筑秩序方面，根据遗留的历史信息，选择可行方式恢复和重现"三宫一线"的建筑秩序。同时，结合丰盛古镇的当代发展，为其注入新的活力。

第四节　历史村镇的有机更新

作为承载地方文化、展现区域文明的历史村镇，在不破坏其真实性和传统风貌的同时，可以深入挖掘并充分发挥其作为文化遗产的综合价值，使其融入当代社会发展的进程中，"以利用促复兴"，实现可持续发展。

一、更新原则

1.保护优先原则

保护是基础。历史村镇的开发和利用，必须以保护为前提，应遵循保护优先、合理利用的原则。

2.可持续性原则

可持续发展是指既满足当代人的需求，又不对后代人的需求构成威胁的发展。在历史村镇形成、兴盛、衰退和更新的过程中，应在传承中华优秀传统文化的前提下，将文化遗产保护和自然环境的提升作为村民生活不可分割的一部分，并辅以完善的整体布局规划和实现策略，促进历史村镇的可持续发展。

3.系统性原则

历史村镇是集自然生态、人居环境和社会发展于一体的综合系统。其生态环境和自然资源的保护是可持续发展的条件和前提，经济效益是可持续发展的驱动力，社会效益是可持续发展的宗旨。综合协同发展方可实现历史村镇的整体保护和有序发展，进而实现历史村镇的活态传承。

二、有机更新概念及发展

通过历史遗产的有机更新实现其文化意义（cultural significance）的永续传承，是保护工作的宗旨，是实现社会效益和文化价值的有效途径。

"更新"不等于拆除重建，是在确保原有风貌和肌理不受破坏的基础上进行必要、适当的调整与改变。"有机"意味着事物各部分就像一个生物体那样相互关联协调、紧密联系。"有机更新"是指以适当的规模与合适的尺度，依据改造的内容与要求，妥善处理当下与未来的关系，使个体发展达到相对完整。这样集无数相对完整之和，即能达到有机更新的目的。[①]

1979—1980 年，吴良镛院士在主持北京什刹海规划期间提出了"有机更新"理论。菊儿胡同与南锣鼓巷、北京国子监历史文化保护区、白塔寺街区等的保护与更新实践进一步丰富和完善了有机更新的理论内涵。自此，"有机更新"理论被广泛应用于老旧城区、历史街区、传统社区的改造研究中。20 世纪 90 年代末，王路等学者将"有机更新"理论与乡村改造更新结合起来，通过有机更新实现乡村人居环境的可持续发展。[②]

有机更新是在保持原有风貌和肌理的基础上，对无法满足当代人生活、生产需求的历史村镇要素进行适应性改造提升，以实现居民美好生活和村镇的可持续发展。目前，有机更新的内容包括三个方面：一是对基础设施和村内建（构）筑物的改造，二是对自然环境的优化，三是赋予村镇适应性功能。

1.本体设施有机更新

历史村镇的有机更新应从微观至宏观，以小规模、渐进式的方式更新。

微观层次上，核心保护区、建设控制带与环境协调区的民居可实行"内新外旧"的更新策略。即结合当代发展和居民需求对民居内部进行现代化装修，增加厨房、卫生间，弥补原有住房舒适性弱、宜居性差的缺陷。其外部可在保持原有风貌的基础上适当翻新。

中观层次上，更新历史村镇内部基础设施和公共服务设施，强化医疗、教育、文娱、社会保障体系等公共服务功能，完善电网、路网、环卫设施等基础设施服务功能。

宏观层次上，历史村镇应与镇域、市域有机联系起来，加强传统村落路网建设，提高交通可达性。

---

① 李伯华,杨馥端,窦银娣.传统村落人居环境有机更新：理论认知与实践路径 [J].地理研究,2022,41(5):1407-1421.

② 王路.农村建筑传统村落的保护与更新——德国村落更新规划的启示 [J].建筑学报,1999(11):16-21.

2.自然生态环境优化

提高村民生态保护意识是优化历史村镇自然生态环境的前提。历史村镇内部应加大生态保护力度，根据村落土地利用现状制定村落发展规划，统筹安排生态用地布局与规模。

此外，还要对历史村镇景观系统进行合理的规划设计，推进人文景观与自然景观有机融合，从而提升传统村落的人居环境美学品质。历史村镇的景观设计不仅需要考虑美观性和实用性，还需要兼顾文脉传承，充分展现历史村镇的风貌特色。农田、水系以线状形式进行水土涵养设计，形成缓冲带以保护历史空间。大面积的自然林、草地等以面状形式形成生态核心区，可在核心区周围打造人工景观隔离带，以最大程度地降低人类活动对自然生态的干扰。

对历史村镇自然生态环境空间的利用，主要包括营造山体水系、梯田景观及特色种植、养殖等方面，形成高效利用模式。山体作为村镇整体风貌的背景，可在保护的基础上，以观赏点营造、旅游开发等方式进行利用。村镇水系通常呈原始自然的形态，既是生产生活之源，也是重要的景观节点。对于水体，可通过建设沿河休闲绿带、生态坑塘、水上集市、亲水平台等方式，构建以水为载体的交流活动场所。在山地村镇中，可根据梯田走势，种植不同时节的花卉，增设景观小品，根据相应的主题，通过色彩的变化、种植的疏密程度以及形式，进行大地艺术创作，塑造梯田特色艺术景观。位于山区的历史村镇，具有特色种植、畜禽养殖的优势，可以形成独具地域特色的农业和养殖业。

3.功能植入

对于民居和寺庙、祠堂等历史建筑，可以在延续原有功能的基础上，进行与建筑自身价值特征相符的开放利用，如用于文化展示，改造为传统博物馆、展览馆、美术馆等公共文化空间等。一般性建筑还可转变为民宿、办公服务场所或手工技艺工作室等文化产业空间。对具有重要价值意义的文物建筑，可结合村镇资源和发展定位，制定传统村落旅游规划，组织开展乡村旅游活动。

4.产业升级

还可以通过产业升级等方式来避免村镇衰落、村民外流，促进村镇产业形态的多元和可持续发展。可以通过"文化商标""历史商标"等赋予产业丰富的文化内涵，将传统产业与村镇的地域文化、地理历史有效衔接，并通过生产要素改进、生产效率与产品质量提高、产业链升级等形成集聚效应，以产生社会效益和经济效益。例如，湖北鹤峰的历史村镇在原有的农业基础上，开发了多种特色农产品，包括富硒茶、小土豆、魔芋、药材、蜂蜜和其他蔬菜干果，取得了一定的成效。

同时，随着文旅融合成为历史村镇产业发展的主流方向，村镇的传统农业、手工业和商贸产业格局等也开始向文化产业转型。产业升级不仅更新了村镇的空间布局（由传统单一的生产生活空间转化为多元功能空间，包含旅游、民宿、餐饮、休闲、生产生活、会展等多种功能），而且还拓展了产业形态，服务到更多的受众群体。浙江乌镇从传统的江南水乡逐步转变为信息服务之镇、文化展演之镇，就是一个典型的范例。

5.艺术乡村建设

近年来，公共艺术正在潜移默化地参与历史村镇的振兴，为历史村镇注入新的活力。越来越多的历史村镇在不改变本体的原则下，利用建筑色彩、造型、声音等形式进行艺术乡村建设，给当地居民和游客带来新的艺术体验。

艺术乡村建设是指以艺术激活村镇文化、推动村镇复兴，探索乡村振兴、城乡融合和历史村镇的保护发展。历史村镇是传统文化、建筑艺术和自然生态的有机融合，反映人与自然的和谐关系，是孕育艺术、创新发展的优质载体。艺术介入到村镇活化建设，可以发挥其文化熏陶和公众教育等作用，让艺术转化为历史村镇的新型资源。

重塑村落业态是艺术活化建设的一项重要内容。在缺乏产业资源的村镇，发展文创产业是重塑历史村镇业态的重要途径。既可以依托历史村镇原有的资源，对农产品和农业经营模式进行创意包装与改造，或将农业生产活动与网络直播、小视频制作结合等；也可以引入新的产业，依托本地的传统手工艺研发创意产品，打造本土创意品牌，例如通过招募乡村创客，将村落建设成影视、动漫、音乐、绘画、雕塑等创作基地。不过，为防止历史村镇出现同质化发展，地方政府应当进行统筹规划，以避免"千村一面"。

在艺术乡村建设的实践中，艺术赋予了村镇新的价值，也因文化碰撞产生了新矛盾。有学者反思艺术乡村建设中本土文化与外来文化的冲突问题：艺术乡村建设是本土文化的重建还是外来文化的植入？在当前的艺术乡村建设中，艺术元素本着重构本土文化的信念，梳理并试图系统呈现当地本土文化。但现实中，艺术介入后的村镇往往会显现出外来文化植入的痕迹。历史村镇艺术振兴中如何做到保护与发展的平衡，是值得我们审慎思考的一个议题。

6.文旅融合

2017年，中国共产党第十九次全国代表大会上首次提出乡村振兴战略，并提出了"产业兴旺、生态宜居、乡风文明、治理有效、生活富裕"五大总要求，在宏观层面为乡村振兴战略指明了发展方向和目标。历史村镇拥有丰富的历史文化资源，文旅融合既可满足乡村旅游、文化消费的公众需求，又可提升历史村镇的文化知名度，带动村镇可持续发展，是实现乡村振兴的有效途径。

发展文旅融合产业，需先进行旅游潜力评估，这是保障历史村镇旅游业有序开展的必要前提。通过旅游潜力评估，不仅可以梳理遴选出具有旅游潜力的人文、生态基础资源，还可评估其应对旅游业负面影响的能力。值得注意的是，并非所有历史村镇都适合发展旅游业，还需要综合评估其区位、交通条件、文化资源、市场前景、经济投入等多重要素。

发展旅游产业是历史村镇实现乡村振兴的重要途径之一。旅游开发的初衷是传承好、利用好优秀传统文化，挖掘其丰富内涵，让历史村镇文化历久弥新。但在现实生活中，历史村镇的旅游开发和保护间往往存在相互制约的矛盾：重保护，则易制约开发利用，降低历史村镇作为文化资源的利用效益；重旅游开发，则可能会影响保护，甚至破坏历史村镇的文化遗产。这是历史村镇保护利用的实践探索中要重点关注的一个问题。

三、村镇有机更新实践

（一）中国乌镇

1.概况

乌镇地处浙江省桐乡市，是典型的江南水乡古镇，完整保留了晚清和民国时期的古镇格局，具有深厚的人文历史底蕴。乌镇兴盛于南宋淳熙、嘉定年间，至德佑二年（1276）骤然衰落。元初稍兴，元末又遭兵燹，阖镇洗劫一空，荡然无存，"其仅存者唯两浮屠之遗迹焉"。明成化、弘治年间，风调雨顺，连年丰收，不但恢复了南宋旧观，还更胜于旧时规模；嘉靖、万历年间，乌镇因交通便利、商贾云集等，成为居民万户的特大型市镇。清朝时期，随着桑蚕业的发展，乌镇的规模不断拓大。民国时期，乌镇仍蓬勃发展，规模日益扩大，出现了高度发达的工商业，如冶业、造船业、洋广货业等，还开办了邮政局、照相馆、钟表馆、西药店等现代商店。

2.遗产构成与价值分析

受水网分布影响，乌镇总体平面布局呈"十"字形。十字交会处是全镇的核心空间，称为"中市"，十字四翼空间称"四栅"，主要由东西南北四街和其周边区域构成。核心空间是居住和大型集会活动的场所，四栅则混合了商业、公共活动等功能（图 5.6）。

图 5.6　乌镇街巷历史格局 [①]

　　乌镇现有的空间形态是在宋代以后逐步发展演变而来的。根据遗产的属性标准，可分为物质文化遗产、非物质文化遗产、自然景观和相关要素景观，具有多重价值（表 5.2）。

表5.2　乌镇价值构成表

人地互动价值	人居价值	文化价值
航运 土地利用	水陆交通 人、水、街互动 水乡建筑	亲水文化 民俗文化 名人文化

3.保护利用模式

　　经过近年来的发展，乌镇四栅已呈现出截然不同的风貌特征，故当地政府实施了不同的开发模式。东栅采用传统景区开发模式；西栅通过项目、事件发挥文化集聚效应；北栅通过废弃厂房改造，引入现代艺术，实现环境再生；南栅保护历史文化街区，目前尚未开发，仍有一定数量的原住民在此处居住，是格局和风貌保存较好的文化

---

① 图片来自网络 (https://www.gov.cn/xinwen/2021−01/12/content_5579178.htm#1)。

街区。

其中，东栅片区以丰富的历史资源为依托，成为传统文化展示区。以茅盾故居、木心故居纪念馆为核心景点，因此，第五、六、七届"茅盾文学奖"（2000、2005、2008）颁奖礼在乌镇举办。此外，东栅还开辟了丰富的民俗展馆及传统工艺作坊，对蓝印花布、三白酒、姑嫂饼等传统工艺品与食品生产工艺加以恢复，复原了镇区历史上具有浓郁地方个性色彩的"香市""瘟元帅会"等民间节日，并保护了皮影戏、箍桶等濒临失传的民间技艺。

西栅景区由 12 个碧水环绕的岛屿组成，1.8 公里长的老街横贯东西，两侧有名胜古迹、手工作坊、经典展馆等，纵横交叉的河道近万米，形态各异的古石桥 72 座，河流密度和石桥数量在我国古镇中罕见。

北栅片区的历史风貌过去破坏得很严重。20 世纪六七十年代，众多小工厂在此修建，原有民居逐渐被蚕食，环境也由此受到影响。其中，建于 1970 年的北栅丝厂，到了 20 世纪九十年代逐渐闲置，当地政府邀请设计师用当代艺术将其进行了重新改造设计（图 5.7）。

图 5.7　北栅丝厂改造前后对比 [①]

乌镇的有机更新，首先采用整体产权开发模式。政府全资买断西栅所有原商铺和住房的房屋产权，实现了整个景区开发的主体一元化，以规避开发中主体多元所带来的弊端以及与居民之间的矛盾。

其次，衔接历史文化与当代文化，扩大文化影响力。乌镇先后举办了世界互联网大会、乌镇戏剧节、国际当代艺术邀请展、国际未来视觉艺术计划等文化活动，使乌镇从观光小镇、度假小镇，进一步发展为具有国际影响力的文化创意、产业创新小镇。

4. 启示与借鉴

乌镇的产业升级对其他历史村镇的有机更新具有一定的启示作用。首先是因地制

---

① 　陈强，付娜，陈剑如，等 . 乌镇北栅丝厂改造 [J]. 建筑学报，2016(11): 22-27.

宜地采用了模块化保护模式。我国历史村镇在现代化转型过程中常有文化元素表达单一的问题，因此在文旅融合的呈现方式上会有同质化的现象。乌镇四栅片区采用全然不同的保护模式，为各种历史空间环境，特别是保护等级不高的历史资源再利用做出了有意义的探索。

其次是开发主体一元化。这种管理模式通过从规划、设计到改造和经营的统一规划，保证了乌镇景观的整体品质，以及文化氛围的连贯性，但也容易出现"空心化开发"的问题。即将居住在古镇保护区内的居民全部迁走，并将民居改造为文娱场所，租赁给非本地人员经营，一定程度上破坏了乌镇"原生态"的历史风貌。因此，要注意历史村镇的活化利用与传统风貌的保护传承之间的平衡。

与此同时，乌镇的产业开发模式的过度商业化，也引起了学界和公众的争议与反思。

（二）日本白川乡

1.概况

白川乡（Shirakawa-go）位于日本岐阜县西北部的山麓中，周边群山环绕，自然资源丰富，森林面积占全村面积的95.7%，是优质的旅游观光地。1176年，京都贵族的日记上明确出现了"白川乡"的名称，可知当时这一名称已开始使用（图5.8）。

图 5.8　白川乡风貌 [①]

白川乡的人文景观主要分布在其北部地区的荻町村落，1995年12月，"白川乡和五屹山历史村落"（Historic Villages of Shirakawa-go and Gokayama）被联合国教科文组织列入《世界遗产名录》。经过村民多年努力，白川乡成为一个"日本传统风味十足的美丽乡村"，在文化遗产保护和传承上也独具一格，值得学习借鉴。

白川乡现存古建筑遗产数量多且保存完整，其核心遗产包括"合掌造"（Gassho-

---

① 图片来自联合国教科文组织世界遗产委员会官网 (https://whc.unesco.org/en/list/734/gallery/)。

style）房屋、寺庙、街巷、水车小屋、神社、寺本堂、相关文化设施（家养蚕展览馆、乡土馆、展望台等），其间还分布着丰富的自然景观和非物质文化遗产。其中最为典型的是合掌造房屋。"合掌造"是日本一种特殊的传统建筑形式，相传是 13 世纪初平氏家族战败后遁入深山，为御寒而建造的，屋顶为防止积雪而建成 45°～ 60° 的急斜面，为全木制榫卯接合，以茅草覆盖，形状犹如双手合掌。目前留存下来的"合掌造"基本为江户时代中后期修建的（图 5.9）。

白川乡的突出普遍价值体现在传统的社会制度、生活习俗和村镇风貌上，具有较高的真实性和完整性，是独具特色的传统民居典范。

图 5.9　合掌造建筑 [①]

2.产业更新和产业链状化

白川乡严格按照真实性原则对古建筑进行保护，并始终坚持以传统的工艺和形制修复建筑形态，使其保持原始风貌，传统生活的脉络也未曾中断。在充分认识和提炼自身资源优势的基础上，白川乡为了适应旅游开发需要和村民发展需求，将文化资源成功转化为产业资源。

白川乡及其周围文化景观的资源价值主要体现在自然资源和文化资源两方面。其中自然资源包括生态环境、瀑布、山、动植物等，文化资源包括"合掌造"传统建筑、传统农业、民俗等。白川乡利用其丰富的自然资源，形成了原生态的旅游产业；利用其世代传承的合掌造建筑，形成了民宿产业；根据不准贩卖和出租的原则，将村民移居城市的空置房屋建成"合掌民家园"博物馆，成为展现当地古老农业生产和生活用具的民俗博物馆。[②] 而其丰富的农业资源及生产活动（包括水稻、荞麦、花卉、养蚕、养猪、加工业等），不仅形成了与外联通的农业产业，而且与旅游业紧密结合

① 周剑生．日本白川乡合掌村　山谷中的营造智慧 [J]．中华遗产 ,2017(3): 6.
② 顾小玲．农村生态建筑与自然环境的保护与利用——以日本岐阜县白川乡合掌村的景观开发为例 [J]．建筑与文化 ,2013(3):91-92.

起来。白川乡还积极开发传统文化资源，活化传统民俗，形成多种面向社会开放的特色节日，例如以祈神来保护村庄、道路安全为主题的"浊酒节"。

白川乡的产业形态完备，其初衷是为合掌村民的生活谋福祉，在逐渐实现资源整合和区块化后，最终延伸了资源价值。在整合区域资源产业的基础上，白川乡还形成了产业链状化发展，农业、博物馆、民宿产业与旅游产业形成产业链，联动互补，使历史村镇文化资源在保护中利用，在利用中发展。

（三）意大利韦尔纳扎村

1.概况

韦尔纳扎村（Vernazza）是意大利利古里亚大区（Liguria）拉斯佩齐亚省一个滨海山地村镇，与毗邻的蒙特罗索（Monterosso al Mare）、科尔尼利亚（Corniglia）、马纳罗拉（Manarola）和奥马焦雷（Riomaggiore）并称为"五渔村"（图 5.10）。

图 5.10 韦尔纳扎村风景 [①]

10—13 世纪，人们开始在韦尔纳扎村定居；13—15 世纪，韦尔纳扎村宣誓效忠热那亚公国，并得到了公国的军事支持，这一时期在村落中建成了第一座教堂；15—17 世纪，韦尔纳扎村迎来了鼎盛时期，为满足军事和商业需求，村内大规模改造，如修建里奥堡和瞭望塔、形成商业街；随着热那亚的衰落，韦尔纳扎村在 17—19 世纪走向衰落；19 世纪至今，韦尔纳扎村重振商业，有了发达的火车线路，大力发展旅游业。

韦尔纳扎村的遗产可分为核心文化景观和周边文化景观。核心文化景观包括以民

---

① 图片来自网络 (https://unsplash.com/photos/high-angle-view-of-village-on-cliff-D9QZfQyDFNw)。

居景观、军事堡垒为代表的军事防御遗迹，以圣玛格丽特教堂为代表的历史文化遗迹，以绘画雕塑等为代表的艺术遗迹；周边文化景观包括梯田和祭祀、节日庆典等非物质文化遗产。

　　韦尔纳扎村多山地，当地居民因地制宜，将房屋建造在山间，建筑以古典风格为主，同时融合了哥特文化、文艺复兴的特点，整体依山就势，和谐统一（图5.11）。从自然价值的角度看，亚平宁山脉与地中海等自然环境增强了历史村镇的文化景观；从历史价值的角度看，砖石建筑样式反映了韦尔纳扎村以古罗马风格为主，并受到哥特文化、文艺复兴的熏陶，而大量的绘画、建筑、雕塑和园艺珍品具有利古里亚文化风格；从社会价值的角度看，村镇教堂内举行的婚丧嫁娶、祭祀、节日庆典等构成了富有生命力的传统文化。

图5.11　韦尔纳扎村风景 [①]

---

① 图片来自网络（https://www.planetware.com/italy/cinque-terre-cinqueterre-i-li-cqfv.htm）。

2.人居环境建设和景观改造

韦尔纳扎村十分重视人居环境和景观营造，严格遵照相关条例实施景观评估和建设。韦尔纳扎村色彩斑斓的建筑立面是当地特色之一（图5.12）。在人居友好、生态友好的建设和改造原则下，五渔村制定了"五渔村国家公园历史人文景观修复色彩规划——海洋和非人工环境对村镇视觉的影响"等规划，对建筑立面色彩进行详细规定，提出立面色彩应遵循维系当地特色色彩、材质等原则，以体现整体感知、高辨识度的山地村镇[①]，建筑色彩由此成为村镇风貌的重要组成部分。与自然风貌协调的色调，也增强了当地居民和游客的愉悦感。

图5.12　韦尔纳扎村传统建筑外立面及色彩[②]

3.区域遗产协同发展模式

韦尔纳扎村本身体量较小，在发展初期，不足以吸引大量的游客，也无力为大量游客提供相应服务，与之相邻的其他四渔村也面临同样的困境。因此，当地政府提出将五个渔村联合起来作为一个整体开发的方案，既可增强吸引力，也可以分担接待压力，并推动整个地区的旅游发展。

随后，五个村落通过铁路线路和徒步路线联系起来，形成一个以渔村、大海、山景为主题的大旅游区。铁路线主要连接五个村镇的古村落区域，服务于文化遗产旅

① 　贾艳飞，宋国庆.以意大利"五渔村"为例解析山地村镇的特色营造[C]// 中国科学技术协会第二届山地城镇可持续发展专家论坛论文集.2013:360–369.

② 　图片来自网络（https://www.kevmrc.com/wp-content/uploads/2016/12/vernazza-cinque-terre-italy-29.jpg）。

游；徒步路线则是大多为隐藏在村落之间的山麓田间小道和古栈道，这些小道或深入树林，穿过葡萄园、田地，或跨过溪流灌木，贴近湛蓝大海，是徒步观赏渔村自然景观的最佳选择（图 5.13，图 5.14，图 5.15，图 5.16）。

图 5.13　五渔村之一蒙特罗索村风景[①]

五渔村被规划为国家公园后，韦尔纳扎村立足于其个性化资源制定了特色的文旅融合新模式。鉴于特殊的地理环境和渔村风貌，韦尔纳扎村的旅游业态可细分为文化旅游和自然风景旅游两个部分。前者主要是游览村落内部，感受渔村风情；后者主要包括村落周边的梯田景观、海洋景观和森林景观。

从韦尔纳扎村这一案例可知，资源优势不突出或处于发展瓶颈的历史村镇，可以尝试与周围遗产景观互动，以游线交通、活动呼应等形式丰富历史村镇的内容和形式，扩大文化辐射影响。韦尔纳扎村的经验之一，就是加强与周边四个渔村的互动联系，联合申报世界遗产和国家公园，将村庄品牌、旅游品牌、农产品品牌进行整合，发挥区域聚集效应和规模效益，形成各村之间差异联动的产业布局，促进了村落群体的协同发展。

---

① 　图片来自网络 (https://www.cinqueterre.it/zh-hans/%e4%ba%94%e9%b1%bc%e6%9d%91/monterosso-al-mare-2/)。

图 5.14　五渔村之一柯尔尼利亚村风景[1]

图 5.15　五渔村之一的马纳罗拉村风景[2]

---

[1]　图片来自网络 (https://www.cinqueterre.it/zh-hans/%e4%ba%94%e9%b1%bc%e6%9d%91/corniglia/)。

[2]　图片来自网络 (https://www.cinqueterre.it/zh-hans/%e4%ba%94%e9%b1%bc%e6%9d%91/manarola/)。

图 5.16　五渔村之一的里奥马焦雷村风景 ^①

① 　图片来自网络 (https://www.cinqueterre.it/zh−hans/%e4%ba%94%e9%b1%bc%e6%9d%91/riomaggiore/)。

CHAPTER VI

INDUSTRIAL HERITAGE

CULTURAL HERITAGE THEORY AND PRACTICE

第六章

工业遗产

文 化 遗 产 理 论 与 实 践

在过去的两个世纪，全球工业化成为人类历史上的一个重要阶段。随着科学技术发展推动世界经济快速转型，以工业为主的产业结构也面临着重大挑战。传统工业"关、停、并、转"，工厂和建筑被遗弃或闲置，也在世界各地留存下来大量的工业遗产。

作为一种新的遗产类型，工业遗产见证了世界科技的进步，是社会发展的重要标志，是人类智慧高度凝聚的物质表现，得到了国际社会的广泛关注。工业遗产的保护传承与活化利用，既有助于记录人类社会的发展进步，也有助于促进社会可持续发展，将会是文化遗产保护领域中一片充满希望的"蓝海"。

第一节　概念和保护历程

随着全球化、现代化进程的快速推进，城市更新步伐加快，产业转型升级，很多以工业或重工业为支柱产业的城市逐渐走向衰败，见证了工业文明发展历程的矿区、厂房等场所被废弃，成为城市发展的"锈带"。为有效保护这些见证人类工业文明兴衰、承载工业时代记忆的遗存，"工业遗产"的概念随之产生。工业遗产的构成要素多元、价值维度多重，其保护、利用和研究具有跨学科性。

一、概念

2003 年，国际工业遗产保护委员会（The International Committee for the Conservation of the Industrial Heritage，TICCIH）在俄罗斯下塔吉尔召开第 12 届大会，会议通过了工业遗产的《下塔吉尔宪章》（The Nizhny Tagil Charter for the Industrial Heritage）。该《宪章》指出工业遗产由工业义化遗存组成，这些遗存具有历史、技术、社会、建筑或者科学价值，包括建筑物和机械、车间、磨坊和工厂、矿山和加工提炼场所、仓库和商店、能源产生转化利用地、运输及其所有基础设施，以及与工业有关的社会活动场所（如住房、宗教或教育场所）。

2003 年，联合国教科文组织对工业遗产的概念进行了界定，认为工业遗产不仅包括磨坊和工厂，还包含新技术带来的工程上的成就与社会效益，如工业市镇、运河、铁路、桥梁以及运输和动力工程的其他物质载体。这一概念扩大了工业遗产的物质范畴，除了工业发展遗留下来的核心物质遗存——工厂外，还扩展到为工业生产服务的交通运输设施和因工业而兴起的市镇，并且关注到新技术在工业发展中的作用，以及其带来的社会效益和工程价值，深化了人们对工业遗产的认识。

2005 年，国际工业遗产保护委员会成为联合国教科文组织世界遗产委员会指定的咨询机构之一，与国际古迹遗址理事会共同承担世界遗产工业项目的咨询评审工作。工业遗产作为一种新类型被列入《世界遗产名录》，推动了世界工业遗产项目数量的快速增加和全球工业遗产保护利用的研究与实践。

2006年4月18日，首届中国工业遗产保护论坛通过的《无锡建议——注重经济高速发展时期的工业遗产保护》，以下简称《无锡建议》，对工业遗产的概念采用了类似《下塔吉尔宪章》的定义，认为工业遗产是具有历史、社会、建筑和科技、审美价值的工业文化遗存，包括工厂车间、磨坊、仓库、店铺等工业建筑物，矿山、相关加工冶炼场地、能源生产和传输及使用场所、交通设施、工业生产相关的社会活动场所，相关工业设备，以及工艺流程、数据记录、企业档案等物质和非物质文化遗产。鸦片战争以来，中国各阶段的近现代化工业建设都留下了各具特色的工业遗产，构成了中国工业遗产的主体，见证并记录了近现代中国社会的变革与发展。该定义注意到了中国与其他国家的不同，特别在时间上加以限定，即鸦片战争前的工业生产遗存不属于我国工业遗产范畴。同时，将与工业相关的工艺流程、数据记录等非物质文化遗产也列入遗产认定的范畴，扩大了工业遗产的内涵。

2011年，国际古迹遗址理事会第17届全体大会在爱尔兰都柏林召开，发布了《国际古迹遗址理事会–国际工业遗产保护委员会联合准则：工业遗产、构筑物、区域和景观保护》（Joint ICOMOS-TICCIH Principles for the Conservation of Industrial Heritage Sites, Structures, Areas and Landscapes），即《都柏林准则》（The Dublin Principles）。该《准则》对工业遗产的概念进行了界定，提出工业遗产包括遗址、构筑物、复合体、区域和景观，以及相关的机械、物件或档案，作为过去曾经有过或现在正在进行的工业生产、原材料提取、商品化，以及相关的能源和运输设施建设过程的证据。工业遗产反映了文化和自然环境之间的深刻联系，无论是原始的还是现代的工业流程，均依赖于原材料、能源等自然资源和运输网络，以生产并分销产品至更广阔的市场。工业遗产分为有形遗产（包括可移动和不可移动的遗产）和无形遗产（技术工艺知识、工作组织和工人组织，以及复杂的社会和文化传统等），这些文化财富塑造了社群生活，给整个社会和全世界带来了结构性改变。

2012年11月，国际工业遗产保护委员会在中国台北召开第15届全体大会，会议上发布了《亚洲工业遗产台北宣言》（Taipei Declaration for Asian Industrial Heritage）。该《宣言》明确提出了亚洲工业发展与西方的体系有所不同，本土制造方法和设备是当地历史的组成部分。亚洲工业遗产的定义应该扩大到工业革命之前和工业革命后期的技术、机械与生产设备、建筑结构和建筑环境。该《宣言》还指出，亚洲的工业化成果是在勤劳的本地人支持下实现的。工业遗产与本地人的历史、记忆、叙事和社会变迁密切相关，见证现代化进程的亚洲工业遗产有助于地区和国家的身份认同，并成为历史不可分割的一部分。同时，该《宣言》还强调了自然资源和环境对于工业遗产景观形成的重要性。

2018 年 5 月，国际工业遗产保护委员会在西班牙的塞维利亚召开了第七届工业景观研讨会，会议以"21 世纪工业遗产的挑战"（The Challenges of the 21th Century）为议题，并通过了《2018 塞维利亚工业遗产宪章》（Seville Charter of Industrial Heritage 2018）。

"工业遗产"概念中涉及"工业遗存"这一专业术语，两者既有区别又有联系。工业遗存是历史遗留下来的老旧工业空间及其环境、设施、纪念性资料等，强调物质空间实体，范围更为广泛。但工业遗存未必具有遗产价值，而工业遗产具有较高的遗产价值。

"工业遗产"从概念的发展来看，其时间范围多被限定为工业革命以后，但在亚洲地区，可追溯至工业革命之前，也包含后工业革命时代的遗产；从构成要素看，它包含可移动文物、档案、不可移动文物、自然资源和环境、非物质文化遗产等类型；从价值看，除了历史、科学、艺术价值外，工业遗产还具有记录和研究价值、记忆价值、档案价值、纪念价值、场所精神等。

二、保护历程

1. 我国工业遗产的保护历程

我国对工业遗产的研究始于对近代工业史的梳理。工业史的研究内容包括宏观视角的全国性工业史；中观视角的专门行业史，如钢铁工业、造船史等；微观视角的企业发展史，如《鞍钢史（1909—1948 年）》等。通过对工业发展史的梳理，厘清了我国近代工业的分布、发展脉络和现状等基本情况，为工业遗产的保护利用研究奠定了基础。20 世纪 80 年代，我国学者翻译了欧美、日本等工业考古相关的文章、书籍。20 世纪 90 年代后期，建筑学和城市规划领域的学者开始探讨城市码头区工业遗产的再利用途径，工业遗产更新改造逐渐进入学界视野。

进入 21 世纪，随着城市化进程的加速和产业的转型升级，城市中的工矿企业外迁、转产，工业建筑物和构筑物被拆除或废弃。学者们开始从城市规划发展、工业建筑再利用、生态修复、景观再造、工业旅游等角度入手，对工业遗产的保护再利用模式进行探讨。与此同时，各部委相继召开会议，研究工业遗产的认定、保护和管理措施。2006 年，首届"中国工业遗产保护论坛"在无锡召开并发布了《无锡建议》。同年 5 月，国家文物局下发了《关于加强工业遗产保护的通知》，标志着我国工业遗产的保护、管理和研究进入了新阶段。2006 年，中东铁路建筑群、青岛啤酒厂早期建筑、南通大生纱厂等一批近现代工业建筑遗产被列入第六批全国重点文物保护单位。2007年，全国第三次不可移动文物普查将工业遗产列入普查内容。2009 年，国家颁布了《文物认定管理暂行办法》，首次将工业遗产列入文物范畴。2010 年，中国建筑学会工业建筑遗产学术委员会成立并发布了《抢救工业遗产——关于中国工业建筑遗产保护的倡议书》，简称《北京倡议》。2012 年召开的"中国工业遗产保护研讨会"通过了《杭州共识》，关注到了近现代工业遗产保护利用在城市转型与科学发展中的重要意义。2018 年，工业和信息化部印发了《国家工业遗产管理暂行办法》，对开展国家工业遗产保护利用及管理工作进行了明确规定。2023 年，《国家工业遗产管理办法》正式发布，标志着工业遗产的管理已步入制度化、法制化阶段。

2010 年，中国第一个工业遗产保护领域的学术组织——中国建筑学会工业建筑遗产学术委员会成立后，中国历史文化名城委员会工业遗产学部、中国文物学会工业遗产委员会、中国科学技术史学会工业考古与工业遗产研究会等学术研究机构相继成立。2017 年，工业和信息化部开始推进"国家工业遗产名单"的发布工作，先后发布五批共 194 项国家工业遗产。中国科学技术协会与中国规划学会联合在 2018 年、2019 年公布了两批"中国工业遗产保护名录"，共 200 项。2016 年至 2023 年，中国文物学会和中国建筑学会分七批公布"中国 20 世纪建筑遗产"名录，共 697 项，其中工业遗产 102 项。随着各类协会和研究机构的成立，更多的工业遗产进入保护名单，标志着工业遗产研究走向多学科协同的新阶段。

2.国外工业遗产保护历程

工业革命是人类发展史上的重要阶段，创造了巨大的生产力。在后工业时代，曾经辉煌一时的工业城市、工厂企业因产业升级更新，而逐渐走向衰败，这些城市、工厂和企业该如何实现复兴，成为全球关注的问题。

工业遗产的研究始于工业考古学。1896 年，在葡萄牙考古期刊《葡萄牙考古学家》（ *O Archeologo Português* ）发表的《葡萄牙工业考古：工厂》（ Archeologia industrial Portuguesa: os moinhos ）一文使用了"工业考古"一词。20 世纪 50 年代，英国率先兴起了"工业考古学"研究，期望通过对工业遗产的再利用实现城市复兴。1953 年，英国伯明翰大学的杜德利教授（Dudley）在口述中首次提出"工业考古"（Industrial Archaeology）一词。1955 年，里克斯（Rix）在《史学爱好者》（ *Amateur Historian* ）中将"工业考古学"作为学术术语进行介绍。1963 年，哈德森（Hudson）撰写的《工业考古学：导论》（ *Industrial Archaeology: An Introduction* ）出版。1964 年，《工业考古学杂志》（ *The Journal of Industrial Archaeology* ）在英国创刊发行，成为全球最早的工业考古学专业刊物。随后，在各地兴起了建立工业考古协会的热潮，澳大利亚、美国、英国、德国、法国分别在 1968 年、1971 年、1973 年、1978 年和 1979 年成立了工业考古学（协）会。20 世纪 70 年代以后，工业考古学的理论日趋丰富，围绕工业遗产研究成果的交流逐渐展开。1973 年，在英国铁桥峡谷召开了第一届工业纪念物国际会议（The First International Congress on the Conservation of Industrial Monuments, FICCIM）。1978 年，在瑞典斯德哥尔摩召开第三次会议时，"国际工业遗产保护委员会"正式成立，"工业纪念物"（Industrial Monument）被"工业遗产"（Industrial Heritage）取代，进一步明确了工业考古学的对象为工业遗产，并确定国际工业遗产保护委员会每三年举办一次全体会议，"工业遗产"遂成为国际通用术语。2003 年，国际工业遗产保护委员会通过了工业遗产的纲领性文件《下塔吉尔宪章》。2011 年，《都柏林准则》公布，更强调对生产过程和整体区域、景观的保护，同时明确非物质遗产（无形遗产）对工业遗产的重要性，此阶段工业遗产的研究视角已从"静态遗产"走向"活态遗产"。[①]

---

① ［日］青木信夫，徐苏斌 . 工业遗产价值评估研究 [M]. 北京：中国城市出版社，2020：前言 .

第二节　工业遗产的特征和价值

国内外工业文明进程和特征具有差异，对"工业遗产"认定的时间节点界定有所不同，但对构成要素（即工业遗产包括物质文化遗产、非物质文化遗产和景观环境）的认识是统一的。随着工业遗产的范围越来越广，内涵越来越丰富，越来越多的工业遗存被认定为工业遗产。厘清工业遗产的特征和价值，是保护工作的基础，是工业遗产认定的前提。

一、工业遗产类型

从《下塔吉尔宪章》《无锡建议》《都柏林准则》《国家工业遗产管理办法》等多个文件、法规中对"工业遗产"的界定来看，工业遗产是由物质遗产（包括可移动和不可移动文物）、非物质遗产和景观环境构成的综合遗产，可从工业产品性质、行业和年代等不同方面进行划分。

1.按工业产品性质分类

按照工业产品的性质，工业遗产可分为重工业遗产和轻工业遗产两类。重工业遗产包括三类，即采掘（伐）工业（如大冶铁矿、开滦煤矿等）、原材料工业（如首都钢铁厂、鞍山钢铁公司等）、加工工业（如中国第一航空发动机厂、第一汽车制造厂、天津碱厂等）；轻工业遗产包括以农产品为基本原料的工业遗产（如西安大华纱厂、上海阜丰面粉厂、杭州华丰造纸厂等），以非农产品为原料的工业遗产（如秦皇岛耀华玻璃厂、景德镇宇宙瓷厂等）。

2.按工业行业分类

按行业，工业遗产可以分为九类，分别为有色工业遗产（包括煤矿、金属、非金属和木材等）、冶金工业遗产、纺织工业遗产、制造工业遗产（包括食品、造纸、建材等）、机械工业遗产、运输工业遗产（包括铁路、公路、运河、机场、港口、桥梁等）、通信工业遗产（包括邮政、电信等）、能源工业遗产（包括电力、燃气等）、化学工业遗产（包括化工、塑料等）。

3. 按年代分类

按建厂的年代，我国的工业遗产大致可以分为四类：中华人民共和国成立以前（1840—1949 年）的民族工业企业、中外合办企业的工业遗产；中华人民共和国成立后至 20 世纪五六十年代，即"一五""二五"期间建设的重要工业遗产；"文革"期间和"三线建设"时期的具有较大影响力的工业遗产；改革开放后建设的工业遗产。

二、工业遗产特征

与其他类型的文化遗产相比，工业遗产具有面积大、遗存种类多、内涵丰富等特点。特别是遗产构成要素间在生产作业中有特殊的联系时，整体性和共存关系十分突出。工业遗产具有以下特征。

1. 不可再生性

工业遗产作为特定历史时期和产业发展阶段工业生产生活的见证，是人类技术发展演变历程的载体。其形成具有一定的社会、经济和文化背景，构成要素一旦被破坏就不可再生。

2. 分布不均衡性

工业企业的设立与自然资源、地理环境和国家政策紧密相关。自然资源的分布不均衡导致与其相关的工业遗产分布具有一定不均衡性，例如，我国采矿产业多分布于北部和中西部，冶金产业多分布于华北、华东。根据国家的产业布局，我国工业企业分布也具有不均衡性，南方地区以轻工业居多，北方地区以重工业为主，军工类则多分布在川渝一带和西北地区。又如，在华中地区，制造业分布最多；在长三角地区，交通运输业居多；在西南、华南地区，以军工产业居多，也存在部分采矿产业；在西北、东北地区，能源产业的分布最为广泛。[①]

3. 多样性

工业类型的多样性影响了工业遗产构成要素和价值的多样性。在工业遗产中，轻工业和重工业的构成要素之间存在着明显的差异，影响价值的因素也具有差异。自然资源的获取可能是展现重工业遗产价值的重要因素，而技术和配套设施对轻工业遗产

---

① 张新红，杨玉欢，刘奔腾. 中国工业遗产的时空分布特征与空间整合保护 [J]. 经济地理，2023,43(2):103—114.

价值的影响较大。

三、工业遗产价值

工业遗产是一个时代经济、社会、产业水平、工程技术等方面的文化载体，具有一定的历史价值、科技价值、社会价值、艺术价值等。其价值是工业遗产旅游开发的主要依据。[①]

工业遗产的价值是相关研究领域的热点问题，其评估多从历史价值、科技价值及因其自身发展而具有的价值（如因企业发展而具有的历史、产业技术特征；区域环境带来的价值）等方面开展。工业遗产的价值认知可从固有价值和开发价值两方面着手。固有价值基于历史、科学、社会等价值进行评估。开发价值基于地理属性、创意价值和可替代性评价。综合考量是最适合工业遗产的开发模式。[②]

1.定性价值评估

（1）历史价值

工业遗产作为在特定时空和社会文化环境下人类活动的产物，是生产技术、发明、发展和演变的重要实物证据，见证了生产方式和生产关系的互动变化。工业遗产也是工业技术的实物证据，见证了技术的发展传播、经济转型和工业产业的兴衰，呈现工业城镇、城市的兴衰变迁及世界工业发展的历史。同时，工业遗产也是重大历史、政治和文化事件的重要见证。

（2）科技价值

工业遗产有别于其他文化遗产的关键特质就在于工业的核心——技术。[③]技术的应用、变迁，以及它给工业、企业及社会所带来的重要影响是工业遗产价值的重要体现；工业设备、技术流程、工业产品和工业操作技能记载了科技的进步和创新，展现了技术的发展脉络，呈现了因技术改变而形成的新的生产关系和生产力，代表了某一时段科技发展水平及对行业发展的重要影响。

（3）社会价值

工业遗产是地方记忆的载体，是地方经济文化发展的重要组成部分。工业遗产的形成发展，见证了城市因厂而兴、人群因厂而聚的过程，见证了生产制度或企业文化的形成发展，及对地区居民生活的影响，反映了工业生产及其相关社区生活的时代特

———————————

① 王芳.城市特色文化视域下工业遗产旅游开发研究[D].沈阳：沈阳师范大学,2013.

② 尹应凯,杨博宇,彭兴越.工业遗产保护的"三个平衡"路径研究——基于价值评估框架[J].江西社会科学,2020,40(11):127-137,255.

③ 寇怀云,章思初.工业遗产的核心价值及其保护思路研究[J].东南文化,2010(5):24-29.

性和社会风貌，影响了城市经济布局和发展方向。工业精神对城市文化、传统习俗和观念会产生重要的影响，同时也影响着居民对于工厂、城市的记忆。

（4）文化价值

自然资源和社会文化资源的多样性影响了工业布局、产业结构和工业精神，从而形成了各种具有地域特色的工业文化，呈现出多样的文化价值。工业企业和工业文化的创建发展过程，也是企业职工、居民对于企业精神文化认同的过程，体现了职工的创造力，彰显了职工的归属感、认同感，延续了地区的文化传承，形成了多样的文化传统。

（5）艺术价值

工业企业的设立是建立在对区域资源的梳理和利用之上的。工业建筑等经过精心设计，形成了与周边环境融合的自然美、空间美和生态美。工业生产技术融合了科技成果和生产工艺流程、工厂布局的轴线设计等，形成了技术和空间的秩序美。工业建筑、工业环境以及自然环境形成了工业景观的结构美，生产空间和生活空间相互辉映，形成功能美等。

（6）经济价值

工业遗产的经济价值即其本身作为物质资本的价值，由厂房、场地、构件等各类要素构成。随着城市的不断扩张，工业遗产所在区域多成为城市核心地带，地理位置优越、交通发达，占据的大规模土地具有极高的经济价值，并在不断发展中产生溢出价值。经济价值主要体现在两方面：①区位经济价值，即工业遗产的再利用，除考虑其自身特点外，更要考虑它与周边城市环境的关系；②更新经济价值，即在城市更新过程中所产生的提升价值。例如，广东中山市粤中造船厂再利用形成了岐江公园，其自身土地价值并未改变，却提升了周边土地的价值，形成了溢出经济价值。

2.定量价值评估

工业遗产价值的定性评估很难开展比较研究，因此国际遗产领域开始探索构建评估模型，以解决定级和比较研究的难题。

有学者从工业遗产的历史价值、科学技术价值、社会文化价值、艺术审美价值和经济利用价值等 5 个方面设置了 10 个指标评估历史所赋予工业遗产的价值，从区域位置、建筑质量、利用价值、技术可行性 4 个方面 8 个指标评估工业遗产的现状、保护和再利用价值。[①]有学者运用层次分析法对工业遗产的价值进行了评价，从历史、科学技术、社会文化、艺术审美、经济利用和景观环境价值 6 个方面，设置了 12 个

---

① 刘伯英，李匡．北京工业遗产评价方法初探 [J]．建筑学报，2008(12):10-13.

指标，并通过计算，得出不同指标的权重，构建了评估指标体系。[1]2014 年，《中国工业遗产价值评价导则》发布，在导则中，工业遗产的价值框架包括比较分析、价值标准、真实性和完整性 4 个一级指标。比较分析从稀缺性、代表性、脆弱性 3 个二级指标进行评价，价值标准则包括历史价值、艺术价值、科学价值和社会、文化价值等，构建了基于文物语境下的工业遗产价值评估体系。[2]

2023 年，工业和信息化部印发了《国家工业遗产管理办法》，明确提出了国家工业遗产价值评价指标（表 6.1）。国家工业遗产价值采用定量评价的方式，设置了 3 项一级指标和 17 项二级指标，并提出在"遗产价值"指标项中，1—8 项二级指标中至少有 1 项达到标准，9—11 项二级指标作为评价参考；"保存状况"指标项中，12—14 项二级指标均需达到标准；"管理水平"指标项中，15—17 项二级指标中需要至少有 2 项达到相应标准。如若申报项目已被评定为全国重点文物保护单位，则视"保存状况"和"管理水平"指标项均达到相应指标。

表6.1　国家工业遗产价值评价指标

一级指标	二级指标	指标内容	指标特性
遗产价值	1	见证了本行业在世界或中国的发端	历史价值
	2	对中国工业化进程具有显著的推进作用	历史价值
	3	技术或工艺具有创新性、重要性或独特性	科技价值
	4	对行业发展进程具有重要影响	科技价值
	5	对社会经济文化生活变迁具有重要影响	社会价值
	6	形成了具有影响力的工业精神、生产制度或企业文化	社会价值
	7	反映了工业生产及其相关社区生活的时代特性和社会风貌	社会价值
	8	工业生产或生活设施构成的工业景观具有较强的独特性和代表性	艺术价值
	9	设施设备、建（构）筑物、产品对某一生产技艺或企业具有极强的代表性	艺术价值
	10	涉及与重要历史事件、人物的紧密联系	历史价值
	11	属于洋务运动、民族资本主义工商业、"156 项工程"和"三线建设"重大项目	历史价值

[1]　金姗姗.工业建筑遗产保护与再利用评估体系研究 [D].长沙：长沙理工大学，2012.
[2]　[日]青木信夫，徐苏斌.工业遗产价值评估研究 [M].北京：中国城市出版社，2021.

一级指标	二级指标	指标内容	指标特性
保存状况	12	涉及遗产价值描述的文字材料基本可信	真实性
	13	整体布局和核心物项建设、重建、修复及保存状况具有较为可信的记录和呈现	真实性
	14	有较高的完整程度，通过现存核心物项可以完整呈现有代表性的生产布局、生产工艺或相关生活	完整性
管理水平	15	保护利用规划符合遗产特性、切实可行	延续性
	16	保护利用的管理制度、工作措施等明确有力	延续性
	17	保护利用已经（或可预期）产生可持续的社会、经济效益	时代性

四、中国国家工业遗产的认定

在我国，工业遗产除被列入不同级别的文物保护单位外，工业和信息化部还推出了《国家工业遗产名单》。在《国家工业遗产管理办法》中明确了国家工业遗产的定义，指在中国工业长期发展进程中形成的，具有较高的历史价值、科技价值、社会价值和艺术价值，经工业和信息化部认定的工业遗存。该《办法》对工业遗产的构成要素进行了规定，提出国家工业遗产核心物项是指代表国家工业主要特征的物质遗存和非物质遗存。物质遗存包括厂房、车间、作坊、矿区等生产储运设施，与工业相关的管理和科研场所、其他生活服务设施、构筑物和机器设备、生产工具、办公用具、产品、档案等；非物质遗存包括生产工艺、规章制度、企业文化和工业精神等。

在《国家工业遗产管理办法》中还明确提出，"工业和信息化部负责国家工业遗产认定等管理工作，指导地方和遗产所有权人开展工业遗产保护利用工作。省级工业和信息化主管部门、中央企业公司总部负责组织本行政区域内或本企业国家工业遗产的申报、推荐工作，协助工业和信息化部对国家工业遗产保护利用工作进行监督管理"。

申请国家工业遗产，应特色鲜明，价值突出，保存状况良好，管理水平较高，满足国家工业遗产评价指标要求；产权明晰，已是省级工业遗产或中央企业工业文化遗产；已制定工业遗产保护利用规划、管理制度和工作措施等。国家工业遗产需由遗产所有人提出申请，经所在地、县级或市级人民政府同意，通过省级工业和信息化主管部门初审后报工业和信息化部；中央企业直接向公司总部提出申请，由公司总部初审后报工业和信息化部。工业和信息化部组织专家对申请项目进行评审和现场核查，审查合格并公示后，公布国家工业遗产名单并授牌。

第三节　工业遗产的保护

工矿企业往往在建设前就有较完善的规划设计，生产场所、员工住宅、交通系统等共同构成了企业建设发展的空间。在工矿企业发展过程中所形成的其他物质和非物质的要素也都是工业遗产的重要组成部分。因此，对工业遗产完整性的保护是对物质遗产、非物质遗产和景观环境的整体保护。

与此同时，还要关注工业遗产与城市发展的互动关系，既要注重工业遗产保护对于城市长远利益的重要性和不可替代性，又要注重合理利用和可持续发展，尽量发掘其在历史、科技、社会、文化、艺术和经济等诸多方面的价值，赋予工业遗产以新的内涵和功能，注入新的活力，以实现城市经济发展与工业遗产保护的和谐共生、良性互动。

一、保护原则

1. 真实性

工业遗产保护利用需要遵守文化遗产保护的真实性原则。工业遗产是综合性遗产，包含物质文化遗产、非物质文化遗产和景观环境，在制定保护策略时，应尽可能地保证所有构成要素的真实性，尽可能地保护、保留其工业制造、生产、流通等相关环节物质遗存和空间特征的真实性。对彰显技术工艺、企业精神和文化的非物质文化遗产，应采取现代技术予以记录、传承。对于工业景观应进行适应性改造和修复，确保景观的完整真实。工业遗产的适应性再利用应基于工业遗产的特性和特质，对传递遗产信息、承载遗产价值的要素予以保护，确保遗产呈现价值的真实性。

2. 完整性

工业门类或工业区往往都是成体系存在的。《下塔吉尔宪章》"导言"中指出，

"为工业活动而建造的建筑物和构筑物、其生产的过程与使用的工具，以及所在城镇和景观，连同其他物质和非物质的表现，都具有基本的重大意义"。完整性的概念对于理解工业遗产至关重要，遗产各组成因素的价值只有在整体框架中才能更好体现。当然，完整性并不是要追求绝对的完整，而是要通过合理、适度的规划措施，使工业生产体系的整体性得以保留与感知。

3. 活态性

工业遗产的保护不仅要关注单体建（构）筑物和工业场所的真实性、完整性，还应当将特色的工业生产流程、记忆空间和集体记忆融合在一起，形成层次丰富的保护网络，并通过动静结合的活态保护方式，为工业遗产创造新功能，注入新活力。

二、保护措施

1. 单体要素保护修复

工业遗产是由若干单体建筑和环境构成的综合性遗产，保护单体建筑的安全是工业遗产保护的基础和保障。工业单体建筑的保护，一般可分为预防性保护（preventive conservation）、抢救性保护（rescuing conservation）和修复（restoration）等三种方式。预防性保护是通过信息记录、风险评估、病害预防、环境管理和监测等多方面的措施，实现"防患于未然"。抢救性保护则是对单体病害，利用物理、化学和生物的方法对工业遗产进行加固和修补。修复是根据历史记录和现存档案，对呈现遗产价值的单体进行修整复原的过程。对于工业遗产单体建筑，应根据保存现状和对遗产价值的贡献选择恰当的方式予以保护，从而确保工业遗产的真实性和完整性。

2. 活态保护

活态保护是指通过遗产中整体或部分原始功能的延续，对物质与非物质文化价值进行保护，并发挥其在当代社会生活中的积极作用。[1]保持遗产原有功能和遗产社会关联的延续是活态保护的核心。[2]

对在经济发展历史、行业发展历史上具有标志性和里程碑式意义，见证了行业的兴起、发展、重大变革的工业遗产，或（和）其技术、模式创新、突破性科研成果等，对于某工业领域产生过持续性的重大影响，又或是仍维持着原有的生产职能、在使用之中的工业遗产，应予以活态保护。工业遗产的活态保护可以从工业设备、工业生产和场所精神三个层面展开，关键是要达到在"运转中保护、保护中发展"的

---

[1]　单霁翔. "活态遗产"：大运河保护创新论 [J]. 中国名城，2008(2):4-6.

[2]　Wijesuriya G. Living Heritage[J]. Sharing Conservation Decisions, 2018: 43-56.

目标。

在工业设备层面，对于破损程度低、能够恢复使用的设备，修整后可作为展示内容的一部分进行开放，在展示中保护设备。例如，德国波鸿市德国矿业博物馆（Deutsches Bergbau-Museum, Bochum）是世界上最大的矿业博物馆。该馆在地下20米处修建了长2.5千米的模拟水平采矿巷道，包含煤层、竖井及所有开采煤矿所需要的机械设备，观众可近距离了解设备的运转和操作。原有的矿井升降机作为参观运输工具供游客使用，在延续矿井中部分设施原有功能的基础上，实现了采矿生产活动的复原。

在工业生产层面，多在保护生产场地的基础上进行工业生产场景、工艺流程的真实再现，以展现工业文化和场所精神等非物质要素。例如，比利时中央运河上的四座液压升降船闸至今仍以原始状态进行工作，人们可在乘船参观中央运河时，感受船闸运转的全流程。1998年，比利时中央运河的四座液压升降船闸（The Four Lifts on the Canal du Centre）作为杰出的工业遗产被列入《世界遗产名录》。

三、环境修复

工业生产活动过程中对自然资源的过度开发、不合理利用，以及过度排放污染物往往会造成城市生态环境破坏（如大气污染、水污染、噪声污染、固体废弃物污染、土壤污染等），在城市和郊区产生大面积的未充分利用或废弃的土地，成为城市发展的障碍，对区域经济发展产生负面影响。这些废弃地的分布点多面广，不仅占用土地，破坏自然景观，而且留下较多的地质灾害隐患，影响居民安全和健康。[①] 从受污染的空气、土壤和水中去除有害化学物质，或将污染物留在地下并采取措施防止它们进入土壤、水和空气，阻止再次扩散的过程称为"环境修复"[②]。

20世纪60年代，人们已经认识到工业的发展会污染土地，但由于技术等方面的限制，只有少数被工业污染的土地得到了修复。[③] 当时多用覆盖和将污染土壤移至垃圾厂、填埋场等方法进行处理。20世纪90年代后期，出现了就地修复和异地处理技

① 张平，吴越，王顶，等."城市双修"理念下湘潭锰矿国家矿山公园规划研究[J].工业建筑,2022,52(6):31–39.

② Kuppusamy S, Palanisami T, Megharaj M, et al. In-situ remediation approaches for the management of contaminated sites: A comprehensive overview[J]. Reviews of Environmental Contamination and Toxicology, 2016, 236: 1-115.

③ Naidu R, Pollard S J T, Bolan N S, et al. Bioavailability: The underlying basis for risk-based land management[J]. Developments in Soil Science, 2008, 32: 53-72.

术①。其中，就地修复根据污染物的性质和现场条件，多采用生物修复方法②，包括土地耕作、生物堆肥等③。

生态修复是根据生态学原理，利用特异生物（主要是修复植物、降解微生物等）对环境污染物的代谢，并借助物理、化学修复以及某些工程技术措施加以强化或优化代谢条件，使污染环境得以修复的综合性环境污染治理技术。例如，法国巴黎比特·绍蒙公园（Buttes-Chaumont Park）用雪松、刺槐等对原石灰石采石场、垃圾填埋场进行了生态修复；美国纽约高线公园（High Line Park）则以本地植物为主，筛选应用了210种植物将废弃铁轨区域改建成城市公园；加拿大布查德花园（Butchart Gardens）是由一座废弃的采石场改建而成的，布查德夫妇巧妙地引种奇花异木，营建了世界著名的玫瑰园、意大利园和日式庭院，创造出享誉全球的低洼花园，并利用植物对污染物的吸收、降解和转化效应，实现了对土壤的生态修复。④

加拿大多伦多约克维尔公园（Village of Yorkville Park）占地面积约为0.36公顷，位于多伦多市中心以北的老城区（图6.1）。20世纪50年代，因地铁线路建设，多伦多政府将街区上的房屋拆除并改造为停车场。1994年停车场停止使用后，多伦多市政府进行现场勘查，发现场地内的污染物主要包括重金属、石油、焦油及润滑剂等，大量有毒的工业污染物已经渗透到土壤和地下水中，生态环境受到严重破坏。政府结合公众意愿，着手将此污染地块规划设计为城市高密度地区的街头公园。在项目实施中制定了修复策略，使用混凝土、土壤或其他材料将污染物就地掩埋，在其上覆土后，引入加拿大松树、桤木等本国物种，形成了独特的生态环境和城市公园。公园在重塑周边地区活力上扮演了非常重要的角色，吸引了新的社区和商业建筑在此聚集。2012年，该项目获得美国景观设计师协会（American Society of Landscape Architects, ASLA）年度杰出地标奖。

---

① Cundy A B, Bardos R P, Church A, et al. Developing principles of sustainability and stakeholder engagement for "gentle" remediation approaches: The European context[J]. Journal of Environmental Management, 2013, 129: 283-291.

② Kuppusamy S, Palanisami T, Megharaj M, et al. In-situ remediation approaches for the management of contaminated sites: a comprehensive overview[J]. Reviews of Environmental Contamination and Toxicology 2016,236: 1-115.

③ Mallavarapu M, Naidu R[J]. Soil and brownfield bioremediation. Microbial biotechnology 2017, 10(5): 1244-1249.

④ 陈亚萍. 中美城市棕地生态恢复和景观重构的对比研究 [D]. 苏州：苏州大学,2016.

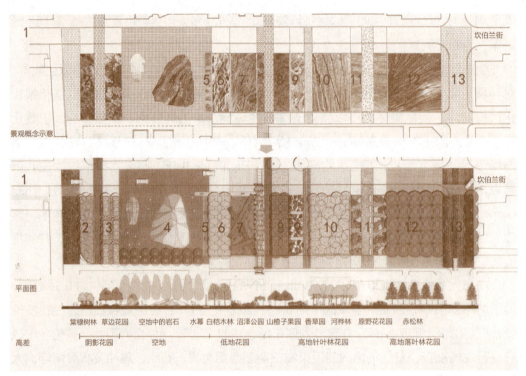

图 6.1　约克维尔公园平面设计图 [①]

---

① 王慧,江海燕,肖荣波,等.城市棕地环境修复与再开发规划的国际经验 [J]. 规划师,2017,33(3):19-24.

第四节　工业遗产的适应性再利用

20 世纪 50 年代以来，随着产业转型、工业企业的迁出或衰败，世界上很多工业城市出现了大片的废弃工业区，如何处理这些区域成为国际普遍关注的问题。

在我国快速推进的工业化过程中，工业用地急剧扩张，工业区或者占据城市的中心区，或者成为交通枢纽。但随着产业结构调整、城市化进程、环境保护意识的提升和传统工业的衰退，城市工业区逐渐出现了物质性老化、功能性衰退和结构性失衡等问题，与城市发展功能布局、空间结构及生态环境也不适应，逐步成为旧工业区[1]或者废弃工业区。无论是旧工业区还是废弃工业区，都曾经为城市发展和社会进步做出过重要的贡献。但随着功能的丧失，它们已成为衰落的代名词，制约了城市的发展。[2]

作为工业文明的载体和见证者，工业遗产在经济、文化、社会、建筑等领域具有一定的再利用潜力和价值[3]，工业遗产区域的复兴已成为现代城市发展和社会进步的一个组成部分[4]。工业遗产的更新利用要找到保护其内在历史价值和适应新需求之间的平衡。[5]在旧工业区的改造过程中，要综合考虑生态环境、产业布局、土地利用结构等问题[6]，通过整合空间资源、适应性再利用工业遗产，实现区域的复兴[7]。

① 郜昂，邹兵，刘成明. 由"单一"转向"复合"的深圳旧工业区更新模式探索 [J]. 规划师,2017,33(5):114-119.

② Newton P, Thomson G. 15 Urban Regeneration in Australia[J]. Urban Regeneration, 2016: 288-313.

③ Vardopoulos I. Critical sustainable development factors in the adaptive reuse of urban industrial buildings. A fuzzy DEMATEL approach[J]. Sustainable Cities and Society, 2019, 50: 101684.

④ Wang J, Lin Y F. Land-use changes and land policies evolution in China's urbanization processes[J]. Land use policy, 2018, 75: 375-387.

⑤ Fahmi W, Sutton K. Reclaiming Cairo's downtown district: Contesting the nineteenth-and early twentieth-century European Quarter[J]. International Development Planning Review, 2010, 32(2): 93-119.

⑥ 刘思琪，王嘉毅. 高密度环境下底层架空设计在旧工业区改造中的应用——以香港观塘区为例 [J]. 科技与创新,2017(19):150-152.

⑦ Janssen J, Luiten E, Renes H, et al. Heritage planning and spatial development in the Netherlands: changing policies and perspectives[J]. International Journal of Heritage Studies,2014,20(1):1-21.

"绿色、可持续、低碳"已成为社会可持续发展的目标，能源绿色低碳转型的理念逐渐成为国际社会产业发展的核心理念。可通过适应性再利用的方式，使工业遗产达到国际社会对产业发展的要求。

一、适应性再利用原则

1.真实性原则

工业遗产的适应性再利用应尽可能延续、展示原有功能，尽量原址保护、尊重原有材料与形式，进行适应性改造和功能提升，保护建（构）筑物本体的真实性。

2.可持续发展原则

工业遗产再利用应与当代经济活动有机融合，通过衍生产品的设计、生产和交易，促进工业遗产的再生和可持续发展。同时，应重视工业遗产保护利用过程中的生态治理修复和景观环境提升，实现自然和社会环境的可持续发展。

3.公众参与原则

工业遗产蕴含着工业文化和工匠精神，旧厂房、生产车间记录的生产生活承载了工作人员和周边居民的社会归属感和认同感，保护不应只保护物质遗存，更要保存人的集体记忆。可通过社会组织、社区及职工等参与保护利用工作，实现从静态保护向适应性保护的转变。

二、工业遗产适应性再利用模式

工业遗产形成于特定的城市背景环境（urban context）之中，既要考虑工业遗产"有什么"，也要考虑城市"需要什么"。因此，工业遗产的适应性再利用应从自身要素和价值出发，结合城市发展需求以及空间条件确定发展宗旨，选择适应性再利用的模式。

在后工业时代，特大城市及发展较快的一、二线城市，产业结构转型已基本完成，城市增长模式也从单一追求经济指标和工业产值的"增长主义"转变为品质和效益优先的发展新模式，工业多已"退二进三"。有的城市通过文化或者产业植入，对既有工业遗产区域进行适应性再利用，以此来激活城市"沉默"资产；还有的城市基于工业遗产建立工业主题类博物馆，设立工业旅游项目、工业文化研学实践基地（营地）、高校实践课堂，创建文化产业园区、特色街区、创新创业基地、影视基地、城市综合体、开放空间、文化和旅游消费场所等，实现再利用。

1.展馆模式

展馆模式是指以工业遗产区域或空间为馆舍，通过对生产过程、工艺和产品、厂区环境，以及与工业企业发展相关的人和事的展览，再现工业遗产固有价值和企业精神，从而激发社区参与感和认同感，推动区域环境优化，带动区域经济的发展。展馆模式包括博物馆、美术馆等。

（1）博物馆

建立工业主题类博物馆是适应性再利用最常见的一种方式。工业主题类博物馆多利用厂房、生产设备，以及其他与生产相关的实物，根据工人口述史和工厂的各类档案还原生产场景、生产技术、流程，回顾发展历史，将生产活动和产品展示给公众。

英国的工业博物馆是这一类型的典型代表，它们通常有两种类型。一种是借由工业遗产展现城市或区域工业文化的博物馆，如曼彻斯特的科学与工业博物馆（Museum of Science and Industry）。另一种是由某处工业遗产改建而成的，展示其物质载体、厂区文化以及其对英国工业发展作用的博物馆，如铁桥峡谷博物馆（The Ironbridge Gorge Museum）等。将废弃的工业建筑改造为博物馆，成为英国工业遗产更新与工业文化传承的主要耦合模式。

曼彻斯特科学与工业博物馆坐落在曼彻斯特的老工业遗址凯瑟菲尔德（Castlefield），由废弃的利物浦路火车站和铁路货仓改造而成。利物浦路火车站始建于19世纪30年代，作为世界上第一条客运城际铁路线的车站，是铁路建筑初始形态的代表。1978年，曼彻斯特市政府购买了老火车站并对其进行了提升改造，后将原西北科学与工业博物馆迁入，展示曼彻斯特工业发展历程及取得的成果（图6.2，图6.3）。

图6.2　曼彻斯特铁路开通[①]

---

① ② 图片来自曼彻斯特科学与工业博物馆官网。

图 6.3　博物馆内展品[②]

由工业区工厂空间改造而成的工业博物馆有冶铁博物馆、瓷器博物馆、瓷砖博物馆等。英国的铁桥峡谷工业区形成于 18 世纪上半叶，由于峡谷中盛产煤、黏土和铁矿石等资源，在此形成了以焦炭炼铁为核心技术的炼钢工业区。18 世纪下半叶，全英国 1/3 的铁产量出自铁桥峡谷。峡谷因产业兴盛吸引了人口聚集，逐渐形成小城镇。随着传统工业的衰退、人口减少，小镇也逐渐衰落。炼钢工厂改建而成的博物馆，将铁桥峡谷工业的发展历史、特色产品和技术工艺呈现给观众，成为展示工业文化的理想场所（图 6.4，图 6.5）。[①]

图 6.4　铁桥峡谷（张颖岚　摄）

---

① 张健健,克里斯托夫·特威德.工业文化传承视域下的工业遗产更新研究——以英国为例 [J].建筑学报, 2019(7): 94-98.

图 6.5　铁桥峡谷炼铁炉展示区（张颖岚　摄）

（2）美术馆

失去生产功能的旧工业建筑面临废弃、闲置和拆除，为其植入新的功能是延续生命、发挥建筑价值的重要手段。美术馆作为公共文化场所，是城市文化艺术活动的聚集地，能够吸引大量人流，为区域带来新的活力。美术馆与工业建筑的结合，往往会成为新的经济增长点，带动所在区域的复兴。

泰特现代美术馆（Tate Modern）坐落于伦敦市中心的泰晤士河南岸，与圣保罗大教堂隔河相对，由河畔电厂（Bankside Power Station）改建而成。工业革命开始后，这里曾经是港口。之后，由贾莱斯·吉尔伯特·斯科特爵士（Sir Giles Gilbert Scot）主持修建的河畔电厂于 1947 年、1963 年分阶段投入使用。1981 年，河畔电厂关停废弃，周边区域随之衰落，逐渐成为伦敦被遗忘的地方，被评价为"充满黑暗和混乱"的城市"凹陷区"（图 6.6）。

图 6.6　河畔电厂 ①

---

① 图片来自泰特现代美术馆官网（https://www.tate.org.uk/about-us/history-tate/history-tate-modern）。

1992 年，泰特现代美术馆（图 6.7）计划将本国和国外的现代展品分置于不同场馆，于是在伦敦市区寻找合适的地点。河畔电厂凭借其优越的区位、较为完整的外观、合适的内部构造、较为低廉的收购成本而成为泰特现代美术馆的首选。瑞士建筑师雅克·赫尔佐格（Jacques Herzog）和皮埃尔·德梅隆（Pierre de Meuron）承担了改建设计任务。

图 6.7　泰特现代美术馆^①

河畔电厂主体呈长方形，沿泰晤士河分布，占地 3.5 公顷，主体通高约 35 米，长152 米，临河一面有 99 米高的巨大烟囱，从南向北依次分布总控室和变电所、涡轮大厅、锅炉房及其烟囱。总控室附近分布有三座大型储油罐。

在保持外观和结构不变的前提下，美术馆的改建设计充分尊重了原有场地以及建筑的特征，将原来的锅炉房设置为展厅，并将锅炉房另一侧设备拆除，转化为一个巨大的公共艺术空间。在涡轮大厅西侧设置了下沉式入口，为场地中央留出了规模巨大的中庭，作为面向全体观众开放的公共游憩空间，并可用于举办大型雕塑和艺术展览。设计师还在锅炉房顶部兴建了两层的连通的玻璃阁楼，轻盈透明的玻璃和其下厚重的砖石建筑形成了鲜明的对比。这一设计不仅能为美术馆内部空间提供光线照明，更在夜晚形成了一道亮丽的风景线，成为令人瞩目的地标（图 6.8）。^②

自 2000 年 5 月开馆以来，超过 4000 万名观众到泰特现代美术馆参观，它也成为英国最具吸引力的三处景点之一，每年为伦敦带来超过 1 亿英镑的经济收益。

①② 丁文越，朱婷文．伦敦工业遗产再生——以泰特现代美术馆及其周边地段为例 [J]．北京规划建设，2019(2):130-146.

图 6.8　河畔电站涡轮大厅改造前后对比图 [1]

2.创意产业模式

工业遗产与创意产业融合是区域经济转型的重要途径。在日益紧张的城市土地资源和低碳集约发展的诉求下，占据优越地理位置的工业遗产可同创意产业集聚融合，通过植入多元创新的公共服务功能，推动工业遗产向现代城市公共服务业转变。多元产业的集聚融合有利于提高工业遗产既有资源的利用效率，充分发挥公共服务产业职能，促进区域整体复合功能的提升，进而带动周边地区社会经济的全面发展，形成产城融合的联动及再生。

将创意产业植入工业遗产，可使原本封闭的生产空间成为城市开放公共空间的一部分，形成功能复合的公共空间。空间融合的关键是最大限度地保留了工业遗产的价值与历史文脉，实现了文化的有机融合。高炉、焦炉、冷却塔、烟囱等充满沧桑、颓废、冷酷氛围的工业景观与现代文化元素契合，形成了举办文化活动、引领时尚潮流的新文化空间，成为城市发展的"软实力"。适度的商业化更新是尊重和保护城市文脉、激发和保持城市活力的理想选择。商业场所作为公共空间，也成为工业遗产建筑快速融入城市发展、与大众建立联系的有效途径。

需要注意的是，创意产业模式的实现对于工业空间有较高的要求。一是要求交通便利，便于游客流动，也便于突发事件疏散；二是要求空间不宜过大，一般中型企业厂区及家属区为最优选择；三是要求周边应有在规划中或较为成熟的文旅项目，以增加吸附力。

① 丁文越,朱婷文.伦敦工业遗产再生——以泰特现代美术馆及其周边地段为例 [J].北京规划建设,2019(2):130-146.

（1）艺术街区

美国纽约的SOHO街区是工业遗产转化为艺术街区的典型案例。SOHO（South of Houston Street）本来是指纽约曼哈顿地区休士顿街南侧的区域，这里原是纽约的老工业区。制造业衰退后，这里越来越多的破旧工厂被遗弃，成为只有50多座铸铁工业厂房的工业荒地。20世纪50年代末，许多艺术家开始进驻此地。1969年，当地高速公路计划因种种原因破产，这些工业建筑得以保留。[1]艺术家组成同盟（SOHO Artists Association）多次和城市规划委员会进行交涉，并最终于1971年将当地的用地性质由工业用地改为居住和商业用地，使艺术家可以在此居住工作，南休斯顿工业区也被公开称为"SOHO"（图6.9）。随着用地性质的改变，大批企业和画廊相继涌入，SOHO区成为将工业区域转变成艺术街区的标杆。

图6.9　20世纪70年代的SOHO[2]

20世纪90年代后，纽约SOHO所代表的时尚、自由、品位、工作居住合一的模式持续吸引中产阶级进入。之后，更多商业品牌进驻SOHO区，SOHO又转变为以高端品牌、艺术机构为主的旅游商业区（图6.10）。这一区域以艺术品经营为龙头，辅以餐饮业、酒吧业、旅游业、时装业，形成独特的产业发展模式。

SOHO艺术街区的复兴不是城市规划的产物，而是市场导向的产物。从工业区到艺术区，再到中产阶级的进驻，最后发展为高端品牌商业区，纽约的艺术家们无意中创造了一种利用老旧工业建筑促进经济发展的新方法，让人们发现了工业遗产建筑的美学价值。这一现象被美国建筑师卡罗尔·贝伦斯（Carol Berens）等人称为"苏荷效应"（SOHO Effect）。这一效应于二十年后应用于上海苏州河两岸的工业遗产保护再利用，形成了上海的"苏荷"文创产业集聚地带。

---

① 刘新颖. 美国百老汇和苏荷区与天津文化产业园区发展比较研究 [J]. 文化创新比较研究 ,2021,5(8):160-162.

② 图片来自 SOHO 记忆项目官网（https://sohomemory.org/meet-me-on-the-corner-of-pollock-and-de-kooning/）。

图 6.10　SOHO 商业街区①

（2）产业园区

工业遗产的产业园区利用模式，主要通过对建筑内部的再设计和改造以实现新功能，同时引入商业活动带动区域发展，为当地人提供交流和休憩场所。

2000 年前后，蕴含着大量历史文化信息的上海中小型规模工业厂区建筑，为上海发展文化创意产业提供了得天独厚的资源条件。2005 年 4 月，上海市公布了第一批 18 家创意产业集聚区，其中，泰康路"田子坊"视觉创意设计基地、莫干山路 M50 创意园、重庆南路"八号桥"、周家桥"创意之门"、西康路"同乐坊"等产业园区，都是利用老厂房、旧仓库进行保护更新、改造利用的实践。各具特色的创意产业集聚区，形成了创意产业与遗产保护、文化生产与休闲旅游相结合的发展模式，实现了历史价值、艺术价值、建筑价值和经济价值的有机统一与和谐再生。

北京 798 艺术区是工业遗产产业园区利用模式的一个典型代表。这一园区位于北京东北郊的朝阳区酒仙桥街道大山子地区，占地面积超 60 万平方米，原有六家工厂，798 厂是其中之一，故此得名。这片工业区在 20 世纪 50 年代由原民主德国专家负责承建，具有典型的"包豪斯"（Bauhaus）设计风格，建筑简洁实用。从 2002 年开始，由于租金低廉，许多艺术家租用这里的旧厂房作为艺术工作室，一些艺术机构也开始进驻，从而成为一处当代艺术展示区。② 798 艺术区在空间上既利用了旧建筑室内与室外的空间特点，又进行了必要的扩建改造，从而形成以艺术创意服务、展示博览、创意消费、建筑设计、商业零售、创意街区等产业为主的艺术创意产业园区。2020 年 12 月，该园区被文化和旅游部确定为第二批国家级文化产业示范园区。

---

① 图片来自网络（https://unsplash.com/s/photos/soho-new-york）。

② 赵喆骅，刘雨晨. 试论"产业园模式"下城市工业文化遗产保护与再生——以北京 798 艺术园区为例 [J]. 重庆建筑，2022, 21(2): 21-22, 35.

3.体育园区模式

城市旧工业区再利用转变为体育场馆区，往往是以大型体育赛事的举办为先决条件的。国际上以举办奥运会带动城市工业区更新的案例屡见不鲜，如1992年巴塞罗那奥运会通过奥运村建设带动滨海旧工业区更新；2000年悉尼奥运会通过比赛场地的设置来复兴城郊的工业废弃地；2012年伦敦奥运会通过奥运园区的建设，修复了斯特拉特福德（Stratford）的工业污染地；2022年北京冬奥会对首钢工业遗产进行了改造，使之与奥运场馆有机结合，成为体育园区利用的典范。

首钢工业遗产再利用的措施可以大致归纳为三种模式，即将工业遗产改造为比赛训练场地、体育产业配套空间、奥运文化特色景观。

（1）比赛训练场地

比赛训练场地是一种特殊的体育空间形式。其服务对象是具有顶级竞技水准的专业运动员，对场地的工艺水准要求极高。将工业遗产改造为比赛训练场地，不仅要投入大量资金，还要考虑场地改造后的长期运营。这就需要改造和运营主体能够汇集优质的行业资源，形成模式清晰、长期持续的产业发展规划。首钢根据原有的冷却塔、精煤车间等工业建筑高度、跨度的优势，改建了冬季滑雪项目训练中心，服务于2022年北京冬奥会的训练和比赛。在举办冬奥赛事之后，这些场地也进一步向社会公众开放，成为推广冰上运动、发展冰上产业的重要载体（图6.11，图6.12）。

图6.11 群明湖北岸看大跳台（布雷 摄）①

① 清华大学建筑设计研究院有限公司.首钢滑雪大跳台中心 [J].建筑学报,2021(Z1):36-41.

图 6.12　从新首钢大桥看大跳台（布雷　摄）[①]

（2）体育产业配套空间

体育产业配套空间主要服务于体育活动和体育产业相关方。在首钢工业区改建相应的体育产业配套空间，一方面可保障大型体育赛事活动、日常训练活动的顺利运行，另一方面也是对首钢体育产业板块发展的战略支撑。为了满足冬奥赛事的服务需求，首钢园核心区域的电力厂被改造为酒店。这些特色化的体育产业配套空间不仅能够为大型体育赛事举办提供更好的服务，还能引导体育组织、企业、人员、品牌等要素集聚，形成产业发展的竞争优势。

（3）奥运文化特色景观

物质空间重塑是旧工业区更新的基础，奥运文化与工业风格结合是一种新尝试。首钢将筒仓改造为北京冬奥组委的办公场所，在水塔内部的弧形结构设置了冰雪项目展示墙，将旧厂房改造成冬奥展示中心，在原有的物质空间中融入奥运元素，形成新的景观。从功能置换的角度看，从工业空间到以奥运元素为特色的体育空间的开发利用，较好地体现了后工业时代新兴产业、多元文化对于工业空间复兴的价值。在这个过程中，政府化解了老工业区面临的物质功能老化和产业空心化的难题；首钢集团通过工业空间的再利用，实现了自身产业转型；体育行业组织则通过这种经济高效的空间开发利用方式，降低了建设和运营成本，践行了节能环保的绿色奥运理念。

---

① 清华大学建筑设计研究院有限公司.首钢滑雪大跳台中心 [J].建筑学报,2021(Z1):36-41.

4.公园模式

工业给自然带来的创伤随时间流逝而凝聚了厚重的历史感，工业遗产的保护利用在景观化、纪念碑式和新博物馆思潮的影响下得以发展。公园模式就是在尽可能保留工业建筑及场地特征的基础上，挖掘废弃材料和场地的使用潜力，整合既有景观元素并融入新的设计手法，形成开放的城市公共景观空间。该模式适用于具有开阔场地和废弃构筑物的工业遗产。

（1）如画式

工业革命后，城市出现的人口拥挤、卫生条件恶劣等问题，这推动了城市公园的建设和欧洲城市公园运动。为城市建设提供材料的采石场，成为第一批被改造的对象。这类工业遗址的建筑物和构筑物较少，原本的植被系统和景观风貌已完全被破坏，但石峰峭壁增添了区域的沧桑感。

法国比特·绍蒙公园（Buttes-Chaumont Park）是采石场适应性再利用，改建为公园的范例。这座公园位于巴黎的郊区，原来是石灰石采石场，废弃后成为垃圾场。随着城市的扩张，这块工业废弃地开始受到重视。设计师将采石场旧址上一部分石灰岩地形保留下来，并通过设计加以视觉强化，同时在其余部分种植植被，实施景观绿化，达到人工与天然的完美统一（图6.13）。

图6.13 比特·绍蒙公园（Yannis Sommera 摄）

（2）大地艺术式

大地艺术（Land Art）是艺术家以大地上的平原、丘陵、山体、峡谷、沙漠、森林、水岸甚至风雨雷电、日月星辰等自然环境为背景，以地表的自然物质以及人工干扰自然留下的痕迹为载体创作的视觉化艺术形式。大地艺术与工业废弃地的结合有着得天独厚的优势，不仅可以实现工业废弃地景观再设计的目标，也可以丰富城市公共空间，优化市民居住环境，更新城市土地资源。

大地艺术家的实践促进了矿区改造和工业废弃地的更新。1979年，美国西雅图国王郡艺术委员会（King County Art Commission）委托一批大地艺术家在工业遗迹上进行创作，以重塑人类和自然的关系。罗伯特·莫里斯（Robert Morris）在废弃的矿坑上创作了大地艺术作品"无题"（图6.14），将矿坑改造成室外露天剧场，通过对地形和工业设施进行艺术化处理，增加了场地的艺术性和戏剧性，使废弃地和废弃材料成为一种景观，丰富了废弃地区域的人文内涵。

图6.14　莫里斯大地艺术作品"无题"[①]

（3）自然风景式

在城市近郊或城乡接合部的工业遗产，可以通过举办园艺博览会的形式重新开发，形成后工业化景观。

1992年，英国威尔士的园艺博览会选择在曾被煤矿场、钢铁厂严重污染的埃布韦尔（Ebbw Vale）举行，以期通过园林化改造，改善当地的生态环境，消除工业污染。在园林设计中，古老的矿渣堆仍被保留下来，引入的新水源形成湖面，并装饰了日式亭、红色牌坊等景观元素（图6.15）。这是20世纪90年代英国通过建造公园恢复衰败工业区生机的一次尝试。

---

① 图片来自网络（https://www.seattlesouthside.com/blog/the-story-behind-the-robert-morris-earthwork/）。

图 6.15　埃布韦尔 [①]

（4）综合式

国际工业遗产保护委员会主席伯格伦（Louis Bergeron）曾指出，工业遗产的真正价值也只能在整体景观中凸显，整体景观的概念对于理解工业遗产至关重要。"工业景观"作为工业遗产保护的一种方式被广泛使用。

德国鲁尔区北杜伊斯堡景观公园（North Duisburg Landscape Park）是工业遗产景观保护的范例（图 6.16）。公园分为水公园、铁路公园、公共使用区和公园道路系统四个景观层次。原蒂森公司（August Thyssen）梅德里希钢铁厂（Meiderich Ironworks）的一些建筑在公园中被保留下来，展现了原有的工业化特质和景观结构。

---

① 图片来自网络（https://mapio.net/pic/p-71522455/）。

设计师彼得·拉茨（Peter Latz）提出了"工业自然"（industrial nature）的概念，认为工业遗址自然演替形成的植物环境更适应原场地，并对植物环境进行了维护，最大限度地改善生态环境，以实现工业系统的整体价值与自然环境的和谐统一。

图 6.16　北杜伊斯堡景观公园 [①]

5.居住模式

这种工业遗产的适应性再利用，是以城镇住宅为目标，实现城市工业空间向住宅转变。这种方式在不同国家已有探索，并取得了较好的效果。如丹麦布拉吉群岛（Islands Brygge）的粮仓住宅，是哥本哈根诺德塔（北港）改造项目的一部分，当地政府希望将这处工业港区转型成一个新的城市社区。这处工业建筑原来是一座 17 层高用于粮食存储的筒仓（图 6.17），为了尽可能地保留建筑原有的结构和元素，设计师在改造中仅对其外观进行了美化装饰，以使其与建筑所在的港口风貌协调。此外，设计师还在建筑顶层设计了公共活动空间，住户可以在顶层俯瞰哥本哈根全景。这使工业遗产成为人们乐居的新家园（图 6.18）。

---

① 图片来自网络（http://www.landscape.cn/landscape/11171.html）。

图 6.17　粮仓改造前原貌 [1]

图 6.18　粮仓改造完成后效果 [2]

---

[1][2]　混凝土"筒仓"披上镀锌表皮，酷到没朋友 / Cobe[EB/OL]. (2017-07-04)[2024-09-03]. https://www.archdaily.cn/cn/874980/the-silo-cobe?ad_name=article_cn_redirect=popup.

6.遗产旅游模式

遗产旅游是旅游业中最重要和增长最快的特色产品。[1]工业遗产体现了独特的地方特征，能够吸引现代人了解工业文化和文明，提高后工业社区的自豪感[2]而产生地域认同[3]，还具有观光、休闲和游赏等功能[4]。工业遗产旅游是以工业考古、工业遗产为目的地的适应性再利用方式。

工业遗产旅游具有突出的文化主题、鲜明的地域文化、浓厚的怀旧情结和显著的教育功能等特征[5]，真实性是决定工业遗产旅游生命力的重要因素[6]。

（1）工业遗产旅游的类型

根据不同的标准，工业遗产旅游可以分为区域一体化型和独立旅游地型。独立旅游地型的工业遗产旅游开发模式可以分为博物馆模式、公共游憩空间模式和购物旅游相结合的综合开发模式。[7]

从城市特色文化的视角看，工业遗产旅游开发模式有工业文化主题博物馆模式、工业文化景观公园模式、文化创意产业园区模式以及工业遗产文化旅游线路模式。[8]

从工业旅游产品的角度看，工业旅游开发模式可分为景观型开发模式、艺术商品型开发模式、民族文化型开发模式、企业成长型开发模式、历史场景型开发模式和综合型开发模式。[9]

从产业类型的角度看，工业旅游类型可分为采掘业旅游、重工业旅游、高科技旅游、手工业旅游、轻工业旅游、建筑业旅游等。从开展工业旅游的内容，工业旅游分为工业生产经营场所、工业生产过程、工业生产成果、管理经验等。[10]中国工业旅游产品开发现有十大模式，即城市型、商品型、中心型、景观型、扩展型、场景型、产品型、文化型、外延型和综合型。[11]

（2）区域一体化开发模式

美国匹兹堡靠近五大湖区航道，因煤铁资源丰富、交通便捷，长期以重工业为支柱产业，但在发展过程中，环境污染严重、经济结构单一等问题也逐渐凸显。20世纪

---

[1]　Herbert D. Literary places, tourism and the heritage experience[J]. Annals of tourism research, 2001, 28(2): 312-333.

[2]　Xie P F. A life cycle model of industrial heritage development[J]. Annals of Tourism Research, 2015, 55: 141-154.

[3]　Pretes M. Tourism and nationalism[J]. Annals of tourism research, 2003, 30(1): 125-142.

[4][7]　李蕾蕾.逆工业化与工业遗产旅游开发：德国鲁尔区的实践过程与开发模式 [J].世界地理研究,2002(3):57-65.

[5]　王芳.城市特色文化视域下工业遗产旅游开发研究 [D].沈阳：沈阳师范大学,2013.

[6]　谢飞帆.新型城镇化下的工业遗产旅游 [J].旅游学刊,2015,30(1):5-6.

[8]　王芳.城市特色文化视域下工业遗产旅游开发研究 [D].沈阳：沈阳师范大学,2013.

[9]　毕燕.工业旅游产品开发模式研究——以广西工业旅游产品开发为例 [J].学术论坛,2005(6):75-77.

[10]　应月芳.论工业产业旅游 [J].北方经贸,2002(2):88-89.

[11]　吴相利.中国工业旅游产品开发模式研究 [J].桂林旅游高等专科学校学报,2003(3):43-47.

70 年代，因为钢铁产能过剩导致工厂关闭和大量裁员，当地政府以保护和传承工业遗产及其文化为目标，探索多种利用方式。1996 年，美国国会和宾夕法尼亚州通过法案，以匹兹堡为中心建立了"钢铁之河"国家遗产区，由非营利机构"钢铁之河"遗产公司管理运营，并与美国国家公园管理局和宾夕法尼亚州保护与自然资源部合作，通过支持工业遗产旅游、创意场所建设、户外娱乐等，促进经济再开发和文化合作交流。与此同时，工厂、仓库、码头等工业遗产得到保护和修复，成为展示这座重工业城市独特历史的重要文化场所（图 6.19）。

图 6.19　人们参观匹兹堡原炼铁厂高炉遗存 ①

　　世纪之交，在德国北莱茵威斯特法伦州（North Rhine-Westphalia）政府的支持下，德国工业文化协会（German Society for Industrial Culture）提出建立"欧洲工业遗产游线"（European Route of Industrial Heritage，ERIH）的设想，以期通过欧洲国家间的合作，整合工业遗产资源，形成与工业历史和文化相关的主题旅游路线，发展工业旅游，促进欧洲工业遗产的保护和可持续发展。2008 年，欧洲工业遗产旅游项目启动，至今共形成了 16 条欧洲工业遗产主题游线，包括能源、化工、通信、房地产、工业建筑、工业景观、军事工业、钢铁工业、采矿业、造纸业、加工制造业、盐

---

① 工业遗产在转型发展中展现新活力 [EB/OL].(2021-06-07)[2024-09-03]. http://world.people.cn/n1/2021/0607/c1002-32123732.html.

业、服务与休闲、纺织工业、交通运输业和水利工程等，覆盖了欧洲 2200 多处工业遗产。这 16 条线路均被认定为"欧盟委员会文化之路"（Cultural Route of the Council of Europe）。[①]

欧盟委员会工业遗产游线由锚点（anchor points）、区域线路（regional routes）和主题线路（theme routes）三部分构成，结合本地的工业特征，将区域内有关联的工业景点连接起来形成旅游线路。线路体系层次结构分明，功能划分清晰，可向公众全方位展示工业遗产的魅力，激发公众对于工业遗产的浓厚兴趣和感知体验，也为沿线城市创造了一个可持续发展的未来。

---

① 数据引自 ERIH 官方网站（https://www.erih.net/）。

CHAPTER VII

AGRICULTURAL HERITAGE
CULTURAL HERITAGE THEORY AND PRACTICE

第七章

农业遗产

文 化 遗 产 理 论 与 实 践

农业遗产是人类在寻求与自然和谐相处之道时逐步形成的人地关系、知识体系、生活态度、审美追求，以及物种资源、农业技术、民俗文化、生态理念、土地景观等，有着极其珍贵的价值。与其他文化遗产类型相比，农业遗产最显著的特征在于其"活态性"，即它形成于过去，传承至今天，并依然是当地居民的主要生产方式和经济来源。

　　农业遗产兼具农业经济、生态保护和文化传承等多重功能，对农业遗产价值进行挖掘、保护和利用，有助于实现农业可持续发展、适应气候变化和改善生态环境，同时也能为传承中华优秀传统文化、助力乡村振兴提供重要支撑。

第一节 概念及发展

农业遗产（agricultural heritage）是重要的生物、文化和技术基因库。2002 年，联合国粮农组织（Food and Agriculture Organization of the United Nations，FAO）开始实施"全球重要农业文化遗产系统"（Globally Important Agricultural Heritage Systems，GIAHS）项目，确定并保护重要农业文化遗产系统和相关景观、农业生物多样性、知识和文化体系，提出了"全球重要农业文化遗产"的概念，并得到了国际上的广泛关注。在理论研究和实践推进的过程中，农业遗产的内涵和外延尚存在争议。本章将在梳理概念的基础上，厘清各相关概念之间的联系，以更好地认知与保护农业遗产。

一、概念界定

1993 年，理查德·普伦蒂斯（Richard Prentice）认为农业遗产可分农场、牛奶场、农业博物馆、葡萄园、捕鱼、采矿、采石、水库等活动和场所。哈罗普（Harrop）对保护区中传统农业景观保护的国际法律和政策进行了系统梳理，提出"传统农业景观和农业耕作方式是人类智慧和生活经验的产物"，应予以保护。学者们对农业遗产的概念进行了深入讨论，多数学者认为广义上的农业遗产是指人类在长期农业生产活动中创造的、以物质或非物质形态存在的各种技术与知识集成；狭义的农业遗产是指在人与自然协调发展过程中创造并延续至今的，包括技术与知识体系在内的农业生产系统。

2002 年，为应对家庭农业和传统系统破坏的全球趋势，联合国粮农组织等十余家机构发起了《全球重要农业文化遗产系统的保护和适应性管理》（Conservation and Adaptive Management of Globally Important Agricultural Heritage Systems），将"全球重要农业文化遗产"定义为"农村与其所处环境长期协同进化和动态适应下所形成的、独特的土地利用系统和农业景观，这些系统与景观具有丰富的生物多样性，而且可以满足当地社会经济与文化发展的需要，有利于促进区域可持续发展"①。

作为诞生于西方社会的学术概念，中国学界将"GIAHS"翻译为全球重要农业遗产、农业遗产、农业文化遗产、世界农业遗产等。多数学者倾向于使用"全球重要农业文化遗产"。这也被我国采用，并设置了中国重要农业文化遗产项目（China's Nationally Important Agricultural Heritage Systems，China-NIAHS）。农业文化遗产是人类文化遗产的重要组成部分，是人类农事的发明创造和积累传承，是具有历史、科学及人文价值的物质与非物质文化的综合体系。农业文化遗产中的农业是大农业的概念，既包括农耕，也包括畜牧业、林业和渔业；既包括农业生产的条件和环境，也包括农业生产的过程、农产品加工及民俗民风。②

值得关注的是，农业文化遗产一般被认为是农业遗产的一部分，仅指现在仍然使用的、具有丰富生物多样性和独特农业景观的整体性农业系统。但本书更关注广义的农业遗产，即"人类在长期农业生产活动中创造的、以物质或非物质形态存在的各种技术与知识集成"，因此以农业遗产为章标题。

二、相关概念辨析

1. 全球重要农业文化遗产

在地理隔绝、生态脆弱、政治边缘化、自然资源短缺和极端气候条件的影响下，农业系统正面临巨大挑战，为实现有效保护，全球重要农业文化遗产保护运动应运而生。全球重要农业文化遗产是数代农民、牧民、林农和渔民基于对物种多样化的认知，形成的适用于当地的独特技术和管理体系，创造、发展并保持着独特性的农业系统和景观；是建立在当地知识和实践经验基础上的动态农业系统，反映了人与自然环境协调发展的存续状态，形成了独具特色的美学景观，维持了具有全球意义的农业生物多样性和自我调节能力的生态系统，并成为延续至今且具有重要价值的文化遗产。此外，全球农业遗产还为人类持续提供了多样化的产品和服务，保障了人类的生计安全和生活质量。

从联合国粮农组织的定义可看出，全球重要农业文化遗产侧重农业系统和景观，强调对遗产地的动态保护，使其适应社会经济发展，使小型农户、传统社区、少数民

① 联合国粮农组织对其的定义为：Globally important agriculture heritage systems are defined as remarkable land use systems and landscape which are rich in globally significant biological diversity evolving from the co-adaptation of a community with its environment and its needs and aspirations for sustainable development.

② 王思明. 农业文化遗产的内涵及保护中应注意把握的八组关系 [J]. 中国农业大学学报 ,2016,(33)2:102-110.

族和当地居民能够自觉地保护传统农业系统，并从保护中获得经济效益、社会效益和生态效益，从而促进人与自然的和谐、可持续发展。

2.中国重要农业文化遗产

2012 年，我国农业部印发了《农业部关于开展中国重要农业文化遗产发掘工作的通知》. 该《通知》指出，"中国重要农业文化遗产是指人类与其所处环境长期协同发展中，创造并传承至今的独特的农业生产系统，这些系统具有丰富的农业生物多样性、传统知识与技术体系和独特的生态与文化景观等，对我国农业文化传承、农业可持续发展和农业功能拓展具有重要的科学价值和实践意义。"

2015 年，农业部公布的《重要农业文化遗产管理办法》中再次对农业文化遗产的概念进行了界定，"本办法所称重要农业文化遗产，是指我国人民在与所处环境长期协同发展中世代传承并具有丰富的农业生物多样性、完善的传统知识与技术体系、独特的生态与文化景观的农业生产系统，包括由联合国粮农组织认定的全球重要农业文化遗产和由农业部认定的中国重要农业文化遗产"。该《办法》进一步明晰了"农业文化遗产""全球重要农业文化遗产""中国重要农业文化遗产"三者间的关系。

3.文化景观

文化景观是"人与自然共同的作品"，它展现了在一系列社会、经济和文化因素的内外作用下，人类社会和定居地的历史。而农业遗产作为人地关系长期协同进化和动态适应形成的土地利用系统和生态景观，同持续性文化景观具有一定的共性和联系（表 7.1）。

表7.1　重要农业文化遗产与持续性文化景观的共性[①]

项目	共性
概念内涵	都重视景观结构特征 都重视景观形成的内在机理 积极的社会作用 处于动态演变的过程中
评选标准	仍然存在的事物 具有完整性和真实性 具有濒危性 具有典型性 具有全球重要性

---

① 杨波，何露，闵庆文. 文化景观视角下的农业文化遗产认知与保护研究——以云南双江勐库古茶园与茶文化系统为例 [J]. 原生态民族文化学刊,2020,12(5):110-116.

续表

项目	共性
保护策略	划定保护范围 制定保护与管理规划及相关法规 定期开展监测工作 鼓励多方参与及加强参与者能力建设 通过推广宣传提高保护意识 通过可持续利用促进保护

从全球重要农业文化遗产系统和持续性文化景观（农业类文化景观是其中的一种类型）的概念、标准等方面看，两者存在着一定差异。在人与自然的关系上，前者侧重人类利用智慧和能力以调整和适应不断改变的客观和物质环境，后者侧重于人和自然创作的有机融合；在概念上，前者关注过去、现在和未来，后者更关注过去和现在；在评选标准上，前者强调同时具备多重指标，后者强调个性和特色；在保护思路上，前者强调动态保护与适应性管理，后者强调保护真实性和完整性。

4.农业遗产景观

农业遗产景观是指在人类与大自然的协作下形成的，既能满足人类生产生活的需要，又能与自然实现和谐共存的，可以发挥景观效用的遗产。

农业遗产景观是具有景观价值的农业生产环境，会随着人类活动和土地特征的改变而变化，兼具生态价值、经济价值和美学价值，是自然的、社会的、动态的系统反映。农业遗产主要包括农田景观、乡村景观及相关的各类动植物、水体、道路以及建筑等物质要素。

农业遗产、农业文化遗产、农业遗产景观三者之间的关系如图7.1所示。

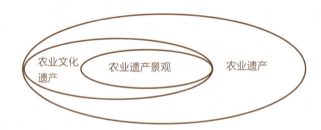

图7.1　农业遗产、农业文化遗产、农业遗产景观关系示意（笔者自绘）

三、农业遗产研究历程

1. 国内研究历程

我国对农业遗产的研究发端于 20 世纪初，以农业文献资料搜集整理为主。大量的文献整理和研究为我国农业遗产研究奠定了坚实的基础，研究可大致分为以下四个阶段。

（1）萌芽阶段（20 世纪初—1949 年）

清代末年，罗振玉、高润生等一批学者为保存中国传统农学的精华，开始有意识地收集整理和研究中国传统农业文献资料，相关研究处于萌芽状态。

20 世纪 20 年代，以近代自然科学和社会科学为指导的农业遗产保护研究肇始。1921 年，南京金陵大学图书馆与美国农业部组织合作部共同编撰了《中国古代农书索引》，由王德女士负责，并在此基础上组建了金陵大学图书馆农史研究室，开始了我国农业遗产的搜集与整理工作。1924 年，万国鼎先生任金陵大学农经系农业图书部主任，历时 10 多年，搜集了 3700 万字的资料。1932 年，在万国鼎先生的倡导下，金陵大学农业图书部改组为农业历史研究组，并入金陵大学农业经济系，至 1937 年全面抗战前已在古书中收集到有关农业的资料共 3000 余万字。1937 年全面抗战爆发后，相关农史研究工作被迫中断。这一阶段，中山大学农学院的丁颖对中国稻作起源的研究、郑肇经的《中国水利史》（商务印书馆，1939 年）、邓云特的《中国救荒史》（商务印书馆，1937 年）和李士豪的《中国渔业史》（商务印书馆，1937 年）等对农业遗产的研究产生了较大影响。[①]

（2）初步发展阶段（1950—1966 年）

中华人民共和国成立后，党和政府十分重视祖国优秀文化遗产的整理保护工作，农业遗产研究的专门机构相继成立。1952 年，南京农学院恢复金陵大学农史资料整理工作。同年，西北农学院成立了古农学研究小组。

1955 年 4 月，农业部农业宣传总局、农业部中国农业科学院筹备小组在北京召开了"整理祖国农业遗产座谈会"，交流整理了农业遗产的经验，拟订了农业古籍的校释出版计划。自此，由中央政府主持的农业遗产整理研究工作正式启动，此时的农业遗产特指农业史演进过程中所遗存下来的具有继承价值的文献资料或文物。同年 7 月，在中共中央农村工作部、国务院农林办公室和农业部的共同支持下，南京农学院在农史组基础上成立了中国农业遗产研究室。同年，华南农学院图书馆开辟了"中国古代农业文献专藏"，负责农业历史文献的征访、选购、典藏、保护、整理等工作。

[①]　李明. 农业文化遗产学 [M]. 南京：南京大学出版社，2015.

1956 年，西北农学院古农学研究小组改为古农学研究室，成为我国农史研究的另一重镇。随后，北京农学院、华南农学院等也相继建立了农史研究机构，逐步形成了以"东万（万国鼎）、西石（石声汉）、南梁（梁家勉）、北王（王毓瑚）"为代表的中国农业遗产研究的四个基地。农业遗产研究机构的建立，标志着我国农业遗产研究事业进入新的阶段，也为农业遗产研究创造了有利条件，对交流学术成果、推动农业遗产研究起到了积极的作用。

这一时期的工作重点是整理校注古代农学典籍，各研究单位完成了大量相关工作，成绩突出，相继出版了《中国农学史（上）》《中国农学书录》《氾胜之书辑释》《齐民要术校释》《四民月令辑释》《四时纂要校释》《农桑经校注》等专著，也为后续研究的深入开展打下了基础。[①]

（3）快速发展阶段（1978—2011 年）

1978 年，经国务院批准，中国农业遗产研究室恢复原有建制，更名为中国农业科学院农业技术史研究室。同年，北京农业大学、华南农业大学也成立了农业历史研究室。

1984 年，中国农史学会正式成立，宣告中国农业遗产研究进入新时期。浙江农学院农史研究室、河北农学院农史研究室、江西省中国农业考古研究中心、中国农业博物馆、农业部农村经济研究中心当代农史研究室等科研单位陆续成立。广东、河南、陕西和江苏等地还组建了省级农业历史研究会。

20 世纪 80 年代，农业史专门学术刊物也陆续面世，如中国农业历史学会筹委会和南京农业大学联合创办的《中国农史》、中国农业考古研究中心主办的《农业考古》、华南农学院受农业出版社委托主编的《农史研究》、中国农业博物馆创办的《古今农业》等。

这一时期，科普与科研相结合的农业博物馆相继成立，中国的农业遗产研究开始走出象牙塔迈向社会。1983 年，在农业部大力支持下，中国农业博物馆在北京建立，成为全国科普教育基地。2004 年，南京农业大学创建了第一个中国高校农业博物馆——中华农业文明博物馆。自此，关于农具、茶叶、蚕桑、水利等各类专题博物馆相继成立。[②]

（4）保护繁荣阶段（2012 年至今）

2012 年，农业部正式启动了"中国重要农业文化遗产"申报工作，是"全球重要农业文化遗产系统的保护与适应性管理——中国试点"项目的一部分。中国重要农业文化遗产的保护坚持整体性的方法论，为大众提供了认识遗产价值的机会，弥合了既

---

①② 李明. 农业文化遗产学 [M]. 南京：南京大学出版社，2015.

有遗产保护体系中自然与文化遗产分离的鸿沟，更跳出重点保护乡村传统建筑群的窠臼，以实现区域可持续发展为目标，将重心放到保护丰富的农业生物多样性、完善的传统知识与技术体系、独特的生态与文化景观的农业生产系统上来，是对既有遗产保护范式的重要创新。[①] 已经列入全球重要农业文化遗产的"浙江青田稻鱼共生系统""云南红河哈尼稻作梯田系统"与"云南普洱古茶园与茶文化系统"均于 2013 年被公布为第一批"中国重要农业文化遗产"。截至 2023 年 7 月，联合国粮农组织全球重要农业文化遗产保护名录共收录了 24 个国家的 78 个系统，其中我国有 19 个农业系统入选，数量居世界首位。[②] 此外，我国农业农村部已认定了六批 138 项中国重要农业文化遗产，分布在 151 个县（市、区），包括 60 多种农牧业物种和农业生态类型。

　　2012 年 11 月，"云南普洱古茶园与茶文化系统"入选"中国世界文化遗产预备名单"；2013 年，"景迈古茶园"与"红河哈尼梯田"同时被列为第七批全国重点文物保护单位；2013 年 6 月，"红河哈尼梯田文化景观"成功列入《世界遗产名录》，成为中国向世界贡献的首个以农耕文明为主题的文化景观。2015 年，农业部颁布《重要农业文化遗产管理办法》，标志着中国对农业文化遗产的保护与管理等事项进入了有法可依的规范阶段。2019 年，国务院公布的第八批全国重点文物保护单位中，农业遗产的数量和类型进一步增加。2023 年 9 月，"普洱景迈山古茶林文化景观"作为首个茶类主题的文化景观被列入《世界遗产名录》。由此可见，中国重要农业文化遗产保护制度建立之后，与 GIAHS、全国重点文物保护单位制度、世界遗产保护制度多方协同、联动发展，共同形成了多维保护体系。

2. 国际农业遗产保护发展历程

（1）"全球重要农业文化遗产系统"项目

　　为应对家庭农业和传统农业系统衰败与被破坏的全球趋势，2002 年在南非约翰内斯堡召开的第一届可持续发展世界首脑会议（World Summit on Sustainable Development）上，联合国粮农组织发起了"全球重要农业文化遗产"项目，由联合国粮农组织、联合国开发计划署（The United Nations Development Programme）、全球环境基金会（Global Environment Fund）、联合国教科文组织、国际文物保护与修复研究中心、国际自然保护联盟和联合国大学（United Nations University）等十余家国际组织、机构和各国政府共同参与。该项目旨在建立全球重要农业文化遗产及与其有关的景观、生物多样性、知识和文化保护体系，促进相关内容的国际认同、动态保护和适应性管理。

[①] 李明. 农业文化遗产学 [M]. 南京：南京大学出版社，2015:217-218.

[②] 数据来自联合国粮食及农业组织官网（https://www.fao.org/giahs/giahsaroundtheworld/zh/）。

自 2002 年提出至今，全球重要农业文化遗产系统项目的理论研究和保护实践日渐成熟。2002—2004 年，明确了项目的基本框架，确定了评选标准。2005—2008 年，在联合国开发计划署、联合国教科文组织等国际组织及政府的支持下，确定了 6 个传统农业系统作为项目试点，即"中国浙江青田稻鱼共生系统"、"阿尔及利亚埃尔韦德绿洲农业系统"（Ghout Oasis system El Oued）、"突尼斯加夫萨绿洲农业系统"（Gafsa Oases）、"智利智鲁岛屿农业系统"（Chiloé Agriculture）、"秘鲁安第斯高原农业系统"（Andean Agriculture）和"菲律宾伊富高稻作梯田系统"（Ifugao Rice Terraces）。

2009—2014 年，全球重要农业文化遗产项目指导委员会和科学委员会建立，完善了遴选标准和程序，开展了农业遗产的评估、保护与管理机制等多方面研究，在首批试点地区开展了动态保护与可持续管理途径探索，并总结推广试点经验。2014 年，联合国粮农组织在章程中赋予了全球重要农业文化遗产的法律地位，标志着该行为成为联合国粮农组织的日常性工作。在长期实践中，该项目形成了提升农村社区经济条件、促进可持续生态发展、保护生物多样性和提升乡村区域生活质量四大战略目标。

经过数年发展，全球重要农业文化遗产已从最初的倡议成为目前联合国粮农组织的重要项目之一，其概念和保护理念已经得到了国际社会和越来越多国家的认可。

（2）里山倡议

欧美、韩国和日本等国家先后推出乡村振兴计划，通过对"农业–农村"生态系统的有效管理，激励公众参与，实现人与自然和谐共生，助力乡村振兴。日本通过"里山倡议"和"伙伴计划"促进农业农村可持续发展。

"里山"一词起源于日本江户时期，特指"里山林"，即传统意义上的农用薪炭林，现在多指位于都市和原生林之间，由住家、聚落、耕地、池塘、溪流与山丘等构成的综合地景。随着日本经济的快速发展和城市化进程的加快，位于农村的里山林因疏于管理而逐渐荒废、退化和消失，出现了"里山危机"。为阻止里山林内生态资源的消失和灭绝，降低因自然资源破坏给农村及农业活动带来的负面影响，实现农业可持续发展和农村发展，2010 年，在日本政府的推动下，日本环境省和联合国大学高等研究所提出了《里山倡议》（Satoyama Initiative），并成立了"里山倡议国际伙伴关系网络"（The International Partnership for the Satoyama Initiative，IPSI），使"里山"成为国际通用术语。《里山倡议》将里山这种由人与周围自然环境长期交互作用下形成的生物栖息地和土地利用的动态景观称为"社会–生态–生产性景观（socio-ecological production landscapes and seascapes，SEPLS）"[①]。该《倡议》由三部分构成，即愿景、

---

① UNU-IAS.Satoyama Initiative: Advancing Socio-Ecological Production Landscapes for the Benefit of Biodiversity and Human Well-Being[EB/OL]. (2016-12-26)[2024-09-03]. http://satoyama-initiative.org/wp-content/uploads/2011/09/satoyama-leaflet-web-en-final.pdf.

三重建议、六个生态和社会经济视角，不仅为农民生计或农村发展考虑，更重要的是也唤起了人们对农村次生自然的重新认识，已成为实践联合国《生物多样性公约》的重要工具之一。^①

《里山倡议》的"愿景"是实现社会与自然的和谐，即社区在维持和发展社会经济活动时应与自然过程相结合、相扶持。

"三重建议"是指强化社区在保障多样化生态系统服务和价值方面的智慧；整合传统生态知识与现代科学，激发创新力；在尊重传统公有土地权属的同时，探索公地新的共同管理系统，或逐渐形成新的管理框架。

"六个环境和社会经济视角"是指在环境承载量和自然恢复力的限度内使用资源；自然资源循环使用；认识到本土传统与文化的价值和重要性；各利益相关方在自然资源和生态系统服务的可持续和多功能管理方面的参与和合作；对可持续社会经济的贡献，包括减贫、粮食安全、可持续生计和增强地方社区的权能；通过以生态系统为基础的方法减缓和适应气候变化带来的影响，提升社区自我修复能力，实现包括生态、社会、文化、精神和经济效益在内的多重效益。

2015年，"里山倡议国际伙伴关系网"公布了"社会−生态−生产性景观"的效果评估指标体系，通过景观多样性和生态系统保护、生物多样性（包括农业多样性）、知识和创新、管控和社会公正、生活和福祉等5个方面的20个指标来判定保护活动实施后的效果。截至2023年5月，已有304个政府机构及组织加入该网络^②，"社会−生态−生产性景观"保护理念已在6大洲37个国家（地区）推广，公布了285个成功案例，极大地推动了农业农村的可持续发展（图7.2）。

图7.2　日本里山景观风貌^③

---

① ②　数据来自里山倡议国际伙伴关系官网（https://satoyama-initiative.org/concept/satoyama-initiative/）。
③　图片来自走进日本官网（https://www.nippon.com/en/images/i00059/）。

第二节 农业遗产的类型和价值

农业遗产构成要素复杂、价值表现多元，是极具活态性、复合性、可持续性、多功能性、濒危性的传统农业生产系统和景观系统。要准确认知农业遗产的价值，先要厘清农业遗产类型，为农业遗产保护和合理利用提供依据。

一、类型

根据不同分类标准，农业遗产可分为不同类型。

1.物质形态

根据物质形态，农业遗产可以分为物质类遗产、非物质类遗产和混合类遗产 3 种类型。其中，物质类农业遗产包括遗址类遗产、工程类遗产、工具类遗产、物种类遗产、文献类遗产、特产类遗产等；非物质类遗产包括技术类遗产、民俗类遗产；混合类农业遗产包括景观类遗产、聚落类遗产。

2."活化"程度

根据"活化"程度，农业遗产可分为"固态"农业遗产和"活态"农业遗产。"固态"农业遗产是指其形态是凝固不变的，包括遗址类、文献类农业遗产及现在不再使用的农业工程、农业工具等。"固态"农业遗产可以采用"静态"保护方法，即以图片、文字、录音、录像、实物、模型、数字化等多种技术手段进行记录、收集、保存、陈列，建立农业遗产数据库和资源库等。"活态"农业遗产是指仍然在使用或发展变化的遗产，包括农业景观、农业聚落、农业特产、农业物种、农业民俗，仍在使用的农业工程、农业工具和农业技术。"活态"农业遗产可以采用"动态"保护方法，即让农业遗产在使用中继承、在展示中保护、在利用中发展。

3.农业物种

按照定义及联合国粮农组织所制定的标准，典型的全球重要农业文化遗产可根据农业物种分为 7 种类型：①以水稻/小麦为基础的农业系统；②以玉米/块根作物为基础的农业系统；③以芋头为基础的农业系统；④游牧与半游牧系统；⑤独特的灌溉和水土资源管理系统；⑥复杂的多层庭园系统；⑦狩猎采集系统。

4.混合型分类

2011 年，联合国粮农组织专家将典型的全球重要农业文化遗产扩展为 10 种类型：①以山地稻米梯田为基础的农业生态系统（mountain rice terrace agroecosystems）；②以复种/混种为基础的农业系统（multiple cropping/ polyculture farming systems）；③以林下耕作为基础的农业系统（understory farming systems）；④游牧与半游牧的牧区系统（nomadic and seminomadic pastoral systems）；⑤古老的灌溉、土壤和水资源管理系统（ancient irrigation, soil and water management systems）；⑥复杂的多层庭园系统（complex multilayered home gardens）；⑦海平面以下系统（below sea level systems）；⑧部落农业文化遗产系统（tribal agricultural heritage systems）；⑨高价值作物和香料系统（high value crop and spice systems）；⑩狩猎采集系统（hunting gathering systems）。

此外，我国学者还将狭义的农业遗产按功能分为复合农业系统、水土保持系统、农田水利系统、抗旱节水系统和特定农业物种等类型。

二、农业遗产的特点

一是"活态性"。多数农业遗产是有人参与、至今仍在使用、具有较强生产与生态功能的农业生产系统，可直接生产产品，间接地与生态保护和文化服务相关，是农民生计保障和乡村发展的重要基础。

二是"动态性"。为满足人类不断增长的生存与发展需要，传统农业生产系统会随社会经济发展与技术进步而变化。

三是"适应性"。随着不同地区自然和社会条件的变化，传统农业生产系统不断发生着适应性的变化。这种变化是在系统稳定基础上的协同进化，充分体现出人与自然和谐的生存智慧。

四是"复合性"。农业遗产不仅包括一般意义上的传统农业知识和技术，还包括独特的农业生物资源、丰富的生物多样性以及历史悠久、结构合理的传统农业景观，是自然遗产、文化遗产、文化景观遗产、非物质文化遗产的综合体。

五是"战略性"。农业遗产旨在应对全球化和全球气候变化带来的影响，通过保护生物多样性、保障生态安全与粮食安全等方式，实现有效缓解贫困、促进农业可持续发展和推动农村生态文明建设等目标，具有重要的战略意义。

六是"多功能性"。农业遗产多元化的物质性衍生了其丰富的生态和文化价值，对农业遗产的保护具有保障食品安全、原料供给、就业增收、生态保护、观光休闲、文化传承、科学研究等多种功能。

七是"可持续性"。农业遗产是典型的"社会–经济–自然"复合系统，是人地和谐、可持续发展的典范。

八是"濒危性"。由于社会经济和文化环境的发展，传统农业系统面临着农业生物多样性的减少和丧失、传统农业技术和知识体系的消失以及农业生态系统结构与功能的破坏等威胁，亟须进行保护。

三、农业遗产价值

1. 生态与环境价值

农业遗产具有物种多样性、生态系统多样性、景观多样性等特征，其价值评估应从特征入手。农业遗产多具有生态服务功能，特别是在控制水土流失、提高对病虫害与极端气候的抵御与适应能力、保护农业遗产地和提升区域生态环境质量等方面，具有积极作用。

2. 生计与经济价值

传统农业系统能够通过改变系统内部热量传递与养分迁移等生态过程，提高农作物产量与质量，具有较高的经济价值。例如，浙江瑞安滨海塘河台田系统中"农田–水道"相间分布，其农作物产量约为其他农田生态系统的 1.5 倍，有效增加了收益。[①]独特的品种资源也为发展特色农业、品牌农业奠定了基础，多物种互利共生减少了化肥农药投入、降低了生产成本。农业遗产系统内的粮食、蔬菜、果品、肉类、油料、木材、药材、燃料、染料、糖料等，可为当地居民提供食物与生计保障。

3. 社会与文化价值

在数千年历史发展过程中形成的农耕文化、传统和习俗都是农业遗产的重要组成部分。这些非物质文化传统在彰显文化多样性、促进传统文化的传承上具有重要的社

---

① 苏伯儒，刘某承，李志东. 农业文化遗产生态系统服务的复合增益——以浙江瑞安滨海塘河台田系统为例 [J]. 生态学报，2023(3):1-12.

会文化价值。[①]

4.科研与教育价值

农业遗产为研究物种资源的遗传、生物种群间的相互作用、生态系统服务功能、社会文化系统的稳定性维持机制等提供了物质和非物质的证据，为多学科综合研究提供了天然实验室，具有科研和教育价值。

---

① 刘某承,苏伯儒,闵庆文,等.农业文化遗产助力乡村振兴：运行机制与实施路径[J].农业现代化研究,2022,43(4): 551-558.

第三节　农业遗产的保护管理

农业遗产是集系统性、活态性、复合性于一体的特殊遗产，是典型的"社会–经济–自然"复合遗产系统。因此，应当建立动态保护与适应性管理的范式，让"发展"成为农业遗产最好的保护。

一、保护理念

农业遗产的保护应遵循"在发掘中保护、在利用中传承"的基本原则，即"保护优先、适度利用，整体保护、协调发展，动态保护、适应管理，活态保护、功能拓展，现地保护、示范推广，多方参与、惠益共享"，其核心是"整体、动态、活化、共享"。

1.整体系统保护理念

农业遗产保护是系统性工程，需对彰显"农业文化基因"的多元农业遗存、非物质遗产和文化景观进行整体性、系统性保护。因此，农业遗产的保护应从农业遗产系统的构建入手，通过主管部门的协调，构建综合保护管理体系，实现整体保护。

2.动态可持续发展理念

农业遗产多处于生态脆弱、经济欠发达的乡村或乡镇，其保护肩负着拉动经济发展、生态保护、文化传承等多重任务。既要保护农业遗产又要促进其所在区域发展，关键是要厘清什么可以变、什么不能变，如果过分强调"原汁原味"保护而忽视了区域发展，则难以调动当地居民遗产保护的积极性，难以实现保护的目的，应当根据实际情况进行适当调整，实现农业遗产系统的活态传承与持续发展。

二、保护管理

面对现代化、城镇化带来的威胁与挑战，农业遗产管理机构应根据区域特征和农业遗产特点，探索多样化的保护途径，实现农业遗产可持续发展。

1.单体保护与整体保护相结合

农业遗产根植于传统农业生产经营系统，单体保护是农业遗产保护的基础，整体保护是农业遗产保护的目标与愿景。单体保护是对农业遗产各构成要素（如农业种质资源、传统生产方式等）的保护，以确保各要素的保存和使用。例如，秘鲁安第斯高原农业系统设立了专门的生物多样性保护项目，出台基因改造食品生产条例等，成立环境管理基金，建设社区种子库，全方位留存原始农作物的基因，积极保护安第斯农业多样性。[①]整体保护是对系统中各个环节和要素的保护，并维系各要素之间的联系或关系，从而实现和谐共生。随着农业遗产内涵的拓展，景观系统、农业生物种群系统、本地或本族的传统知识系统、文化价值系统与社会组织关系等都成为农业遗产的重要组成部分，应积极探索"大格局"保护，以实现农业、农村社区生活和生态环境的可持续融合发展。

2.动态保护

农业遗产是在人与自然互动的过程中形成和发展的，因此保护时应调整自然与人文环境的关系，提高系统效益和环境适应能力，实现动态保护与传承。

保护农业遗产要将传统与现代结合，即农业遗产地要在保护传统的人地和谐关系前提下，借鉴现代农业技术，寻找适合农业遗产保护的新方式。例如，浙江青田稻鱼共生系统，既保持了传统品种、种养技术、土地利用方式，又通过现代技术测算种养殖密度、时机、饵料，并充分利用先进的水资源管理技术等，实现了稻鱼产量的大幅提升，达到传统农业与现代技术的融合。

云南腾冲槟榔江水牛养殖系统是以肉、役、奶兼用为特色的复合养殖系统。该系统中的槟榔江水牛是中国境内发现的第一个本地河流型水牛类群，具有重要价值。但现存的槟榔江水牛数量较少，属于濒危物种，急需加强遗传资源保护。为此，槟榔江水牛核心育种场聘请云南农业大学、云南省草地动物科学研究院等科研院所的相关专家，组建了巴福乐槟榔江水牛技术研究院，建设现代实验室，加强槟榔江水牛的研究，并制定了槟榔江水牛养殖标准等，以指导槟榔江水牛的饲养管理。[②]

---

① 林嫩妹，陈秋华，屈峰.农业文化遗产的保护和利用——基于三个案例的比较分析 [J].福建商学院学报,2020(1):68-75.

② 王金梅，杨远，苗永旺.槟榔江水牛养殖系统动态保护调查 [J].中国农学通报,2021,37(11):137-142.

3.活态保护

农业遗产活态保护强调保护农业遗产形成、演变和发展的文化生态环境，以促进其可持续发展和传承。通过活态保护，可激活农业遗产的功能，构建农业遗产系统中那些濒临或业已消失要素的"孪生体"，为发展观光休闲与研学旅行等附加产业打下坚实基础。生态博物馆和活态历史农场是农业遗产活态保护的主要方式。

（1）生态博物馆

20世纪70年代，"生态博物馆"概念出现，以重视保护人与遗产的活态关系，倡导新型自然与人文生态理念，促进人与自然的健康、可持续发展而得到全世界的广泛认同。生态博物馆由社区或社群、社会文化及自然环境共同构成，被称为没有围墙的活态博物馆，也被认为是社区发展的博物馆化机构。"从根本上讲，生态博物馆的功能以文化遗产的保护为主，提倡不破坏文化环境，不过多地干扰社区居民的生活模式和文化模式，尊重居民的人格个性，促进居民素质提高和文化提升。它能在农业文化遗产保护和旅游开发之间建立起一种平衡，可以更好地解决旅游业发展与农业文化遗产保护之间的矛盾，从而引导农业文化遗产旅游健康持续发展"[1]。

法国博莱赛生态博物馆（l'Ecomusee de la Bresse Bourguinonne）是农业遗产活态保护的典型案例。博莱赛生态博物馆以博莱赛堡为"管理中心"和"记忆库"，展现当地的自然环境和传统技艺。在自然环境中分布了9个"观察点"，包括谷物面包房、木材和森林屋、博莱赛的农业、报社和印刷车间、制椅作坊、葡萄园和酿酒车间、水车遗迹砖瓦厂等。[2]在"观察点"能看到活态展示，如在谷物面包房能看到本地人制作面包的全过程，欣赏以"谷物生产"为主题的小型展览等。生态博物馆将农民、传统农业和自然人文环境联系起来，使居民和社区共同参与生态博物馆的工作，再现特定区域的过去与现在，更好地向公众提供全面了解区域文化的机会，从而实现在展示中保护、在保护中发展。

（2）活态历史农场

活态历史农场（living history farm）起源于欧美，依托遗产地的自然社会条件和宝贵的农业遗产，还原历史时期的农业生产生活场景，具有特定地域的农业文化特征，承载着丰富的农业文化气息，融合了农业遗产项目和遗产旅游。

活态历史农场主题突出、特色鲜明，力求以活态方式全方位展示某一特定历史时期、特定区域和特定类型的农业生产和生活方式，为人们呈现不同历史时期、不同类型、不同主题人物和不同形式的农业遗产。有反映某一特定历史时期农业的农场，如

① 崔峰. 农业文化遗产保护性旅游开发刍议 [J]. 南京农业大学学报 (社会科学版),2008,8(4):103-109.

② 安来顺. 一种以社区为核心的开放型博物馆——国际生态博物馆 40 年探索 [J]. 中国文化遗产 ,2011(6):60-65.

爱荷华印第安农场（Iowa Indian Farm）等；有反映不同类型农业的专业农场，如卡罗来纳烟草农场（Carolina Tobacco Farm）、加州柑橘历史公园（California Citrus State Historic Park）、夏威夷科纳咖啡历史农场（Kona Coffee Living History Farm）等；有以著名历史人物为主题的农场，如西弗吉尼亚州的沃特斯·史密斯纪念国家公园（Watters Smith Memorial State Park）、印第安纳州的林肯少年时代国家纪念地（Lincoln Boyhood National Memorial）；还有不同形式、不同表述的农场，如宾夕法尼亚州的殖民地种植园（Colonial Pennsylvania Plantation）、威斯康辛州的派恩克雷斯特历史村（Pinecrest Historical Village）等。

美国宾夕法尼亚州宁静谷活态历史农场（Quiet Valley Living Historical Farm）通过举办各种活动，呈现了19世纪典型家庭农场的农业种植、牲畜养殖、社区庆祝、农业习俗和技术，推动了当地农业遗产的保护。该农场的活动以儿童科普教育为主，成年人也可以参与其中。农场开设有不同类型的课程，并提供了5个不同主题的体验营地，包括传统工艺品、19世纪家务、烹饪等，为公众提供了解传统农业遗产的机会。同时，该农场还注重结合当地的人文、历史和社会环境，开展相应的专项体验活动，让公众乐于到历史农场参观体验，如在遗产工艺日推广传统工艺制作技能，参观者可以观看制作过程、了解制作技术和历史等（图7.3）。

图 7.3　宁静谷历史农场生活方式及展示项目①

---

① 图片来自宁静谷历史农场官网（https://quietvalley.org/photo-gallery/）。

三、社区参与

　　农业遗产是先民创造、世代传承并不断发展的农业生产系统，从事农业生产的农民既是农业遗产的重要组成部分，也是农业遗产保护的实施者，更是保护的最大受益者。有效的参与方式是农业遗产实现活态保护、可持续发展的关键，在实践中，各地探索出了行之有效的模式。在参与的过程中，农民应具有保护政策知情权、保护决策参与权、保护利益分配权。农民参与项目决策及实施，对农业遗产价值和重要性的认知加深，保护农业遗产的主动性提高。同时，可在不影响系统稳定性和不改变基本内核的前提下，引入现代农业科学技术和经营管理理念，重点发展特色农产品生产和多功能农业。在农业、生态、文化、旅游融合发展的前提下，注重培养"新农人"，吸引"有情怀"的人回归农业，实现农业遗产有人可承，农业农村可持续发展。

　　例如，浙江省青田县巨浦乡西坑村通过"企业＋村集体＋合作社＋农户"的发展机制，因地制宜发展"贝母–稻鱼共生"高效生态种养模式，变荒地为宝地，变农民为股民，实现村集体经济发展壮大和农业增效、农民增收。[1]在韩国的青山岛传统板石灌溉水稻梯田（Traditional Gudeuljang Irrigated Rice Terraces in Cheongsando）的保护中，以农民为主体的保护协会实施了"青山岛计划"，包括建立学校、进行培训等内容（图 7.4）。农业遗产委员会在济州岛石墙农业系统的石墙重建与维护、济州岛石文化研究等方面起到了关键作用。[2]

图 7.4　青山岛传统板石灌溉水稻梯田风貌[3]

---

① 彭瑶. 农业文化遗产：千年智慧 启迪未来 [N]. 农民日报 ,2022-07-28(8).

② Seung-Seok B. Conservation and management of agricultural and fishery heritage system in South Korea[J]. Joural of Resources and Ecology. 2014,5(4):335-340.

③ 　图片来自联合国粮食及农业组织官网（https://www.fao.org/giahs/giahsaroundtheworld/designated-sites/asia-and-the-pacific/traditional-gudeuljang-irrigated-rice-terraces-in-cheongsando/zh/）。

第四节　农业遗产的利用

保护农业遗产的主要目的在于合理利用农业资源，促进农业和农村的可持续发展。近年来，一些农业遗产地相继在保护生物多样性、弘扬传统农业文化、保护生态环境的基础上，开发了生态农产品、休闲农业与乡村生态旅游等衍生产品，逐步拓展了农业遗产的社会功能，促进了产业融合，是生态脆弱、经济落后、文化底蕴深厚地区探索农业供给侧结构性改革和农业可持续发展的具体实践。

一、原则

农业遗产利用应树立可持续发展的理念，正确处理好保护和传承、利用和创新的关系，在科学保护的基础上对农业遗产资源进行有效的开发利用。

1.合理利用

农业遗产利用是指对农业遗产资源进行功能性的创新开发。农业遗产的利用以农业遗产的存续和保护为前提，应遵循保护优先、合理利用的原则，把握好"度"。所谓"度"，一方面是指利用的时机要成熟，例如对濒危农业遗产项目而言，首先应保护好文化基因，挖掘其最具有价值的文化内核，培养传承人等；另一方面是指对于可进行产业化开发及商业化经营的项目，在开发模式及开发利用程度上要掌握"度"，应以保护其真实性和完整性为前提，避免过度商业化开发。

2.可持续性

农业遗产是具有特殊性、珍稀性和脆弱易损性的不可再生资源，任何不适当的开发都极易造成资源破坏、生态系统退化，甚至会引发无法恢复的生态灾难，从而影响遗产地的可持续发展。因此，规范农业遗产资源的利用和管理，促进遗产地的可持续发展，是农业遗产利用中的核心问题。

3.因地制宜

农业遗产是一种因地制宜的农业生产系统，具有丰富的农业生物多样性、传统知识与技术体系和独特的生态文化景观等，所以每一处农业遗产地都各具特色。这也意味着农业遗产利用并没有统一的范式，需要通过实践探索出符合自身特征的利用模式，让农业遗产在生态、经济、社会文化等方面的综合效益显现出来。

4.共建共享

农业遗产利用需要政府推动、科技驱动、企业带动、社区主动和社会联动等多方共建共享。其中，政府推动指政府要发挥主导作用，制定相关保障性政策。科技驱动指科技在农业遗产保护与发展中发挥着重要作用，需要来自农业生态、农业历史、农业文化、农业经济、农村发展等领域专家的广泛参与，将传统知识与现代农业技术结合。企业带动指有关企业对参与农业遗产开发利用的带动作用。社区主动指包括农民在内的遗产地社区是农业遗产保护的直接参与者，应积极主动地参与到农业遗产的保护和开发利用中。社会联动指为农业遗产的活化利用营造良好的社会氛围，社会公众遗产保护意识提高和非政府组织、新闻媒体等积极参与。

惠益共享是指农业遗产的活化利用需要合理分配利益，兼顾多个利益相关主体，建立健全公正合理的收益分配机制。

二、利用途径

农业遗产的利用是涉及生态、技术、景观、经济、文化等多方面的系统工程。通过利用可以将遗产资源转化为现实生产力，实现遗产价值增值、其路径主要包括发展农产品、开发创意农业、推广农业遗产地旅游等。

1.发展农产品

农业遗产地的农产品往往是具有地域性、富含文化价值的生态农业[①]产品，可以通过构建良好外部环境、开发优质农产品等方式实现农业遗产的利用。

（1）构建良好外部环境

农业遗产承载了复杂的传统农业生产系统，这些系统能够充分适应当地条件，在很少或不依赖机械、农药、化肥、杀虫剂和现代农业科技投入的情况下，发展可持续性的农业。政府可以充分发挥政策引导作用，结合国家乡村振兴战略实施精准扶贫，

---

① 1981年，英国农学家沃辛敦（Worthington）在其经典著作《生态农业及有关农业技术》一书中将"生态农业"定义为：生态上能够保持平衡，能量上能自我维持、低输入，经济上有生命力，在环境、伦理和审美方面可接受的小型农业系统。即生态农业是一种完全不用和基本不用人工合成的化肥、农药、动植物生长调节剂和饲料添加剂，主要依靠作物轮作、秸秆、牲畜粪肥、豆科作物、绿肥等补充养分，利用生物和人工技术防治病虫草害的生产体系。

通过制定特殊政策、经费支持等方式搭建农产品销售网络。对于遗产地的产品，可从历史、文化角度阐明其文化价值，从营养成分、生态环境、绿色安全等角度进行推广。例如，云南红河州人民政府启动了红河南部综合山区开发，围绕云南红河哈尼稻作梯田系统着力打造橡胶、红米、西香油、水果、棕榈、商品林六个百万亩优势产业带，构建畜牧业、旅游业、蔬菜产业、生物药业"四大"特色产业群。

（2）开发优质农产品

遗产地可以利用农业遗产的品牌优势、丰富的特色生物资源和文化资源，开发多样化的农产品，将传统农产品加工技术与现代技术相结合，充分挖掘生物资源，开发功能性食品和保健品，生产出质优价高的农副产品，提高农产品的附加值，以"小量、高质、效益"为开发方向。

例如，日本挂川市的清酒和茶具有丰富的历史和文化内涵，因此，日本政府以其作为文化传播的载体，用讲故事的方法进行推广，并与旅游业等结合形成特色文化产业，促进居民、游客和其他利益相关者分享当地传统饮食文化。[①]智利地方政府通过给"智鲁岛屿农业系统"的产品打上标签，使其更具有地域特色，从而提高商品价格，增加当地农民收入。我国各个农业遗产地大多有特色农产品，如山东夏津黄河故道古桑树群在品种资源保护和品牌塑造的基础上，充分延伸产业链条，促进初级产品和深加工产品的多元利用，研发出以桑果为核心的 200 余种产品，在生产、加工和流动等环节带动了 3.5 万农户参与就业，实现了经济发展与遗产保护的"双赢"。内蒙古敖汉旱作农业系统通过建立品牌战略规划、参与农业品牌推广等，塑造和推介敖汉小米品牌，在品种资源保护和品牌塑造推广的双重驱动下，直接带动 56118 户农户实现增收。[②]

2.开发创意农业

创意农业是在传统农业的基础上，通过对传统农业文化遗产资源的挖掘和与关联产业的融合，将传统农业文化遗产转化为具有较高文化含量和文化价值的新型业态。创意农业既是一种新型生产方式，也是一种新型生活方式，是传统农业与文化创意产业相融合的新型产业。其竞争力在于文化创意，其生命力在于传统农耕文化，其核心在于整合产业资源。

创意农业的特色在于能够整合传统农业的生产、生活和生态资源，构建多层次的

① Shuichiro Kajima, Yushi Tanaka, Yuta Uchiyama. Japanese sake and tea as place-based products: a comparison of regional certifications of globally important agricultural heritage systems, geopark, biosphere reserves, and geographical indication at product level certification[J]. Journal of Ethnic Foods, 2017, 4(2) : 80-87.

② 杨伦,王国萍,闵庆文.从理论到实践：我国重要农业文化遗产保护的主要模式与典型经验[J].自然与文化遗产研究,2020,5(6):10-18.

全景产业链。通过创意把文化艺术活动、农产品、农业技术和农耕活动同市场需求有机联结起来，形成良性互动的产业价值体系，为农业文化遗产活化利用探索新的发展路径。

（1）创意展示

挖掘农业遗产地文化要素，拓展创意农业的发展思路，开发与农业遗产相关的传统农业文化展示活动。例如对于传统农业生产，秧歌会、民歌会等农业民俗活动，可通过创意拓展和文化资源的整合，将其转化成演出、影视剧、动漫等文化创意产品进行展示。

（2）特色手工艺品

将农业遗产地的文化资源、特产和人力资源等结合起来，开发特色手工艺品和艺术品，使之进入当地的旅游市场或艺术市场，并通过品牌营销策略，提升产品的文化附加值。我国各民族不同风格的刺绣、剪纸、面塑、石雕、脸谱、纸扎、纺织、木刻、年画等，其文化内涵十分古老而丰富，不仅体现了农耕文化的原始审美情趣，更展现出粗犷雄浑、古拙质朴的艺术风格，是当前农业遗产特色手工艺品开发取之不竭的源泉。

（3）数字化创意农业

数字化创意农业是利用现代互联网平台和数字化技术，借助文化创意产业的思维逻辑和发展理念，将科技和人文要素融入传统农业生产，进一步拓展传统农业功能、整合农业遗产资源，把传统农业发展为融生产、生活、生态于一体的数字化农业。

茶叶数字化就是通过互联网、物联网、人工智能、区块链等数字化技术，如数字化管理平台、茶叶NFC、区块链溯源防伪系统等，对茶产业种植、加工、质检、物流、销售等一系列流程进行一站式数字化管理。2020年，杭州开始构建"西湖龙井茶数字化管理系统"，形成茶村、茶企"一张总图"，以实现茶园状态实时更新、手机实时监控和远程操作，并对168平方千米保护基地内的所有茶农和茶企进行数字化管理，建立主体信用体系，全部纳入溯源监管。[①] 2023年，西湖龙井传统制茶技艺与数字技术融合，形成了《龙井问茶》这一数字文创作品，让用户可以通过互联网，了解更多关于西湖龙井的故事。[②] 数字化项目大幅度地促进了西湖龙井茶的集约化、品牌化和产业化发展，带动了旅游业、服务业、制造业、物流业等的发展。

---

① 杨佩佩. 一片叶子的数字化改革 [J]. 杭州，2021(7): 30-33.

② 《龙井问茶》系列数字文创全新上线 [EB/OL]. (2023-03-21)[2024-09-03]. https://www.hangzhou.gov.cn/art/2023/3/21/art_812268_59076857.html。

3.推广农业遗产地旅游

农业遗产具有突出的旅游价值，农业遗产地独特的旅游资源可为游客提供沉浸式、复合式旅游体验。

（1）展馆展示

农业遗产地可通过建立农业遗产博物馆、产品展示馆等方式进行文化展示和阐释。一方面，可以展示遗产地的发展历史、传统耕作技术，收藏的重要农具、各个年代的物种标本，以及与农耕文化相关的重要文献资料。另一方面，可以建立产品展示区、生活体验区、数字展示区、动态演示区，并让游客参与其中，以加深对遗产地农业文化的了解。

例如，意大利米兰广域市在《米兰农村发展战略》的指导下，将传统农庄和农场建设成博物馆、农业公园，向社会公众展示当地农业文化，实现传统农业和农庄的恢复和再利用。米兰南部农业公园中的萨尔特里奥博物馆（Museo Salterio，MUSA）由农舍改造而成，展示该地区的传统农耕文化和历史，并与农业公园中的图书馆、烹饪培训学校联合组织教育活动。它既是周边农场聚集交流的场所，也是宣传农场和农产品的窗口，可让游客从知识和体验两个维度更为深入地了解该地区的农业文化遗产。[①]

（2）体验旅游

农业遗产作为一种活态遗产，农民的生产生活是其重要组成部分。在推进农业遗产地旅游的进程中，遗产地可开辟专门的农场，让游客进行农耕体验。政府还可提供政策支持和资金补贴，通过认养制度让城市居民参与农场的农业生产活动，提高旅游的体验感、参与感和互动性，加深游客对农业遗产的理解。

库卡尼亚农庄（Cascina Cuccagna）位于米兰市建成区内，由当地协会联盟管理，是米兰城市化过程中在建成区内留存下来的少量农业遗产之一，是米兰广域市农业公园的组成部分。库卡尼亚农庄既继承了自身原有的农业属性，也被赋予了新的功能。协会联盟在恢复并保护17世纪历史建筑的同时，也将其转化为文化和社会活动的新型空间。在农庄院落里设有小型社区菜园，定期组织农夫市集，举行与农业及食品相关的活动，如葡萄酒品酒会、有机农业交流会等。此外，农庄还定期举办课程和工作坊等，并出租农舍让有机餐厅、民宿、厨艺培训学校等入驻，吸引了大量游客到农庄，体验生活和农耕活动，成为时尚之都米兰的别样风景线（图7.5）。[②]

---

①② 蒋怡辰，卢航．意大利农业文化遗产保护与再生策略——以米兰广域市为例 [J]. 中国园林，2020,36(12):117-122.

图 7.5　库卡尼亚农庄农舍与社区菜园 ①

（3）研学教育

研学教育是"研究性学习"和旅行体验相结合的校外教育活动，是学校教育、社会教育、家庭教育相衔接的实践性学习形式。研学教育设计了适用于不同学段的"教学做合一"课程，以实现素质教育的目标。农业遗产鲜明的地域特色和农耕文化既能让公众沉浸式感受农业文明的魅力，也能让学生体验"粒粒皆辛苦"的艰辛。开展农业研学教育，有助于传播农业的基础知识和价值意义，可以激发学生学习农业知识和开展农业实践的兴趣。

例如，浙江湖州桑基鱼塘系统探索出"农业生产+研学教育"模式，通过参观桑基鱼塘系统历史文化馆、参与传统农耕活动（鱼塘捕鱼）、体验鱼桑文化遗产宝藏（文创产品制作、鱼桑书画展、鱼桑文艺表演）（图 7.6）、品鉴全球农业文化遗产地生态美食、考察全球首家农业遗产地文化主题酒店等多种体验活动，促进了农业遗产的价值传承和文化传播。

① 蒋怡辰，卢航. 意大利农业文化遗产保护与再生策略——以米兰广域市为例 [J]. 中国园林 ,2020,36(12):117-122.

图 7.6　浙江湖州桑基鱼塘①

（4）艺术乡建

通过"艺术乡建"可吸引更多的艺术家、科学家、音乐人、设计师、游客等回归乡村，体验传统文化艺术韵味，传承农业文化。古老的村落、错落的梯田、五颜六色的动植物为摄影、绘画创作提供了丰富素材。农业遗产地可通过设立摄影、绘画基地，举办"主题摄影""主题绘画"比赛等，提升知名度和影响力；可以通过"一株水稻的生长""一棵谷子的成熟""一朵茉莉花的芳香"等短视频比赛活动，增加农业遗产地曝光率，吸引游客关注。

近年来，越来越多的艺术家走进乡村，探索艺术和乡村建设的结合点，通过艺术促进乡村文化复兴。例如，在广东顺德青田村、山西和顺县许村等地开展的"艺术推动村落复兴"实践，在福建屏南县龙潭村开展的"人人都是艺术家"公益油画艺术教学，用创意吸引了"文创移民"和本地村民回归。

三、利用农业遗产助力"乡村振兴"

农业遗产既是重要的农业生产系统，又是重要的文化和景观资源，传承至今的种质资源、农业技术、知识体系、系统结构与功能等是实现乡村振兴的重要支撑和新动能。通过从传统农业和人与自然和谐关系中汲取经验，使农业遗产发挥社会、生态、经济等多重效益，可以促进农业和乡村的绿色发展，建设"望得见山、看得见水、记

---

① 图片来自网络（https://m.thepaper.cn/newsDetail_forward_12013511）。

得住乡愁"的美丽乡村。

在乡村振兴的实践过程中，遗产地可以充分利用农业遗产的生物、技术、生态和文化等资源，通过发展特色鲜明、优势突出的乡村富民产业促进农民增收，通过产品增值、乡村旅游实现产业振兴、人才振兴与生态振兴，通过文化驱动实现文化振兴与组织振兴（图7.7）。

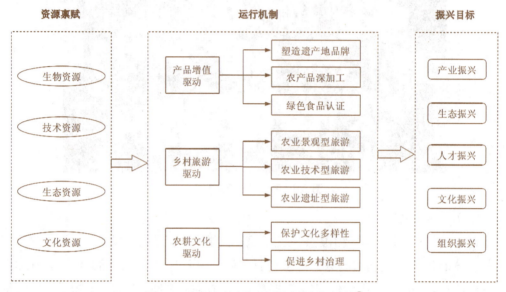

图 7.7　农业遗产助力乡村振兴的运行机制 [①]

1. 产品增值驱动

农业遗产所蕴含的独特生物资源以及"天人合一"的绿色生产理念，可满足消费者日益增长的高质量、多元化需求，是农业遗产品牌化和高端化转型的重要基础。例如，云南红河哈尼稻作梯田系统的红米，内蒙古敖汉旱作农业系统的小米等，可以通过农产品增值推动农业遗产地的乡村振兴。

农业遗产的衍生产品不仅能促进遗产地的产业振兴，还能帮助遗产地实现人才振兴。研究表明，乡村人口向城镇迁移并不单纯因为收入差距，而且还在于自身发展。农业遗产地通过产业振兴，可以吸引高素质人才回乡创业就业，为乡村振兴提供人才保障，进而反哺农村，助推农业遗产的保护利用。

2. 乡村旅游驱动

我国多数农业遗产分布在传统农业地区，具有生态良好、环境优美、民风淳朴、

---

① 刘某承，苏伯儒，闵庆文，等.农业文化遗产助力乡村振兴：运行机制与实施路径 [J].农业现代化研究，2022, 43(4): 551-558.

文化多样等特点，还拥有独特的技艺、民俗、节庆等非物质遗产资源和丰富的旅游资源。因此，可以通过开发文化体验、休闲度假、生态康养和商务会展等产业链，推动遗产地产业融合发展。一般而言，农业遗产地可以通过三种乡村旅游发展模式来助力乡村振兴。

一是"农业景观型–资源带动市场模式"。多数农业遗产都具有一定的景观和观赏价值，通过主体资源与辅助资源、有形资源与无形资源的结合，形成独特的资源集聚效应，吸引外地游客，带动旅游市场的发展。例如，江苏兴化垛田传统农业系统集森林、水域和农田为一体，其独特的垛田景观吸引了海内外游客前来观赏游玩，极大地促进了当地经济的发展。[1]

二是"农业技术型–市场带动资源模式"。农业遗产蕴含的适应性技术和传统知识是十分宝贵的旅游资源。例如，浙江青田规划建设农业遗产主题酒店、方山谷农业遗产文化园等，策划组织研学活动，让中小学生体验割稻、插秧和放鱼苗，感受稻鱼共生系统的魅力。

三是"农业遗址型–节庆活动带动模式"。农业遗产是历经千百年而形成的文化传统及文化形态，可以从历史资源中汲取文化元素，将活态展示与动态保护相结合，鼓励社区农户参与，实现遗产保护助力乡村振兴。例如，云南红河依托哈尼梯田流传千年的历史文化，推出一批与遗产地"土司文化"和"稻作文化"等紧密联系的文化节日，形成以节庆活动为主体的旅游路线，促进了公众对传统文化的理解。

3.农耕文化驱动

我国以农立国，传统农耕生活方式延续数千年，不仅创造出了灿烂辉煌的中华农耕文化，也总结出一套符合农耕社会的价值体系和治理模式。[2]优秀农耕文化是农民祖祖辈辈流传下来的心理认同，由土生土长的乡民从乡村生活实践中总结得到[3]，是农业遗产的文化内核和中华优秀传统文化传承的重要路径。农耕文化的保护传承，不仅有助于了解乡村历史、保存传统知识和技术、传承乡土集体价值观、促进公众文化自觉，还有助于保护乡村文化的多样性，为休闲农业、乡村旅游和文化产业的发展提供资源基础。农业遗产所蕴含的乡风文化还有助于提高村民的道德意识，弘扬传统文化，促进乡村治理。

———————————

① Bai Y, Sun X, Tian M, et al. Typical Water-land Utilization GIAHS in Low-lying Areas: The Xinghua Duotian Agrosystem Example in China[J]. Journal of Resources and Ecology, 2014(4): 320-327.

② 白现军, 张长立. 乡贤群体参与现代乡村治理的政治逻辑与机制构建 [J]. 南京社会科学, 2016(11):82-87.

③ 金绍荣, 张应良. 优秀农耕文化嵌入乡村社会治理：图景、困境与路径 [J]. 探索, 2018,202(4):150-156.

CHAPTER VIII

REVOLUTIONARY CULTURAL HERITAGE

CULTURAL HERITAGE THEORY AND PRACTICE

革命文物

文 化 遗 产 理 论 与 实 践

革命文物承载党和人民英勇奋斗的光荣历史，记载中国革命的伟大历程和感人事迹，是党和国家的宝贵财富，是弘扬革命传统和革命文化、加强社会主义精神文明建设、激发爱国热情、振奋民族精神的生动教材。①

　　党的十八大以来，以习近平同志为核心的党中央对革命文物工作高度重视。习近平总书记对革命文物工作作出重要指示指出：切实把革命文物保护好、管理好、运用好，发挥好革命文物在党史学习教育、革命传统教育、爱国主义教育等方面的重要作用，激发广大干部群众的精神力量，信心百倍为全面建设社会主义现代化国家、实现中华民族伟大复兴中国梦而奋斗。②

①② 中共中央宣传部．中国共产党宣传工作简史（下册）[M]．北京：人民出版社出版，2022：715-716．

第一节　革命文物概念

革命文物是指见证近代以来中国人民抵御外来侵略、维护国家主权、捍卫民族独立和争取人民自由的英勇斗争，见证中国共产党领导中国人民进行新民主主义革命和社会主义革命的光荣历史，并经认定登记的实物遗存。社会主义建设和改革时期彰显革命精神、继承革命文化的实物遗存，也被纳入革命文物范畴。革命文物背后所承载的光荣历史不仅是中国近代史的重要组成部分，也集中展现了中国人民反抗外来侵略，实现民族独立、人民自由的伟大历程。

一、概念发展

党和国家历来重视对革命文物的保护工作，革命文物的概念大致经历了孕育期、形成期、基本成熟期、持续发展期四个阶段。[①]

1. 孕育期（1931—1949 年）

1931 年，《中国工农红军优待条例》[②]中规定："死亡战士之遗物应由红军机关或政府收集，在革命历史博物馆中陈列以表纪念。""死亡战士之遗物"是革命文物的最初内涵，随后出现了"革命纪念意义的物品"和"革命历史文物"[③]等。此时，"革命文物"主要包括关于革命的文件（1933 年以前）以及关于革命活动的各类物品（照片、旗帜、印章、徽章等）。

[①]　阶段分期参考贾旭东《革命文物概念及其界定》(发表于《北京师范大学学报 (社会科学版)》2018 年第 6 期)，并结合革命文物保护利用现状进行调整。

[②]　跃森 . 革命文物涵义 [J]. 中国博物馆 ,1988(1):92-94.

[③]　人民委员会对于赤卫军及政府工作人员勇敢参战而受伤残废及死亡的抚恤问题的决议案 [N]. 红色中华 .1932-09-13.

2. 形成期（1950—1988 年）

中华人民共和国成立后，中央人民政府将筹建国家革命博物馆的计划提上议程，随之向全国发布了《征集革命文物令》，"革命文物"作为专用术语首次出现在正式文件中，也标志着"革命文物"概念正式形成。

《征集革命文物令》提出，"革命文物之征集，以五四以来新民主主义革命为中心，远溯鸦片战争、太平天国、辛亥革命及同时期的其它革命运动史料"，时间基本上是围绕 1840 年以来的历次革命运动展开。征集物品包括"秘密和公开时期之报章、杂志、图书、档案、货币、邮票、印花、土地证、路条、粮票、摄影图片、表册、宣言、标语、文告、年画、木刻、雕像、传记、墓表、革命先进和烈士的文稿，墨迹及用品，如：兵器、旗帜、证章、符号、印信、照像、衣服、日常用具等；以及在革命战争中所缴获反革命文献和实物等"。可以看出，此时的革命文物均为同革命相关的烈士遗物、文稿通稿等物品，属于馆藏类可移动文物（馆藏文物）。革命遗址、革命建筑物（构筑物）、革命史迹等不可移动文物尚未囊括。①

1953 年，中央人民政府颁布《政务院关于在基本建设工程中保护历史及革命文物的指示》，指出保护革命文物是文化和基本建设部门的共同重要任务之一。出于对农业生产建设中保护文物的需要，1956 年国家颁布了《国务院关于在农业生产建设中保护文物的通知》。该文件规定，一切已知的革命遗迹、古代文化遗址、古墓葬、古建筑、碑碣，如果对生产建设没有妨碍，就应该坚决保存。这一时期，出现了对不可移动革命文物的诸多称谓，如"革命价值之建筑""革命史迹""革命建筑物""革命建筑物、遗址、纪念物"等，革命文物概念及其保护意义逐渐清晰。革命文物的概念由此从可移动文物扩展至不可移动文物（革命建筑），并强调要通过历史及革命文物来加强对人民的爱国主义教育。

同时，革命文物逐步由政策性概念上升为法律法规概念。1961 年，国务院颁布的《文物保护管理暂行条例》第二条中，明确将革命文物列入保护文物的范畴，提出国家保护的文物包括：与重大历史事件、革命运动和重要人物有关的、具有纪念意义和史料价值的建筑物、遗址、纪念物等，以及革命文献资料。1982 年通过的《中华人民共和国文物保护法》规定，受国家保护的文物包括"与重大历史事件、革命运动和重要人物有关的，具有纪念意义、教育意义和史料价值的建筑物、遗址、纪念物"，以及"重要的革命文献资料"。1961 年、1982 年和 1988 年三批全国重点文物保护单位名单中，革命文物被称作"革命遗址及革命纪念建筑物"，共计 84 处。②

---

① 朱宇华，李博文. 革命文物概念发展过程及演变——从苏联到中国当代 [J]. 南方文物，2021(6): 260-267.

② 彭常新，仲骥. 第三批全国重点文物保护单位中的革命遗址和革命纪念建筑物 [J]. 文物，1988(6):53-61.

3.基本成熟期（1989—2007 年）

1998 年，中宣部等六部委印发《关于加强革命文物工作的意见》指出"革命文物作为我国各族人民长期革命斗争和中国共产党领导的新民主主义革命与社会主义革命和建设的实物见证，凝聚着中华民族和中国共产党人抵御外侮、威武不屈，热爱祖国、维护统一，追求真理、舍生取义，自尊自信、自强不息、励精图治、无私奉献，艰苦奋斗、勤劳勇敢，百折不挠、奋发向上的伟大精神"。

1992 年，国家文物局发布了《中华人民共和国文物保护法实施细则》，原有的"革命遗址及革命纪念建筑物"被归入近现代重要史迹及代表性建筑中。2002 年修订通过的《中华人民共和国文物保护法》，将不可移动文物分为古文化遗址、古墓葬、古建筑、石窟寺和石刻、壁画、近代现代重要史迹和代表性建筑等六大类。在此后历次修订的《中华人民共和国文物保护法》（2002 年、2007 年、2013 年、2015 年和2017 年）均将革命文物归入近代和现代重要史迹。

4.持续发展期（2008 年至今）

2008 年后，针对革命文物保护利用的政策性文件相继出台。是年，国家文物局、中宣部、发展改革委、教育部、民政部、财政部、住房和城乡建设部、文化部、国家旅游局、共青团中央共同发布了《关于加强革命文物工作的若干意见》，进一步明确了革命文物的含义。"革命文物是自 1840 年以来，中华民族为争取民族独立、实现伟大复兴而奋斗，特别是中国共产党领导下的新民主主义革命和社会主义革命与建设光辉历程的重要实物见证。革命文物包括各类与革命运动、重大历史事件或者与英烈人物有关的，具有重要纪念意义、教育意义或者史料价值的近代现代重要史迹、实物、代表性建筑，蕴含着中华民族和中国共产党人的精神价值与优良传统"。

为充分发挥革命文物在开展爱国主义教育、培育社会主义核心价值观、实现中华民族伟大复兴中国梦中的重要作用，2018 年，中共中央办公厅、国务院办公厅印发《关于实施革命文物保护利用工程（2018—2022 年）的意见》，阐明了未来五年革命文物保护利用的指导思想、原则、发展目标和主要任务。2018 年 10 月，国家文物局印发的《关于报送革命文物名录的通知》中明确指出："革命文物主要是指见证近代以来中国人民抵御外来侵略、维护国家主权、捍卫民族独立和争取人民自由的英勇斗争，见证中国共产党领导中国人民进行新民主主义革命和社会主义革命的光荣历史，并经认定登记的实物遗存。对社会主义建设和改革时期彰显革命精神、继承革命文化的实物遗存，纳入革命文物范畴。"

二、相关概念

1. 近现代文物

近现代文物特指中国自 1840 年至今的文物，包括与近现代经济、文化、军事、政治、生产、生活相关的一切文物。"革命文物"与"近现代文物"既有联系又有区别。两者在时间范畴上完全重合，在内涵上近现代文物与"重大历史事件、革命运动、著名人物"相关，涉及领域不仅包括革命和政治事件，还包括经济、文化和生产生活，而革命文物与"中国共产党、中华人民共和国、改革开放、社会主义发展"的重要事件、人物相关，范畴要小于近现代文物，革命文物是近现代文物中的一部分。

2. 近现代重要史迹及代表性建筑

近现代重要史迹是指 1840 年以后与重大历史事件、革命运动或者著名人物有关，以及具有重要纪念意义、教育意义或者史料价值的重要不可移动文物。

近现代代表性建筑是指 1840 年以后建造的具有重大价值的建筑物和构筑物，主要有重要历史事件和重要机构旧址、重要历史事件及人物活动纪念地、名人故居、传统民居、宗教建筑、名人墓、烈士墓及纪念设施、工业建筑及附属物、金融商贸建筑、水利设施及附属物、文化教育建筑及附属物、医疗卫生建筑、军事建筑及设施、交通道路设施、典型风格建筑或构筑物等。近现代代表性建筑中与革命重大历史事件、革命运动和著名革命人物相关的不可移动文物可认定为革命文物。

3. 革命旧址

国家文物局印发的《革命旧址保护利用导则（2019）》，对革命旧址的管理、保护、展示、教育等方面工作进行了规范。该《导则》将革命旧址界定为："已被登记公布为不可移动文物，见证近代以来中国人民长期革命斗争、特别是中国共产党领导的新民主主义革命与社会主义革命历程，反映革命文化的遗址、遗迹和纪念设施。"

革命旧址主要包括：重要机构、重要会议旧址；重要人物故居、旧居、活动地或墓地；重要事件和重大战斗遗址、遗迹；具有重要影响的烈士事迹发生地或烈士墓地；近代以来兴建的涉及旧民主主义革命、新民主主义革命和社会主义革命的纪念碑（塔、堂）等纪念建（构）筑物。革命旧址只是革命文物的一种，是不可移动革命文物。

4. 红色文化

红色文化是在革命战争年代，由中国共产党人、先进分子和人民群众共同创造并极具中国特色的先进文化，蕴含着丰富的革命精神和厚重的历史文化内涵。红色文化作为中国革命、建设和改革开放的历史产物，是中华文化的重要组成部分，是中华优秀传统文化传承创新的主要对象和重要载体。红色文化包括五四精神、"红船精神"、铁军和南昌起义精神、井冈山精神、苏区精神、长征精神、延安精神、红岩精神、西柏坡精神、全民族伟大抗战精神、抗美援朝精神等。革命文物是红色文化的重要物质载体。

5.战争文化遗产

战争文化遗产泛指从古至今在战争影响下产生的具有价值的文化遗产。学术界对"战争文化遗产"的界定为"20 世纪以后，在军事斗争和武装冲突中及结束后所产生的文化遗产"。它主要包括与战争中重要历史事件、历史运动、著名历史人物等有着密切关系而具有独特价值的文化遗产。战争文化遗产以物质遗存为主，与革命文物的外延有部分交叉重叠。

第二节　革命文物的类型及价值认知

革命文物因见证了特定革命事件而被赋予了强烈的民众情感、伟大的革命精神和特殊的历史意义，明确革命文物类型、精准认知其价值是发挥革命文物精神的前提和基础。

一、革命文物类型

《关于加强革命文物工作的若干意见》中明确提出可将革命文物分为革命史迹、革命实物和代表性建筑。本书将革命文物划分为可移动革命文物（即革命实物）和不可移动革命文物（即革命史迹和代表性建筑）两类。

可移动革命文物，包括纸质资料和图书杂志、武器、生活用品、钱币、票版、杂物等，按材质可分为金属器、石器、木器、纸质资料、纺织物等，其中部分属于复合材质文物。[①]

不可移动革命文物包括革命旧址、革命纪念建筑物（构筑物）、革命战场遗迹等。《革命旧址保护利用导则（2019）》对革命旧址进行了分类，包括重要机构、重要会议旧址；重要人物故居、旧居、活动地或墓地；重要事件和重大战斗遗址、遗迹；具有重要影响的烈士事迹发生地或烈士墓地；近代以来兴建的涉及旧民主主义革命、新民主主义革命和社会主义革命的纪念碑（塔、堂）等纪念建（构）筑物。

二、革命文物价值

革命文物作为革命文化的物质载体，不仅具有历史价值和文化价值，还具有很强的教育价值和精神价值。

---

① 崔丽娟. 馆藏革命文物保护与利用研究 [J]. 人文天下 ,2018(7):59-61.

1.历史价值

历史价值是革命文物价值的重要组成部分。它是与重大历史事件、革命运动或著名人物相关的实物见证，具有重要史料价值。

2.文化价值

革命文物的文化价值主要体现在特定年代、特殊背景下形成的特殊文化，如革命年代产生的广大人民群众自觉为人民军队送军粮、纳鞋底的"军民一家亲"现象，战火纷飞中产生的革命音乐、诗歌、绘画作品等，是艰苦奋斗、勇于开拓的革命精神的展现，是革命文物文化价值的体现。革命文物作为革命文化的重要载体，不仅在党史学习教育、革命传统教育、爱国主义教育等方面具有重要作用，也是文化强国建设的基础要素。

3.教育价值

革命文物作为革命事件的重要载体，真实、直观地反映了革命历史，丰富了爱国主义教育的内容，是传承红色基因、激发爱国情怀、凝聚民族力量、培育民族精神的重要载体和平台，是爱国主义教育基地的重要组成部分。

2013 年 7 月，习近平总书记在河北省调研指导党的群众路线教育实践活动时指出，"中国革命历史是最好的营养剂。多重温我们党领导人民进行革命的伟大历史，心中就会增添很多正能量"[1]。通过了解革命文物、在实地参观中学习革命知识，感悟革命精神，从而实现革命精神的传承和社会凝聚力的提升。

4.精神价值

革命文物承载党和人民英勇奋斗的光荣历史，记载中国革命的伟大历程和感人事迹，是党和国家的宝贵财富，是弘扬革命传统和革命文化、加强社会主义精神文明建设、激发爱国热情、振奋民族精神的生动教材。[2]将革命文物与革命历程、革命英烈的英雄事迹相关联，能够唤起人们的崇敬、感动和缅怀之情，荡涤人心，激发意志，受到教育。[3]

---

[1] 习近平 . 论中国共产党历史 [M]. 北京：中央文献出版社，2021:24.

[2] 中共中央宣传部 . 中国共产党宣传工作简史（下册）[M]. 北京：人民出版社出版，2022: 715-716.

[3] 何依，刘曙光，李耀申，等 . 笔谈：革命文物的内涵解绎、保护运用与传播传承 [J]. 中国文化遗产，2021(6): 4-16.

第三节　革命文物的保护管理

长期以来，党和国家始终关注革命文物的保护与传承。党的十八大以来，习近平总书记站在弘扬革命传统、继承革命文化的战略高度，就革命文物的保护工作发表了重要论述、作出了重要指示。

一、普查与革命文物名录

开展革命文物调查、摸清摸准家底是开展革命文物保护管理工作的前提。全面掌握革命文物的数量、类型、分布情况、保存利用现状和保护历程等信息，是确立革命文物保护利用基本思路、推进革命文物保护管理工作的基础。

1. 文物普查

中华人民共和国成立以来共进行了三次系统全面的不可移动文物普查和一次可移动文物普查。根据文物普查数据，截至 2021 年 5 月，全国共有不可移动革命文物 3.6 万多处，国有馆藏革命文物超过 100 万件/套。我国 31 个省（区、市）和新疆生产建设兵团相继公布了第一批革命文物名录，37 个革命文物保护利用片区覆盖全国[1]。

2011—2015 年，国家文物局组织开展了革命遗址普查工作，登记近 5 万处[2]，形成了"全国革命遗址普查成果丛书"。丛书内容涵盖各省革命遗址普查报告、革命遗址总体概况、革命遗址保护利用的现状及存在的主要问题、加强革命遗址保护工作的建议、革命遗址及其他遗址统计表和每处革命遗址的概况（地理位置、占地面积、革命历史、修缮情况、保护级别和利用）等内容。

---

[1]　李群. 新时代文物保护利用与时代共进与人民共享 [EB/OL]. (2022-07-30)[2024-09-03]. http://www.ncha.gov.cn/art/2022/7/20/art_722_175896.html.

[2]　我国普查登记革命遗址近 5 万处 [EB/OL]. (2015-11-16)[2024-09-03]. http://www.ncha.gov.cn/art/2015/11/16/art_722_126012.html.

2018年7月，《关于实施革命文物保护利用工程（2018—2022年）的意见》正式印发，文件中明确要求"各省（自治区、直辖市）宣传、文物部门要对本地区革命文物进行全面排查，并把排查结果报中央宣传部、国家文物局"。同年10月，国家文物局下发通知，推进革命文物名录公布工作。

2.专项调查

除全国性的文物普查外，部分革命文物集中的区域开展了区域专题调查。例如，重庆市开展文物普查和革命旧址专项调查，摸清了全市革命文物资源家底。2021年3月，重庆市核定公布了第一批不可移动革命文物51处、可移动革命文物318件；綦江、酉阳、黔江、城口等10个区县（自治县）被纳入国家革命文物保护利用片区分县名单。福建省依托第三次全国文物普查成果，对革命文物资源进行了补查和专项调查，并在龙岩、三明境内陆续开展了红军标语漫画、红军长征史迹、中央苏区红色交通线旧址等一系列调查，于2021年3月公布了全省革命文物名录。

3.革命文物名录

2020年，国家文物局下发《关于开展革命文物名录公布工作的通知》，要求省级文物行政主管部门尽快公布辖区内不可移动革命文物名录。同年，国家文物局印发《关于核定公布革命文物名录的补充通知》，要求各地对不可移动革命文物和国有可移动革命文物进行排查、核定并对外公布。

2022年，中央宣传部、国家文物局发布《关于持续开展革命文物名录公布工作的通知》，要求各地准确把握革命文物内涵，系统梳理本行业本地区的革命文物资源，将符合条件的全面纳入革命文物名录；提出党政军各部门及所属企事业单位、群众团体管理使用收藏的符合革命文物认定要求的文物资源，应商所在省级宣传、文物主管部门共同核定，并由省级文物主管部门统一公布。宣传、文物主管部门应加强业务指导和工作协同；符合革命文物认定要求、但尚未认定登记为文物的历史遗存或实物藏品，县级以上文物主管部门应依据文物保护法律法规政策，在先期组织开展文物认定工作的基础上，纳入革命文物名录，且第二批名录应于2022年10月31日前公布。同时提出，革命文物名录公布后，省级文物主管部门应统筹组织革命文物保护管理机构，在全国革命文物资源管理平台及时录入有关数据信息并实现动态更新（表8.1）。

表8.1　革命文物名录公布情况①

省（区、市）	首次公布时间	不可移动革命文物（单位：处）	可移动革命文物（单位：件/套）
北京市	2021年3月28日	158	2111
天津市	2021年3月29日	57	7154
河北省	2021年2月26日	595	10302
山西省	2021年1月11日	687	4478
内蒙古自治区	2021年3月22日	39	/
辽宁省	2021年3月8日	650	10818
吉林省	2021年1月6日	269处革命旧址 133处抗联旧址	724
黑龙江省	2020年11月30日	546	2000
上海市	2021年3月11日	250（第一批150，第二批100）	3415（第一批208，第二批3207）
江苏省	2021年4月22日	447	8759
浙江省	2021年1月28日	554	9061
安徽省	2021年4月20日	580	3646
福建省	2021年3月16日	1658	142581
江西省	2020年12月21日	2535（第一批1321，第二批1214）	9759
山东省	2020年12月31日	897	3233
河南省	2020年12月25日	366（第一批115，第二批251）	7756（第一批4405，第二批3351）
湖北省	2021年3月29日	1018	2810
湖南省	2021年5月17日	418（第一批288，第二批公布130）	8643
广东省	2021年6月23日	1513	4544
广西壮族自治区	2021年1月8日	359	3562
海南省	2020年11月30日	263	574

① 数据查询自国家文物局、各省文物局官网、官方公布文件。

省（区、市）	首次公布时间	不可移动革命文物 （单位：处）	可移动革命文物 （单位：件 / 套）
重庆市	2021 年 1 月 3 日	51	318
四川省	2021 年 5 月 18 日	233	184
贵州省	2021 年 6 月 23 日	604	112
云南省	2021 年 1 月 15 日	928	229
西藏自治区	2022 年 4 月 17 日	138	1592
陕西省	2020 年 12 月 31 日	753	40703
甘肃省	2019 年 6 月 5 日	629	14241
青海省	2021 年 5 月 12 日	18	765
宁夏回族自治区	2021 年 1 月 8 日	80	2035
新疆维吾尔自治区	2021 年 3 月 30 日	28	83
新疆生产建设兵团	2021 年 4 月 1 日	99	10078

二、法规制度与机构建设

我国革命文物分布广、数量多、种类繁，应坚持全面保护、整体保护，统筹推进抢救性与预防性保护、文物本体保护与周边环境保护相结合，确保革命文物的历史真实性、风貌完整性和文化延续性。由此，中央及地方各级政府应积极构建革命文物保护制度体系，加强革命文物保护力度。

在中央制度建设层面，2018 年 7 月，中共中央办公厅、国务院办公厅印发《关于实施革命文物保护利用工程（2018—2022 年）的意见》。2019 年 7 月，中央全面深化改革委员会会议审议通过了《长城、大运河、长征国家文化公园建设方案》，持续引导革命文物保护利用工作的方向。

在地方性法规建设方面，省级革命文物保护条例相继出台，如 2019 年《山西省红色文化遗址保护利用条例》，2021 年《江西省革命文物保护条例》《上海市红色资源传承弘扬和保护利用条例》，2022 年《陕西省革命文物保护利用条例》《重庆市红色资源保护传承规定》等。地县市层面也积极开展相关工作，如 2017 年福建省通过的《龙岩市红色文化遗存保护条例》、宁夏回族自治区通过的《吴忠市红色文化遗址保护条例》等。截至 2022 年 12 月底，红色文化资源保护地方性法规增至 36 部。[①]

在相关制度的引领下，部分革命文物资源丰富的地区开始探索编制区域革命文物总体规划和革命文物单体保护利用规划，以不断完善法律制度建设、丰富保护利用维度。例如重庆市相继发布了《红岩革命文物保护抗战遗址传承工程实施方案》《重庆市革命文物保护利用总体规划》《重庆市红色资源保护传承规定》等，强化革命文物保护的刚性约束。[②]

为更加务实地做好革命文物工作，2019 年 11 月，中央编办批复国家文物局成立革命文物司，核增行政编制 15 名。17 个省（区、市）和部分革命文物大市、大县增设革命文物保护管理机构，其中山西、陕西、河南、甘肃省级文物部门核增行政编制5 名。[③]市县层面革命文物保护机构建设也取得突破，桂林红军长征湘江战役文化保护传承中心、宁化县长征出发地遗址保护中心、金寨县红色文物管理中心相继挂牌成立。青海省将基地旧址保护利用作为青海革命文物保护"一号工程"，拟成立第一个核武器研制基地旧址保护利用工作办公室（筹），核定全额事业编制 10 名。[④]

三、单体建筑的保护与维修

科学制定保护利用对策、确立革命文物保护利用的基本思路和具体举措是做好革命文物保护利用工作的基础。因革命战争时期条件有限，革命旧址主要借用原有的民居、寺院、祠堂、文庙等建筑，大量革命旧址既是革命文物，又是历史建筑。如四川的川陕苏区革命旧址，多为修建于清末的、具有典型川东北民居风格的民宅；重要机构、苏维埃政府旧址则以文庙、学宫、寺院、祠堂等公共建筑作为办公驻地；名人故（旧）居除少数经批准重建的外，也要兼具古建筑价值和地方传统建筑风格。因此，革命旧址的维修既要保持革命旧址的历史年代特征和建筑风貌，使其能准确传递革命事件发生的背景、过程及意义，也要关注革命活动使用过的附属建筑、庭院、屋场等历史空间和各类设施所反映的时代、地域和民族特色等。

保养维护工程是单体建（构）筑物保护的日常基础工作，主要针对革命文物单体建（构）筑物的安全现状进行日常性、季节性的养护，以及时消除安全隐患，保证文

---

① 李群 . 新时代文物保护利用与时代共进与人民共享 [EB/OL]. (2022−07−20)[2024−09−03]. http://www.ncha.gov.cn/art/2022/7/20/art_722_175896.html.

② 重庆市加强革命文物保护利用 [EB/OL]. (2018−01−03)[2024−09−10]. http://www.ncha.gov.cn/art/2018/1/3/art_723_146279.html.

③ 王珏 . 革命文物，绽放时代光彩（关注革命文物保护利用）[N]. 人民日报 ,2021−04−07(14).

④ 徐秀丽 . 凝心聚力 勇毅前行 青海文物事业发展展开新画卷 [EB/OL]. (2022−06−24)[2024−08−30]. http://www.ncha.gov.cn/art/2022/6/24/art_722_175274.html.

物安全。日常监测包括人员的定期巡视、观察和仪器记录等多种形式。监测内容包括对可能发生变形、开裂、位移和损坏部位的监测，对消防、防雷、防洪等安全设施的定期检测，对旅游活动和其他影响文物及环境社会因素的监测等。

修整是对出现歪闪、坍塌、错乱和残损的建（构）筑物进行归整和修补，清除不当添加物及影响风貌的现代建（构）筑物。重点修缮则针对结构失稳、构件缺失的重要建（构）筑物，恢复其结构，修补损坏部分，添补主要缺失部分。

四、革命文物片区保护

1.集中连片保护利用

《关于实施革命文物保护利用工程（2018—2022年）的意见》中的"重大项目"栏目明确指出，要开展革命文物集中连片保护利用工程。为此，2019年3月，中央宣传部、财政部、文化和旅游部、国家文物局公布了第一批革命文物保护利用片区的分县名单，共计15个片区，涉及645个县。2020年7月，公布了第二批革命文物保护利用片区分县名单。此次片区选择以抗日战争时期为主，共22个片区，988个县。

明确并划定片区后，2021年国家文物局印发了《革命文物保护利用片区工作规划编制要求》，提出已公布的革命片区应及时编制保护规划，规划应在坚持价值引领的基础上，考虑片区主题、资源禀赋和区位条件，整体规划、连片保护、统筹展示、示范引领。

编制革命片区总体规划应在系统梳理区域革命历史的基础上，以重大事件、重要会议和重要人物为切入点，从革命历史、革命精神、核心价值等方面概述片区主题，以革命文物资源调查成果为依托，对区域内革命旧址的分布和保存情况、博物馆和纪念馆的数量以及馆藏革命文物的数量进行系统梳理，明确保护对象，并通过保护、管理和利用现状的评估，明晰现存问题和发展方向，明确规划目标和主要任务，进而提出抢救性保护、预防性保护和数字化保护的指导性要求。

革命片区的保护除要确定构成要素的保护修缮方案、环境整治和保护性设施的建设项目外，还需考虑连片整体展示。革命片区应根据主题选择展示节点，将展示节点串联成展示路线，建立一体化的导览、标识和讲解体系，系统诠释片区所体现的革命精神。在这一过程中，还应考虑革命文物片区与所在区域的融合发展，并在对接国家发展战略的前提下，充分考虑自然、人文资源的协同保护，同区域国民经济和社会发展规划、国土空间规划等其他专项规划衔接，以创新的方式让革命文物活起来，促进文旅融合，积极为革命老区振兴赋能。

2.长征国家文化公园建设

长征线路的保护与利用，其意义不仅在于对文物本身的保护，也在于对长征精神的传承。[①]2019 年，《长城、大运河、长征国家文化公园建设方案》公布，要求秉持整体规划、分段推进的方针，以红军长征这一历史事件为核心，以行军路线为基础，以长征精神为引领，建设长征国家文化公园，公园中既包括各类长征文物，也囊括了反映沿线自然、人文环境背景的历史环境要素以及非物质文化遗产。2021 年 8 月，国家文化公园建设工作领导小组印发《长征国家文化公园建设保护规划》，长征国家文化公园沿线 15 个省（区、市）分段推进各地长征文化公园建设。例如江西积极配合国家长征文化公园建设试点，推进中央红军长征集结出发、红六军团西征、抗日先遣队北上三条长征出发地公园建设；四川省联合长征经过的 15 个省（区、市），开展中国工农红军长征线路资源调查、长征精神与长征文化内涵提炼等研究工作；贵州规划了四渡赤水战役旧址长征文化示范线路、黎平会议到遵义会议（遵义段）长征文化示范线路等。

---

① 杜凡丁, 杨戈, 张依玫. 长征文化线路保护策略初探 [J]. 北京规划建设, 2018(5):116-129.

第四节　革命文物的保护利用

习近平总书记强调："加强革命文物保护利用，弘扬革命文化，传承红色基因，是全党全社会的共同责任。各级党委和政府要把革命文物保护利用工作列入重要议事日程，加大工作力度，切实把革命文物保护好、管理好、运用好，发挥好革命文物在党史学习教育、革命传统教育、爱国主义教育等方面的重要作用，激发广大干部群众的精神力量，信心百倍为全面建设社会主义现代化国家、实现中华民族伟大复兴中国梦而奋斗"[①]。

《关于实施革命文物保护利用工程（2018—2022年）的意见》指出，要"以开展爱国主义教育、培育社会主义核心价值观为根本，以弘扬革命精神、继承革命文化为核心，统筹推进革命文物保护利用传承，着力加强革命文物保护修复和展示传播，着力深化革命文物价值挖掘和利用创新，着力提升革命文物公共服务水平和社会教育效果"，为革命文物的利用指明了方向。《革命旧址保护利用导则（2019）》，为革命文物的利用提供了创新思路和有效途径。

2021年《革命文物保护利用"十四五"专项规划》的印发，为未来五年革命文物保护利用提供了蓝图。该《规划》明确提出："新时代革命文物工作正处于乘势而上、大有可为的重要战略机遇期，其高质量发展具有多方面的优势和条件，同时全国革命文物保护利用不平衡不充分的问题依然突出，保护管理还有弱项，研究展示存在短板，运用手段有待拓展，融合发展仍需提升，能力建设亟待加强"。运用革命文物弘扬传承革命文化，依旧是革命文物保护利用的重点。

[①]　中共中央宣传部. 中国共产党宣传工作简史（下册）[M]. 北京：人民出版社出版，2022: 715-716.

一、系统研究

学术研究是对历史、事件的系统梳理，是价值认知的基础，更是保护利用的前提。研究成果的转化普及既有利于革命文物的保护与利用，也推动了革命文化的传播和弘扬。

我国对革命文物的研究多集中于对中国近代史的历史梳理和对相关文物的科学研究，然而随着革命文物内涵和外延的扩大，能够反映"四史"（党史、新中国史、改革开放史、社会主义发展史）的相关实物、文献、档案、史料，以及口述史的抢救、征集和整理成为工作的重心。由于革命文物涉及多学科，相关研究工作仅靠文物部门难以完成，应该整合文物、党史、军史、档案、地方志等方面的研究力量，开展系统全面的基础研究，以不断推出有深度、有分量的研究成果。

二、爱国主义教育

不可移动革命文物（特别是革命旧址）是重要的爱国主义教育示范基地和革命教育场所。革命教育场所又可分为革命传统教育场所、党史学习教育场所、警示教育场所。

1994 年 8 月，中宣部颁布了《爱国主义教育实施纲要》，提出"爱国主义教育是全民教育，重点是广大青少年。学校、部队、乡村、街道、机关和企事业单位。尤其是共青团、少先队等组织，都要把培养广大青少年的爱国主义情感，提高他们的爱国主义觉悟，引导他们树立正确的理想、信念和人生观、价值观作为思想政治教育的重要内容。在当前和今后一个时期，要抓好党的基本路线教育，中国近代史、现代史和基本国情的教育，中华民族传统美德和优秀传统文化教育"，并提出各类博物馆、纪念馆、烈士纪念建筑物、革命战争中重要战役、战斗纪念设施、文物保护单位、历史遗迹、风景胜地和展现我国"两个文明"建设成果的重大建设工程、城乡先进单位也是进行爱国主义教育的重要场所。1997 年，中宣部向社会公布了首批全国百个爱国主义教育示范基地名单。此次发布的名单中，反映中华民族悠久历史文化内容有 19 个，反映近代中国遭受帝国主义侵略和我国人民反抗侵略、英勇斗争内容的有 9 个，反映现代我国人民革命斗争和社会主义建设时期内容的有 75 个。

2019 年，中共中央、国务院印发了《新时代爱国主义教育实施纲要》，明确提出要建好用好爱国主义教育基地，要求强化爱国主义教育和红色教育功能，为社会各界群众参观学习提供更好服务。截至 2022 年，共公布 7 批 585 个全国爱国主义教育示范基地，革命教育已成为革命文物最有效也是最常见的利用方式。

三、展示传播

2019 年 6 月，习近平总书记在河南考察时强调，"要讲好党的故事、革命的故事、根据地的故事、英雄和烈士的故事，加强革命传统教育、爱国主义教育、青少年思想道德教育，把红色基因传承好，确保红色江山永不变色"①。博物馆、纪念馆和革命旧址是讲好红色故事的重要阵地，可通过常设展览、专题展览和临时展览构建完整的叙述表达，勾勒重要历史事件，全面深入地展示红色文化中所蕴含的深层红色基因，多角度、多层次地传播革命精神。

博物馆、纪念馆和革命旧址展览作为传承红色基因、赓续红色血脉的有效载体，其主题紧贴时代脉搏，围绕重大节点、重大事件、重要人物，讲好中国故事、中国共产党故事、改革开放的故事。

为庆祝中国共产党成立 100 周年，2021 年全国各博物馆、纪念馆相继策划推出了以建党 100 周年为主题的展览。展览以中国共产党领导中国人民进行革命、建设和改革的 100 年奋斗历程为主线，运用不同方式、从不同角度讲述革命故事，发挥革命文物在党史学习教育、革命传统教育、爱国主义教育等方面的重要作用。同年，中央宣传部、国家文物局公布了《庆祝中国共产党成立 100 周年精品展览推介名单》。

博物馆、纪念馆还可以通过举办"流动博物馆""移动博物馆"，开展送展巡展活动，辐射机关、军队、社区、乡村、学校等公共场所。例如，四川博物院的"重温长征史共筑中国梦"流动展览项目，是集革命文物实物展示、展板展示、数字多媒体展示、互动体验于一体的红色文化流动展览。通过车载移动的形式把展览办到革命老区、边远山区等，让偏僻山村的普通百姓和青少年学生在家门口就能学习、了解红军长征在四川那段波澜壮阔的历史，缅怀先烈的丰功伟绩，接受红色文化的熏陶和洗礼。

此外，还可以采用云展览、云直播、短视频、H5（HTML5）等方式，拓展展览的传播渠道，切实提升展览传播效果和社会影响力。《中国文物报》社与"哔哩哔哩"合作出品纪录片《烈火，鲜血与旗帜》，精选从 1921 年中国共产党成立到 1949 年中华人民共和国成立期间的 8 件（套）经典革命文物，以贴近年轻人的表达方式展现了中国共产党人追求真理、舍生取义、百折不挠的伟大精神，受到青少年观众的喜爱。

四、红色旅游

红色旅游主要是以在中国共产党领导人民革命和战争时期形成的纪念地、标志物

---

① 习近平. 论党的宣传思想工作 [M]. 北京：中央文献出版社，2020.

为载体，以其所承载的革命历史、革命事迹和革命精神为内涵，接待并组织旅游者开展缅怀学习、参观体验的主题性旅游活动。

红色旅游是具有政治、经济、文化、社会和生态等多重意义的特色主题旅游。红色旅游与红色基因的传承、红色价值的发挥相适应，与革命传统教育和老区脱贫致富相结合，呈现出蓬勃发展的态势。

近年来，随着社会发展和人民生活水平的提高，依托革命旧址、革命文物开展红色旅游的规模和热度不断攀升。革命文物赋能经济社会发展效能初现并逐步发挥溢出效应，推动了区域经济发展，弥补了乡村在经济发展中缺乏支柱产品的弱势，为革命老区脱贫攻坚提供了切实可行的方法。2019 年，全国红色旅游接待人数超过 14 亿人次，红色旅游的收入超过 4000 亿元。[①] 多地通过打造"红古绿"相结合的发展模式，逐步提升革命文物的赋能能力，有效推动了当地民生改善和社会发展，逐步夯实保护革命文物的社会基础。

1. 红色旅游开发模式

我国红色旅游资源呈大分散、小集聚空间分布特征[②]，红色旅游经典景点呈不均衡的凝聚型分布态势[③]。基于革命文物的资源禀赋特征和空间分布差异，红色旅游可采取不同的开发模式。

（1）旅游协同发展模式

旅游协同发展模式指红色旅游与乡村旅游、历史文化名村（镇）、爱国主义教育基地等相结合的开发模式，即"红古绿结合"模式，整合多样化资源、挖掘文化内涵、完善基础设施、培养旅游人才、加强市场开发，进而缓解单一旅游资源经济效益低下的问题。[④] 例如，河北保定冉庄进行旅游规划，提出红色旅游与教育旅游、乡村旅游、生态旅游、自驾车旅游等相结合的规划策略，进而打造区域红色旅游线路。[⑤] 江西积极推进长征国家文化公园江西段建设，实施保护传承、研究发掘、数字再现等工程，开发情景剧、建设打造体验式红色经典课程，完善"八一起义"等 6 条红色旅游精品线路，形成文旅融合品牌，构建全域一体的红色旅游发展新格局。

（2）多主体参与模式

多主体参与模式以"政府主导、市场导向、项目带动、以点带面、有序发展"为

---

① 刘玉珠. 保护革命文物 传承初心使命 [N]. 人民日报, 2020-07-18(8).

② 熊杰, 章锦河, 周瑞, 等. 中国红色旅游景点的时空分布特征 [J]. 地域研究与开发, 2018,37(2):83-88.

③ 陈国磊, 张春燕, 罗静, 等. 中国红色旅游经典景区空间分布格局 [J]. 干旱区资源与环境, 2018(9):196-202.

④ 谭华云, 许春晓. 红色旅游区域利益共生空间格局及其形成机制——基于行动者网络 (ANT) 的分析视角 [J]. 学术论坛, 2016,39(11):68-73.

⑤ 刘晓媛, 尚改珍, 刘凯红, 等. 从遗址保护角度出发的冉庄旅游规划探究 [J]. 中国农学报, 2009,25(22):362-365.

特征^①，政府相关部门、旅游企业、村委会、村民等利益相关者积极联动，其中发挥引导作用的是政府，主导者是企业或村委会，参与主体是乡村居民，三者相互协调，各司其职，发挥合力。通过创建红色旅游文化品牌，对土地、资金、技术等力量进行优化整合，统一规划，整体布局，实现红色旅游的可持续发展。

（3）多要素共同推动模式

旅游资源开发包括整体规划、资源整合、基础设施建设、景区管理等多个方面。红色旅游不能单考虑红色资源的运用，应将红色文化与地域文化结合起来，以特色景观、生态环境、革命故事为切入点，提炼红色文化符号，进行旅游开发及特色文创产品的设计，从而打造综合型的旅游产品体系^②，提升旅游产品的价值。

2.红色旅游实践：井冈山模式

1999年，江西省最先提出"红色旅游"的概念，在长期的发展历程中，逐渐形成了革命文物保护利用与红色景区建设相结合的"井冈山模式"。

（1）凝练井冈山文化

井冈山地处江西、湖南两省边界的罗霄山脉中段，最高峰是南风屏。井冈山地形复杂，崇山峻岭，地势险要，军事回旋空间大，红军进可攻、退可守，有"山下旌旗在望，山头鼓角相闻。敌军围困万千重，我自岿然不动"的雄壮气势。井冈山是"中国革命的摇篮"和"中华人民共和国的奠基石"，这片红色的土地，山有故事，水有传奇，为中国革命开创了"农村包围城市，武装夺取政权"这条通往成功的道路，"星星之火可以燎原"，充分展现了中国共产党领路人的伟大自信。

井冈山红色文化，既涵盖井冈山斗争时期产生的革命文化，也包括中华人民共和国成立后党和国家领导人、社会各界专家名人围绕井冈山这一主题创作的新作品，孕育了伟大的井冈山精神、苏区精神、长征精神等，也留下了许多弥足珍贵的实物史料和纪念建筑。它们从不同的角度展示了井冈山革命斗争的光辉历程，既是井冈山精神的历史记录和真实写照，是光耀千秋的井冈山精神的重要组成部分，也是传播和弘扬井冈山精神的重要载体。^③

在资源融合方面，井冈山利用行政区划调整的机会，将地脉与文脉整合。井冈山革命根据地包括原宁冈县、井冈山市、永新县和莲花县等地，原宁冈县是革命根据地的中心，井冈山爱国主义教育基地的70%内容分布在宁冈县。2000年经国务院批准，原县级井冈山市与原宁冈县合并，成立新的井冈山市，新井冈山市扩大了旅游资源规

① 杨洪，邹家红，朱湖英.湖南省红色旅游优化升级研究 [J].经济地理,2010,30(12):2109-2115.

② 纪峰.井冈山红色文化旅游营销成功的启示 [J].合作经济与科技,2018(21):80-81.

③ 林道喜.红色文化的物化表现探析——以井冈山红色文化为例 [J].领导之友,2016(1):72-75.

模，丰富了旅游内容，并完整展现了"五百里井岗"。[1]

（2）形成红色旅游线路

井冈山地区分布着大量的革命旧址，呈现整体分散、局部聚集的特征，已经确认的 127 处革命旧址被划分为 16 个旧址群。井冈山有丰富的自然风貌和土客交融的文化，在打造红色旅游线路时，将特色资源与红色文化相结合，形成了"红、绿、客、古"四大资源结合的模式（图 8.1，图 8.2）。

图 8.1　湘赣边界防务委员会旧址[2]　　　　图 8.2　中国红军第四军军部旧址[3]

（3）红色文化传承传播

近年来，井冈山市的高等学校、文博机构、科研机构、各级党校以及各类红色培训机构联合，建立了开放共享的学术研究平台，积极开展井冈山革命历史和井冈山精神的研究，深入挖掘红色资源的思想内涵和时代价值。高质量的科研成果拓展了井冈山精神的时代价值，为红色文化的传播和革命遗产的传承提供了强有力的支撑。

塑造红色文化 IP，提升红色产业活力与品质。井冈山通过提炼运用红色资源内涵，开发具有人文情怀的产品、路线，努力打造独具特色的红色文化 IP。相继创作了舞台剧《井冈山》、话剧《主席归来》、挹翠湖水幕电影、红色教育专业基地等红色体验类产品，延长了景区旅游产业和红色文化产业链条。同时，特色旅游小镇的建设，成功将红色文化 IP 融入旅游一体化建设的大格局之中。

打造红色教育品牌，提升红色文化的传播力和影响力。近年来，井冈山市充分利用红色文化资源，把再现革命情景、体验红色文化、考验自我品格、熔炼团队精神等融为一体，打造出集培训、参与、体验为一体的红色培训"井冈模式"，开创了干部教育培训、爱国主义和革命传统教育培训的"井冈路径"。井冈山现有 20 余家专门开展红色培训的服务机构，积极推动红色文化的传承与发展，形成了集现场互动、户外

① 余凤龙，陆林 . 红色旅游开发的问题诊断及对策——兼论井冈山红色旅游开发的启示 [J]. 旅游学科 ,2005(4):56-62.

②③ 图片来自井冈山革命博物馆官网（http://www.jgsgmbwg.com/uploads/image/20200414/1586834752.png）。

拓展、影视戏剧于一体的精品课程体系，通过各类专题培训班、党性锻炼班、体验式教学班等宣传井冈山精神（图8.3）。

图 8.3　全国青少年井冈山革命传统教育基地体验活动 [①]

① 图片来自全国青少年井冈山革命传统教育基地官网（http://www.qjd.org.cn/xyfc/201803/t20180314_15515681.htm）。

后　记

我国的文化遗产具有丰富的历史信息和文化内涵。在保护传承的基础上，挖掘文化遗产的潜能，激发创新创造活力，发挥其促进社会发展的积极作用，对"以中国式现代化全面推进中华民族伟大复兴"具有重要的价值与意义。

随着我国文化遗产事业的迅速发展，文化遗产保护传承是近年来学术界的研究热点。诸多学界大家提出了许多前瞻性的真知灼见，国内一些高校也在文化遗产教学体系、人才培养等方面先行先试，并取得了一定的收获，文化遗产的保护管理行业机构对专门人才的需求也愈加旺盛。基于此，我们编写了《文化遗产理论与实践》一书，以期为我国文化遗产事业的发展尽一份微薄之力。

令我们非常感动的是，在《文化遗产理论与实践》的编撰过程中，单霁翔先生不仅始终关注和指导，还专门为本书撰写了序言，给予我们极大的支持与鼓励！

本书主要关注物质文化遗产领域的理论研究与实践探索。我们在深度分析国内文化遗产教材和学科发展情况的基础上，立足已有教学经验，对标高校专业核心课程教学目标，形成了本书的编撰逻辑和章节框架。全书分为绪论、考古遗址、文化景观、文化线路、历史村镇、工业遗产、农业遗产、革命文物等八章。其中"绪论"主要介绍文化遗产的概念、国内外保护管理发展历程、文化遗产的未来等内容。其后七章在考虑到遗产类型多样化、体现中国特色与保护传承新理念的前提下，大致按照"概念辨析→保护历程→典型案例解析"的逻辑顺序，对不同类型的遗产进行详细解读，对文化遗产保护传承的理论与方法、调查与评估、法律与法规，以及文化遗产与生态文明建设、新型城镇化建设、乡村振兴、城乡协调发展等相关方面进行了阐释。全书既重视理论脉络梳理，亦重视案例分析，具有较强的学术价值和现实意义。

本书不仅可用于文物与博物馆学、考古学、文物学、旅游学、城乡规划学、人文地理学等专业的课堂教学，以提升学生的文化遗产理论素养和研究能力，也可用作高校人文、社科等大类通识课程教材，以拓展跨专业学生的文化遗产视野，深化其对文化遗产的认识，还可用于公众学习文化遗产相关知识，加深其对文化遗产保护传承价值意义的理解。

本书由张颖岚负责总体策划与组织编撰，前后历经数年、数易其稿。2021年，在确定编写框架体例之后，由王怡静、朱子墨、张卜巾、陆余可、肖世玮、李珂、王斌、杨紫瑄、刘骋等分章节撰写初稿，并由王怡静、肖世玮进行初稿修订；2022 年 6—8 月，在与出版社编辑秦瑕老师进行沟通后，由肖世玮、李珂进行了二次修订与统稿；2022 年 9 月—2023 年 9 月，在充分听取相关专家意见建议后，由张颖岚、周剑虹、刘骋重新进行了第三稿的编撰与统稿。此外，李荣炜、魏泽辰承担了文稿复核、资料补充等相关工作，王佳悦、程利萍、许奕敏也协助进行了后期校对。

本书获得了浙江大学研究生院"校级研究生教材项目"支持与资助出版，并得到了许多领导与专家学者的悉心指导，浙江大学出版社的领导和编辑老师亦给予了热情帮助。在此表示衷心感谢！

尽管在本书的编撰过程中，我们始终心存敬畏与谨慎，但一定还会有许多不足之处，敬请诸位老师学者多多海涵与批评！

编者

2024 年 8 月

浙江大学紫金港校区